Friederike Hausmann
Kleine Geschichte Italiens

Friederike Hausmann

**Kleine Geschichte Italiens
von 1943 bis heute**

Verlag Klaus Wagenbach   Berlin

Für Tonia

Wagenbachs Taschenbuch 448
Aktualisierte Neuausgabe 2002

Gesamtauflage 22 000

© 1989, 1994, 1997, 1999, 2002
Verlag Klaus Wagenbach, Emser Straße 40/41, 10719 Berlin
Umschlaggestaltung Groothuis + Malsy unter Verwendung eines Photos
von Paolo Cocco/REUTERS (Ausschnitt, bearbeitet).
Das Karnickel auf Seite 1 zeichnete Horst Rudolph.
Gesetzt aus der Walbaum Roman, Futura Buch und Futura dreiviertelfett.
Gedruckt und gebunden bei Pustet, Regensburg.
Printed in Germany. Alle Rechte vorbehalten

ISBN 3 8031 2448 4

Inhalt

Wenn es um Politik und Zeitgeschehen in Italien geht, ist ohne Zweifel *Krise* das am häufigsten gebrauchte Wort. Sofern in den deutschen Medien überhaupt von den Zuständen in unserem südlichen Nachbarland die Rede ist, geschieht das gewöhnlich nur, weil dort wieder einmal eine Regierungskrise begonnen hat oder zu Ende gegangen ist. Aber das Arsenal italienischer Krisen beschränkt sich nicht nur auf die der Regierungen. Die Italiener selbst werden nicht müde, von Strukturkrise, Krise der politischen Moral, Krise der parlamentarischen Institutionen, Krise des Gesundheits-, Schul-, Finanz- und sonstigen -wesens zu sprechen und die alarmierendsten Tatsachen ans Licht zu zerren. Die Krise äußert sich im Skandal, hinter der Aktualität des Skandals tritt die Krise in den Hintergrund. Der Skandal wird durch den nächsten abgelöst, aber die Krise bleibt. Weil dieses Szenario für Italien keineswegs neu ist, haben sich schon in den fünfziger und sechziger Jahren italienische und mehr vielleicht noch ausländische Journalisten, Politologen, Ökonomen und Soziologen berufen gefühlt, düstere Prognosen für die Zukunft Italiens abzugeben. Vor allem für Wissenschaftler amerikanischer Provenienz war Italien eindeutig ein Fall für die Intensivstation. Der Patient hat sich hartnäckig und mit Geschick allen angebotenen oder angedrohten Therapien entzogen. Dennoch hat sich keine der unheilvollen Voraussagen bewahrheitet. Der Patient hat nicht nur überlebt, sondern es ging ihm sogar nie besser, er blüht und gedeiht. Insbesondere Italiens Wirtschaftsentwicklung läßt die europäischen Nachbarländer vor Neid erblassen.

Angesichts dieser Tatsachen haben manche ehemaligen Kritiker eine völlige Kehrtwendung vollzogen. Aus einem abschreckenden hat sich Italien über Nacht zum nachahmenswerten Beispiel gewandelt, aus dem ›Fall‹ wurde das ›Modell‹ Italien. So hat z. B. der renommierte Wirtschaftsjournalist Giuseppe Turani seinem Buch mit dem Titel ›Lokomotive Italien‹ den bezeichnenden Untertitel gegeben: »Wann und warum Italien Frankreich und Deutschland überflügeln wird. Die Wirtschaft der Sieben Großen bis zum Jahr 2025.«[*] Der amerikanische Politologe Joseph La Palombara, der an der Yale-University lehrt, hatte ein Buch über Italien 1965 als Studie über »Fragmentation, Isolation, Alienation« bezeichnet. 1987 dagegen nannte er eine neue Arbeit »Democracy Italian Style« und bezeichnete sich in einem Zeitungsinterview beim Erscheinen der italienischen Ausgabe als *pentito*, als reuigen Sünder, dem nun Italien in einem ganz neuen, positiven Licht erscheine.[**]

Aber die ehemals konstatierten Krisenerscheinungen sind keineswegs verschwunden, sondern nach wir vor allgegenwärtig und teilweise krasser als je zuvor. Vor allem die Krise der öffentlichen Institutionen, angefangen von der Instabilität der Regierungen, hat sich nicht gebessert. Angesichts der chaotischen und unwürdigen Umstände beim Sturz der Regierung Goria durch seine eigene Partei im Frühjahr 1988 erklärten nicht nur linke Außenseiter die erste Republik für tot, sondern auch das angesehene Nachrichtenmagazin ›L'Espresso‹ sah einen Ausweg nur noch in einer anderen, zweiten Republik. Begriffe wie ›partitocrazia‹ und ›cinismocrazia‹ werden kaum noch als Schmähungen, sondern eher als zutreffende Bezeichnungen für die Wirklichkeit empfunden. Das vierzigjährige Bestehen der italienischen Verfassung, die am 1. Januar 1948 in Kraft trat, bot wenig Anlaß zum Feiern, sondern eher zu kritischen Rückblicken und pessimistischen Voraussagen. Die gegenwärtige Entwicklung des Landes bleibt spannend, und der ›Fall Italien‹ entzieht sich nach wie vor allen geradlinigen Erklärungsversuchen.

Der Blick auf die Nachkriegsgeschichte Italiens vermag am ehesten einen Zugang zum Verständnis der Vielschichtigkeit der gegenwärtigen Situation und ihrer möglichen Perspektiven zu eröffnen. Ohne die dem Historiker teure, objektivierende zeitliche Distanz müssen Auswahl und Gewichtung der Ereignisse dabei sehr subjektiv sein, und das heißt in meinem Fall auch sehr deutsch. Im Hintergrund steht eigentlich immer die Frage, wo die Unterschiede zur deutschen Entwicklung liegen und inwieweit diese Unterschiede schon verschwunden oder im Schwinden sind. Ist und bleibt das ›Modell Italien‹ ein Einzelfall oder wird der ›Fall Italien‹ zum Modell?

[*] Giuseppe Turani, *La locomotiva Italia*, Milano 1987
[**] Joseph La Palombara, *Democracy, Italian Style*, New Haven/London 1987

Seit dem Erscheinen der letzten Auflage hat sich in Italien politisch wieder einmal scheinbar alles verändert. Seit Silvio Berlusconi 2001 ein zweites Mal Ministerpräsident wurde, nimmt man sich auch in Deutschland der politischen Zustände in dem Land, das ansonsten in den deutschen Medien kaum vorkommt, wieder mehr an. Warnende, alarmierte, aber auch beschwichtigende Stimmen sind zu hören. Berlusconi ist heute sicherlich der bekannteste italienische Politiker außerhalb Italiens. Da ihn auch Fußballfans als Präsidenten des AC Milan kennen, dürfte er inzwischen sogar Giulio Andreotti, die Symbolfigur der »Ersten Republik« aus dem Feld schlagen. Als Kommunikationsprofi, der er ist, weiß er, daß selbst eine schlechte Presse gute Werbung ist. Um diese neue Entwicklung zu dokumentieren, erschien eine Fortsetzung der »Kleinen Geschichte« dringend geboten.

Wie bei den vorangegangenen Neuauflagen habe ich im bestehenden Text nur minimale Änderungen vorgenommen, denn ich verstehe ihn nach wie vor als »work in progress«. Die Aktualisierung und Fortführung von Tabellen und Register erleichtern den Umgang und sollen dazu beitragen, in Tuchfühlung mit der aktuellen Entwicklung das Buch als Orientierungs- und Nachschlagewerk nutzen zu können, ohne die historische Perspektive zu verlieren.

Friederike Hausmann
Mai 2002

Die antifaschistische Einheit:
Ein kurzer Traum und seine langen Folgen
(1943–1947)

Italien besitzt – im Gegensatz zur Bundesrepublik – einen nationalen Feiertag[1], der an das Ende des Zweiten Weltkrieges erinnert. Allerdings war der 25. April 1945, dessen jährlich gedacht wird, nicht der Tag der Beendigung der Kampfhandlungen, denn die Kapitulation der deutschen Truppen erfolgte erst später, am 28./29. April. Am 25. April dagegen erreichten die von den Partisanen ausgelösten Volksaufstände in Norditalien gegen die deutsche Besatzung und deren italienisches Marionettenregime von Salò ihren Höhepunkt. Die Wahl dieses Tages als Feiertag läßt viel vom Selbstverständnis des aus dem Zweiten Weltkrieg hervorgegangenen Italien erkennen, nämlich das einer aus der *Resistenza*, aus dem Widerstand, geborenen Republik; ebenso freilich spricht daraus der tiefe Wunsch zu verdrängen, daß manches nicht in dieses schöne Bild paßt.

Auch für Italien endet der Zweite Weltkrieg 1945, aber eigentlich war das schon das zweite Ende oder das Ende des zweiten Krieges im Zweiten Weltkrieg. Der erste Krieg, der Mussolinis an der Seite Hitler-Deutschlands, wurde nach dessen Sturz am 25. Juli 1943 durch die Kapitulation Italiens vor den Alliierten am 8. September gleichen Jahres beendet. Diese knapp zwei Jahre bis zum April 1945 sind zweifelsohne die dramatischsten der italienischen Geschichte seit der Einigung im Jahre 1861. Vieles, was sich in dieser Zeit ereignet hat, ist nach wie vor umstritten und ungeklärt, und das wird wohl auch für immer so bleiben. Aber diese Zeit hat gerade in ihrer Widersprüchlichkeit Italien bis heute zutiefst geprägt.

Der Sturz Mussolinis

Mussolinis Sturz nach über zwanzigjähriger Herrschaft ging nahezu lautlos vor sich. Der Konsens, der das Regime bis zum Ausbruch des Zweiten Weltkrieges mindestens ebenso weitgehend getragen hatte wie der um Hitler, war seit den ersten Kriegsjahren zerbrochen. Mussolini wurde zum Verhängnis,

Kronprinz Umberto und Benito Mussolini

was ihn und sein Regime stark gemacht hatte: die alten, konservativen Eliten um König, Kirche und Heer. Und der Bruch
erfolgte durch das, wovon er sich den endgültigen Triumph
erhofft hatte: die Führung eines ›parallelen Krieges‹ an der
Seite Hitler-Deutschlands. Nach dem Kriegseintritt Italiens
begann sich allmählich eine Opposition innerhalb der Reihen
der faschistischen Partei selbst und innerhalb des Heeres zu for-
mieren, die ihre Bemühungen ganz selbstverständlich auf die
Beeinflussung des Königs, Vittorio Emanuele III., richteten. Der
Kriegseintritt (10./11. Juni 1940), die militärischen Mißerfolge
und die immer offenkundigere totale Unterwerfung des Duce
unter den ehemaligen Juniorpartner der faschistischen Weltbe-
wegung, Hitler, nicht zuletzt auch die zunehmend schlechter
werdende Versorgungslage der Zivilbevölkerung ließen die zu
Anfang des Kriegs allgemeine Begeisterung für das faschistische *impero* rasch verschwinden. Für einen ›totalen‹ Krieg, wie
ihn Goebbels nach der Katastrophe von Stalingrad im Februar

1943 noch proklamieren konnte, gab es in Italien keine Basis mehr. Das zeigten nicht zuletzt die Massenstreiks im März 1943 in den Industriezentren Norditaliens.

In einer dramatischen Nachtsitzung des faschistischen Großrats vom 24. auf den 25. Juli 1943 – zwei Wochen nach der alliierten Landung auf Sizilien – wurde der von Justizminister Dino Grandi eingebrachte Antrag, die Führung über die Streitkräfte wieder in die Hand des Königs zu legen, mit neunzehn gegen sieben Stimmen bei einer Enthaltung angenommen. Wie ein Tölpel trug Mussolini diesen Antrag zum König, wollte sich mit allerlei juristischen Argumenten dagegen verwahren und ließ sich beim Verlassen des Palasts widerstandslos verhaften. Keine Hand rührte sich für den gestürzten Duce, um so deutlicher dagegen äußerte sich die allgemeine Erleichterung auf Straßen und Plätzen, als die Absetzung Mussolinis und die Ernennung einer neuen Regierung unter dem ehemaligen Generalstabschef Pietro Badoglio im Rundfunk bekanntgegeben wurde.

Die Zusammensetzung der neuen Regierung und deren erste Regierungshandlungen ließen allerdings sofort erkennen, daß kein Bruch mit dem faschistischen Regime, sondern ein schleichender Übergang zur alten Form der parlamentarischen Monarchie geplant war – ohne große personelle Konsequenzen. Entgegen selbst den Vorschlägen Grandis war der König nicht zur Einbeziehung als antifaschistisch bekannter Persönlichkeiten in die Regierung bereit; sie bestand allein aus Militärs, Verwaltungsbeamten und Diplomaten, die allesamt unter dem Faschismus Karriere gemacht hatten. Badoglio erklärte in seiner ersten Verlautbarung, daß der Krieg fortgesetzt und Italien das »gegebene Wort« halten werde.

Die ›45 Tage‹ und der 8. September

Die nun folgenden 45 Tage bis zur Bekanntgabe des Waffenstillstandes mit den Alliierten sind als »ein im Laufe der ganzen Geschichte des Landes nicht überbotenes Beispiel politischer Unfähigkeit«[2] bezeichnet worden. Geht man aber davon aus, daß es dem König nicht, wie in seiner Erklärung am 25. Juli behauptet, um die »Unsterblichkeit des Vaterlandes«, sondern in erster Linie um die Rettung der Monarchie und der eigenen Haut ging, so erscheinen die 45 Tage als ein durchaus erfolgreicher Balanceakt. Es gelang zwar weder, die Deutschen von der

Ernsthaftigkeit der italienischen Treueschwüre zu überzeugen, noch, die Alliierten in den gleichzeitig angebahnten Verhandlungen zu einem Abrücken von der Forderung nach bedingungsloser Kapitulation zu bewegen. Die Verhandlungen wurden auf alptraumhafte Weise in die Länge gezogen. Die italienischen Verhandlungspartner brauchten Wochen für ihre Reisen, verschwanden manchmal gänzlich von der Bildfläche, und ohne gegenseitige Unterrichtung wurden teilweise parallele Verhandlungen geführt. Die verrinnende Zeit setzte die italienische Bevölkerung den Bombardements der Alliierten aus und erlaubte den Deutschen, ihre Stellungen in Norditalien auszubauen. Aber für König und Regierung war jeder Tag, der verging, ohne daß eine klare Entscheidung zwischen den Fronten gefallen war, ein gewonnener Tag, denn durch die wachsende Unruhe im Lande konnten sie sich den Alliierten als nützliche Helfer gegen die ›kommunistische Gefahr‹ empfehlen. Mit jedem Tag wuchs die Distanz zum Regime Mussolinis, das man mit dem verharmlosenden Namen *il ventennio*, die zwanzig Jahre, zu bezeichnen begann. Es entstand eine Art Niemandszeit, die die Kontinuität zwischen dem faschistischen Regime und der Regierung Badoglio in den Hintergrund treten ließ.

Die Ereignisse zwischen der Unterzeichnung der bedingungslosen Kapitulation am 3. September 1943 und ihrer Bekanntgabe am 8. sind wirr und bis heute nicht in allen Details geklärt, insbesondere, warum Badoglio glaubte, die Bekanntgabe des Waffenstillstandes noch einmal hinauszögern zu können. Die Regierung ließ sich, das Land und die italienischen Soldaten auf dem Balkan, in Griechenland und Südfrankreich von dem Waffenstillstand so überraschen, daß außer der Flucht der Regierung und der königlichen Familie in von Alliierten kontrolliertes Gebiet nichts vorbereitet war. Für alle anderen galt nur die tröstliche Nachricht Eisenhowers, des Oberkommandierenden der alliierten Streitkräfte: »Alle Italiener, die jetzt dazu beitragen werden, den deutschen Aggressor zu schlagen und vom italienischen Territorium zu vertreiben, werden Hilfe und Beistand der Vereinten Nationen erhalten.«[3]

Am Tage nach der Waffenstillstandsverkündigung landeten die Alliierten auf dem Festland bei Salerno, ihre Offensive aber kam bereits im Oktober an der sogenannten Gustav-Linie, etwa auf halber Strecke zwischen Salerno und Rom, zum Stehen. Für die Alliierten war Italien ein sekundärer Kriegsschauplatz, und darüber hatten sie die Italiener durchaus im Unklaren gelassen – was sie später selbstgefällig als ›gigantic bluff‹ bezeichneten.

Ebenfalls einen Tag nach der Waffenstillstandsverkündigung wurde Mussolini aus seinem Gefängnis auf dem Gran Sasso d'Italia von deutschen Fallschirmspringern befreit und gründete mit deutscher Protektion eine ›Soziale Republik Italien‹ (RSI) mit Sitz in Salò am Gardasee.

Die Ereignisse um den 8. September stürzten das Land für Tage und Wochen in ein unbeschreibliches Chaos. Aber dennoch fand in dieser wirren Zeit kein Krieg aller gegen alle statt, sondern es »erwachten wieder die tiefverwurzelten einfachen Tugenden der italienischen Menschlichkeit und Toleranz: Keinem Soldaten wurde Zivilkleidung verweigert, keinem aus der Gefangenschaft geflohenen alliierten Soldaten und keinem Juden ein Unterschlupf. Im Unglück gewann das italienische Volk allmählich sein wahres Selbst, seine geistige und sittliche Kraft zurück.«[4]

Als sich die Konturen des Geschehenen allmählich abzuzeichnen begannen, wurde deutlich, daß Italien in zwei Teile zerbrochen war. Südlich und nördlich der Frontlinie existierte jeweils ein italienisches Marionettenregime unter dem Schutz der fremden Truppen. Dieser Zustand dauerte bis in den April 1945, also über eineinhalb Jahre. Allerdings geriet die Front schon im Mai 1944 in Bewegung, Mittelitalien wurde befreit, im Winter 1944 jedoch kam die Offensive wiederum, auf den Höhen des Apennin an der Grenze zwischen der Toskana und der Emilia-Romagna, an der sogenannten ›Goten-Linie‹, zum Stehen.

So gab es eigentlich drei Italien: Den Süden, der, von den Alliierten befreit, unter der Badoglio-Regierung einen allmählichen Wiederaufbau der Verwaltungsstrukturen erlebte; Mittelitalien, das über ein Jahr lang Schauplatz heftigster Kämpfe war, aber die Deutschen eigentlich nur auf dem Rückzug erlebte; und schließlich den Norden, der die ganze Härte der deutschen Besatzung *und* der eigenen unverbesserlichen Faschisten zu spüren bekam.

Der Süden also blieb von den Kriegshandlungen am meisten verschont, das Trauma des Kriegsendes wurde weniger intensiv empfunden als im übrigen Italien, und hier gelang auch *politisch* der schrittweise Abschied vom Faschismus. Aber der Süden blieb ausgeschlossen von jener politischen Erfahrung, die für das Nachkriegsitalien entscheidend werden sollte: die *Resistenza*, der Widerstand. Dieser Widerstand wurde in Mittelitalien fast ausschließlich als Kampf gegen die deutsche Besatzung geführt und erlebt (vgl. das berühmte Lied *bella ciao*...), *nur* im Norden war der Widerstand auch dezidiert antifaschistischer Kampf, d. h. auch Bürgerkrieg. Die Resistenza formierte sich ebenfalls einen Tag nach Verkündung des Waffenstillstandes mit der Gründung eines zentralen Komitees der Nationalen Befreiung (*Comitato di Liberazione Nazionale* CLN), an dem die fünf antifaschistischen Parteien gleichberechtigt teilnahmen, die seit dem Sturz Mussolinis halb aus der Illegalität aufgetaucht waren: Die *Kommunistische Partei* (PCI) hatte während des ganzen Faschismus eine organisatorische Struktur in Italien und damit auch den Widerstand unter vielen Opfern aufrechterhalten. Die *Sozialistische Partei* (PSI) mußte ihre organisatorischen Strukturen in den Jahren 42/43 neu aufbauen. Als dritte und kleinste der alten Parteien hatten die *Liberalen* ein besonderes Gewicht, weil sie Zugang zu den Kreisen um den König hatten und in dem Philosophen Benedetto Croce eine überragende, auch international angesehene Persönlichkeit besaßen. Neben diesen alten Parteien neuentstanden

waren 1942 die *Democrazia Cristiana* aus den Trümmern der alten katholischen Volkspartei und der radikaldemokratische *Partito d'azione*, eine Partei, die sich schon in ihrem Namen auf die Tradition des Risorgimento bezog.

Man braucht nicht in die oft verklärende Darstellungsweise der meisten italienischen Berichte über die Resistenza zu verfallen, um nicht dennoch ihre außerordentliche moralische und politische Bedeutung für die Nachkriegsgeschichte hervorzuheben.

Die militärischen Aktionen des CLN und anderer daneben existierender Partisanengruppierungen wie der GAP (*Gruppi d'azione patriottica*), die in den Bergen der Abruzzen und des Apennin kämpften und in den Städten der Ebene den Volksaufstand vorbereiteten, konnten natürlich nicht die alliierten Truppen, an deren Seite auch ›Badoglio-Divisionen‹ kämpften, ersetzen. Die Alliierten hätten Italien wohl auch ohne die Hilfe der Partisanen befreit. Es ist deshalb müßig, heute noch das *militärische* Gewicht der Partisanenbewegung beweisen zu wollen. Die grausigen Vergeltungsmaßnahmen der Deutschen wie die von Marzabotto und den Fosse Ardeatine sprechen für sich. Das Gewicht reichte aus, die − vor allem auf englischer Seite − durchaus widerstrebenden Alliierten zur Anerkennung des CLN zu zwingen. Auch der unglaubliche Appell des englischen Generals Alexander im Herbst 1944, die Partisanen sollten doch lieber den Winter zu Hause verbringen, fruchtete nichts. Nicht nur dem Namen nach erinnerten z. B. die kommunistischen *Brigate Garibaldi* an die Tradition der italienischen Einheitsbewegung. In den Partisanen lebte die Tradition der Freiwilligen auf, die die Freiheit des Vaterlandes »aus eigener Kraft« trotz und gegen die diplomatischen Ränkespiele der großen Politik zu erkämpfen bereit waren. Diesmal allerdings kamen die Freiwilligen nicht wie im Risorgimento nur und in erster Linie aus dem Bürgertum. Auch Arbeiter und auch die Bauern trugen jetzt die Befreiungsbewegung.

Betrachtet man die Zusammensetzung des CLN, das sich in Norditalien CLNAI (*CLN dell'Alta Italia)* nannte, so verwundert weniger, daß die Einheit nach Kriegsende bald auseinanderbrach, erstaunlich bleibt vielmehr, daß die politische Einheit überhaupt so lange aufrechterhalten werden konnte. Das militärische Gewicht der einzelnen Parteien war sehr unterschiedlich. Schnell stellte sich heraus, daß die Garibaldi-Formationen der Kommunisten, gefolgt von *Giustizia e Libertà* des kleinen Partito d'azione, die Hauptlast der militärischen Aktionen, der Verfolgungen und der Verluste zu tragen hatten. Dennoch wurde die politische Gleichberechtigung innerhalb der CLN bis zu den ersten allgemeinen Wahlen aufrechterhalten. Schon allein diese Tatsache zeugt von einer fast übermenschlichen Selbstdisziplin des PCI.

Die Wende von Salerno

Politisch stand das zentrale CLN vor dem Problem, sich gegenüber den Alliierten als legitime Vertretung des italienischen Volkes durchzusetzen und seine Haltung gegenüber der Regierung Badoglio, dem König, und das heißt letztlich dem Faschismus, zu definieren. Beide Fragen waren aufs engste miteinander verbunden, aber vor allem bei der Frage nach dem Verhältnis zur königlichen Regierung bestanden zwischen den antifaschistischen Parteien schier unüberbrückbare Meinungsverschiedenheiten. *Innerhalb* des CLN hatten mit PCI, PSI und Partito d'azione diejenigen Parteien die Mehrheit, die die Abschaffung der Monarchie und eine radikale, sozialistische Erneuerung des politischen Lebens auf ihre Fahnen geschrieben hatten. Wie dieser Weg genauer auszusehen hatte, darüber herrschten auch bei der Linken starke Differenzen. Die beiden anderen Parteien bezogen die Durchschlagskraft ihrer Argumente mehr von *außen*: die DC aus ihrer Verbindung zu Kirche und Papst, der als Vermittler zwischen den Fronten und in Rom als ›defensor urbis‹ auftrat. Die Liberalen dagegen besaßen über die Kreise um den König einen direkten Draht zu den Alliierten.

Die Lösung kam durch die Kompromißbereitschaft des PCI zustande und erhielt den Namen ›Wende von Salerno‹. Nachdem bereits im Januar 1944 auf dem ersten Kongreß antifaschistischer Parteien in Brindisi die Kommunisten so weit gegangen waren, nur die Abdankung des Königs zu fordern und die Verfassungsfrage auf die Nachkriegszeit zu vertagen, wirkte die diplomatische Anerkennung der Regierung Badoglio durch die Sowjetunion am 13. März 1944 wie eine Sensation. Als dann Ende März Palmiro Togliatti aus dem russischen Exil in Salerno landete, um die Führung der Kommunistischen Partei zu übernehmen, war es eigentlich keine wirkliche Überraschung mehr, daß der PCI auch von der Bedingung der Abdankung des mit dem Faschismus zutiefst kompromittierten Königs abrücken würde. Von dem Liberalen Benedetto Croce ausgetüftelt, fand daraufhin folgender Kompromißvorschlag die Anerkennung aller antifaschistischen Parteien: Der König dankte nicht ab, sondern kündigte an, nach der Befreiung Roms die Regierungsgeschäfte seinem Sohn Umberto als Statthalter zu übertragen und sich ins Privatleben zurückzuziehen. Tatsächlich trat Vittorio Emanuele III. erst im Mai 1946 zurück.

Abdankung Vittorio Emanueles III. vom 9. Mai 1946

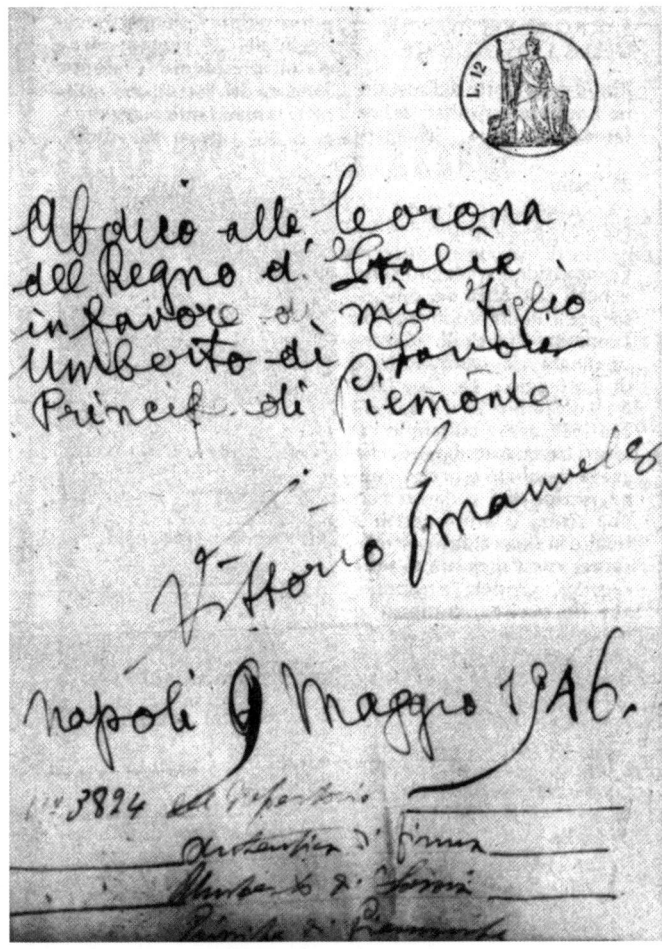

Nach der ›Wende von Salerno‹ traten zunächst einmal Vertreter der antifaschistischen Parteien in die letzte Regierung Badoglio ein; kurz danach übernahmen die CLN in Rom die Regierungsgewalt. Jetzt konnten die Partisanen in Mittel- und vor allem in Norditalien als Vertreter dieser Regierung handeln, und die Alliierten *mußten* – obwohl sie immer noch zögerten – diese Partisanen mit Lebensmitteln und Waffen unterstützen und in den befreiten Gebieten ihre Verwaltung anerkennen. Ein radikaler Bruch mit der faschistischen Vergangenheit und eine revolutionäre Neugestaltung des politischen Lebens in Italien aber waren mit der ›Wende von Salerno‹ in weite Ferne gerückt, eine Konsequenz, die sich die Linke – allen voran der PCI – nicht eingestehen mochte.

Als alliierte Truppen im April 1945 in die Poebene vorstießen, fanden sie bei ihrem Einmarsch die meisten Städte schon durch die Volksaufstände unter Führung der CLN befreit. Überall war die Verwaltung von den antifaschistischen Kräften übernommen worden. Der antifaschistische ›Wind aus dem Norden‹, so meinte der Sozialistenführer Pietro Nenni, werde nun wie ein Sturm durch Italien fegen. Aber das war ein Wunschbild, das nur durch die fast zwei Jahre andauernde Spaltung Italiens hatte entstehen können. Der tatsächliche Kontakt zwischen dem sogenannten *Regno del sud* und Norditalien kam nur mühsam wieder zustande: Die ersten Züge aus Rom überwanden den Apennin erst wieder im Herbst 1945.

Vier einflußreiche Kommunisten;
von links: Palmiro Togliatti, Giancarlo Pajetta, Luigi Longo, Giorgio Amendola

Die Politik der antifaschistischen Einheit

Die ersten Wahlen auf Gemeindeebene im Frühjahr 1946, die allgemeinen Wahlen und das gleichzeitige Verfassungsreferendum am 2. Juni 1946 waren bereits der Anfang vom Ende der antifaschistischen Einheit. Die Fiktion der Gleichberechtigung der politischen Parteien ließ sich nicht mehr aufrechterhalten, und die CLN als Vertretung des durch die Resistenza geeinten Volkes traten in den Hintergrund.

Schon bei den Gemeindewahlen trat zutage, daß die Liberalen und auch der Partito d'azione, der während des Widerstandes eine so hervorragende Rolle gespielt hatte, nur wenige Wählerstimmen auf sich vereinigen konnten. Neben mehreren kleinen neuen oder wiederbelebten Parteien kristallisierten sich zwei große einander diametral entgegengesetzte Blöcke heraus, die jeweils mehr als ein Drittel der Wählerstimmen auf sich vereinigen konnten: die Christdemokraten auf der einen Seite, und Sozialisten und Kommunisten auf der anderen. Der Volksentscheid, der die Abschaffung der Monarchie zur Wahl stellte, ließ auf noch unmißverständlichere Weise erkennen, daß ein sehr großer Teil der Bevölkerung nicht den Bruch, sondern die Kontinuität mit der Vergangenheit wollte und daß der politischen eine geographische Blockbildung entsprach, die die

Die erste Regierung der antifaschistischen Einheit;
von links: Nenni, Ruini, Vernocchi, De Gasperi, Togliatti

zweijährige Teilung des Landes sicher nicht geschaffen, aber auf verhängnisvolle Weise verstärkt hatte.

Obwohl bis auf die Liberalen alle Parteien der antifaschistischen Einheit für die Abschaffung der Monarchie eingetreten waren – die Christdemokraten allerdings ohne eine bindende Wahlempfehlung –, war die Entscheidung für die Republik mit 54,9% zwar klar, aber keineswegs überwältigend. Wenn man, wie dies von den Monarchisten sofort lautstark gefordert wurde, die fast zwei Millionen ungültigen Stimmen miteinberechnet, so war das Votum *für* die Republik mit 0,9 oder ganzen 453 506 Stimmen[5] sogar nur hauchdünn. In Rom und südlich davon hatten die Stimmen für die Monarchie ein teilweise markantes Übergewicht, während umgekehrt in Mittelitalien und der Emilia über 70% für die Republik stimmten. Ausdruck der neuen Situation war die sehr weitgehende Amnestie, die vom amtierenden kommunistischen Justizminister Palmiro Togliatti verantwortet wurde und zur Freilassung praktisch aller verurteilten Faschisten und zum Abbruch laufender Prozesse führte.

Als provisorischer Staatspräsident wurde, ebenfalls auf Vorschlag Togliattis, der bekannte Monarchist De Nicola, ein Rechtsanwalt aus Neapel, gewählt, der in den Verhandlungen zwischen CLN und König vermittelt hatte. Obwohl die Wahlergebnisse eigentlich die Aufkündigung des ›historischen Kompromisses‹ nahelegten, traten Kommunisten und Sozialisten auch in die neue Regierung des Christdemokraten Alcide De Gasperi ein, der sich schon seit Dezember 1945 als Ministerpräsident und neuer Stern am politischen Himmel Italiens profiliert hatte. Während die Zahl und das Gewicht ihrer Ministerien in etwa ihrem Wählerstimmenanteil entsprachen, ließen sich die beiden linken Parteien dennoch aus einer gleichberechtigten immer auswegloser in eine völlig subalterne Position drängen. Von dem, was der PCI als ›neuen Kurs‹ propagierte, nämlich die Verbindung von staatlicher Planung, Verstaatlichung wichtiger Industrien und Privatinitiative, blieb nur die Förderung der Privatinitiative übrig. Die Linke ließ eine inflationsfördernde Währungspolitik, den Verzicht auf eine Währungs- und auf eine Steuerreform zu. Der ›neue Kurs‹ blieb bloße Propaganda und war Teil jener *doppiezza* (Doppelzüngigkeit oder Doppelstrategie), die von nun an die Politik des PCI charakterisieren und den PSI in einen Strudel von Spaltungen reißen sollte. Wie erratische Blöcke ragten lediglich wenige auf Initiative der Linken zurückgehende

Gesetze, wie z. B. das über die Blockierung der Mieten und über die *scala mobile* (Lohngleitklausel) in die folgenden Jahrzehnte hinein.

Die Verfassung

Das große gemeinsame Werk der antifaschistischen Parteien, die Verfassung, trat am 1. Januar 1948 in Kraft, als der kurze Traum der Einheit im politischen Alltag bereits endgültig ausgeträumt war.

Mit ihrem Inkrafttreten begann ein neuer Abschnitt der italienischen Geschichte. Italien wurde – erst jetzt endgültig – nach fünfundachtzig Jahren Monarchie eine Republik. Ein unmißverständlicher Bruch mit der Vergangenheit war auch die zentrale Rolle des Parlaments, das seitdem auf der Basis des Verhältniswahlrechts gewählt wurde. Die verfassunggebende Versammlung widerstand der Versuchung, an die Stelle des abgeschafften Monarchen einen starken Staatspräsidenten zu setzen.

Heute, über vierzig Jahre danach, werden die Verfassung und auch deren grundlegende Prinzipien in Frage gestellt. Fast alle politischen Kräfte sind sich darüber einig, daß eine tiefgreifende ›Reform der Institutionen‹ notwendig ist, um das Funktionieren von Exekutive und Legislative zu verbessern. Die Verfassung wurde dafür verantwortlich gemacht, daß statt einer parlamentarischen Demokratie mit funktionierendem Machtwechsel eine *partitocrazia* herausgekommen ist, in der die Entscheidungen zwischen den Parteizentralen ausgehandelt werden und das Parlament zu einer Art Nebenschauplatz degradiert ist.

Der Verfassung die ganze Last des auch heute noch sprichwörtlichen *malgoverno* anzulasten, ist schon allein deshalb verfehlt, weil sie in entscheidenden Passagen sehr dehnbare programmatische Aussagen und Aufträge an den Gesetzgeber enthält. In dieser Hinsicht trägt sie deutlich die Spuren des Versuchs, einander widerstreitende Ziele zu vereinen.

Allen Parteien ging es – in Worten – um die klare Abgrenzung gegenüber der faschistischen Vergangenheit. Wie diese Abgrenzung aber auszusehen hätte, ob sie durch die Anknüpfung an Traditionen des vorfaschistischen Italien oder durch die Schaffung ganz neuer Verhältnisse zustande kommen sollte, darüber gingen die Meinungen weit auseinander und waren teilweise auch in sich widersprüchlich.

Das vorrangige Ziel der Linken, in der Verfassung eine Veränderung der Produktions- und Eigentumsverhältnisse zugunsten der Arbeiterklasse bindend festzulegen, stieß auf den hartnäckigen Widerstand aller übrigen Parteien. Ergebnis der heftigen Kontroversen blieben vage und vielsagende Formulierungen wie der Artikel 1, in dem es heißt:»Italien ist eine auf der Arbeit begründete Republik« oder die Artikel 4 und 36, in denen Arbeit und eine »ausreichende« Vergütung als Grundrecht genannt werden.

Einige Aufträge an den Gesetzgeber wurden erst sehr viel später und unter ganz anderen Umständen verwirklicht, so daß schon in dieser Hinsicht nicht »die Verfassung« für entsprechende Fehlentwicklungen verantwortlich gemacht werden kann. Das gilt z. B. für die erst 1956 zustande gekommene Einrichtung des Verfassungsgerichtshofs, die des *Consiglio superiore della magistratura* (Oberstes Kontrollorgan der Justiz), die erst 1957, und die der Regionen, die erst seit 1970 in Angriff genommen wurde.

In den Debatten der Konstituante kam es zu Konstellationen und Koalitionen, die nur zu begreifen sind, wenn man weiß, wie sehr die Tradition des Risorgimento in Italien lebendig ist und wie unmittelbar das Nachkriegsitalien als Werk eines zweiten Risorgimento verstanden wurde. Der Rückgriff auf die heiligen Werte der italienischen Einigungsbewegung vor 1861 geriet teilweise in Konflikt mit den Realitäten der Gegenwart und brachte die politischen Fronten völlig durcheinander.

Gegner der Dezentralisierung z. B. waren die linken Parteien, die ein Erstarken konservativer Gruppen und Lokalinteressen fürchteten. In der Gegnerschaft gegen die Regionalisierung trafen sie sich mit den kleinen laizistischen Parteien, den Republikanern und Liberalen, die an die Forderung des Risorgimento nach einem *Stato unitario* anknüpften. Dagegen war es für die Christdemokraten ein leichtes, auf den Zentralismus des faschistischen Staates hinzuweisen und die Gefahr an die Wand zu malen, daß die wiederbelebten traditionellen Autonomiebewegungen, z. B. in Sizilien und Sardinien, gegen einen zentralistischen Staat zu regelrechten Volksaufständen werden könnten. Die Verfassung enthielt dann den Auftrag der Regionalisierung, die, bis auf die Schaffung von Regionen mit besonderem Status in Sizilien, Sardinien, Südtirol-Trentino, Aostatal und Friaul-Julisch-Venetien, erst 1977 endgültig verwirklicht wurde. Die Fronten hatten sich nämlich in der Zwischenzeit verkehrt: Jetzt hatte der zentrale Staat in DC und Regierungs-bürokratie seine stärksten Befürworter, die eine Beschränkung ihrer Macht um fast jeden Preis verhindern wollten.

Die eigentliche Streitfrage, an der die verfassunggebende Versammlung schon früh zu scheitern drohte, war die der Über-nahme der Lateranverträge von 1929. Mit diesem Konkordat hatte Mussolini das erreicht, was das liberale Italien seit 1861 vergeblich versucht hatte: die Anerkennung des geeinten Italien durch den Vatikan und damit die Loyalität der mehrheitlich katholischen Bevölkerung. Bereitwillig hatte Mussolini dafür den Katholizismus als Staatsreligion bestätigt und eine großzü-gige Entschädigung an den Papst für den – bereits 1870 erfolg-ten – Verlust des Kirchenstaats festgelegt. Die Lateranverträge in die Verfassung aufzunehmen, machten Kirche und DC zur Schicksalsfrage und zu einem der Themen ihrer heftigen anti-kommunistischen Kampagnen. Dagegen traten neben Kommu-nisten und Sozialisten aber auch die Liberalen an, die noch kurz zuvor zur Erhaltung der Monarchie aufgerufen hatten. Sie beriefen sich dabei auf den politischen Laizismus Italiens, so wie er vor dem Faschismus Tradition geworden war.

Wieder war es Togliatti, der das Zeichen zur Wende gab in der Hoffnung, »zehn, zwanzig Jahre der Zusammenarbeit mit der Democrazia cristiana« zu retten, wie Pietro Nenni, der Füh-rer der standhaften Sozialisten, boshaft ins Tagebuch notierte.[6]

Die Funktionsweise des Parlaments selbst und das Ver-hältnis zwischen Exekutive und Legislative sind ein Beispiel dafür, wie widerstreitende Zielsetzungen zu einem Kompromiß zusammengeführt wurden, dem die Kämpfe um sein Zustande-kommen deutlich anzumerken sind.

Neben der Abgeordnetenkammer besitzt Italien eine zweite Kammer, die den ehrwürdigen Namen Senat erhielt. Neben sämtlichen ehemaligen Staatspräsidenten sitzen hier auch einige wenige verdiente Persönlichkeiten, die vom Staats-präsidenten auf Lebenszeit ernannt werden. Damit übernahm der Senat den Charakter einer Notablenkammer, den er bereits im vorfaschistischen Italien hatte. Die übrigen Senatoren wer-den auf regionaler Basis gewählt, aber bei der Einrichtung der Regionen wurde darauf verzichtet, den Senat wirklich zu einer Vertretung der Regionen, etwa ähnlich dem Bundesrat, umzu-gestalten; er ist somit lediglich eine Verdoppelung der Abgeord-netenkammer, die die Gesetzgebungsprozedur in die Länge ziehen kann.

Die Schauspielerin Anna Magnani bei den Wahlen vom 18. April

Um die dominierende Stellung des Ministerpräsidenten gegenüber dem Parlament, wie sie im liberalen Italien bestanden hatte, zu beschränken, wurden dem Parlament weitestgehende Spielräume gegeben, die durch die parlamentarische Geschäftsordnung und deren Reform 1971 noch ausgebaut wurden. Dazu gehörten z. B. die unbeschränkte Redezeit und die – 1988 dann abgeschaffte – geheime Abstimmung für bestimmte Gesetzesvorlagen. Dazu gehört aber auch die teilweise gesetzgeberische Kompetenz der ständigen parlamentarischen Kommissionen. Als eine Art Gegengewicht besitzt der Ministerpräsident die Möglichkeit, mittels Dekret (*decreto legge*) Gesetzesvorhaben auch ohne parlamentarische Billigung zeitweilig in Kraft zu setzen. Diese sehr gegensätzlichen Elemente, zu denen noch die Möglichkeit von Volksbegehren zur Abschaffung von Gesetzen hinzuzurechnen ist, machen das italienische parlamentarische Leben zu einem teils unendlich zäh sich dahinschleppenden, teilweise aber auch dramatisch bewegten Schauspiel.

Pietro Nenni hat in seiner Beschreibung der Schlußabstimmung über die Verfassung die etwas gespenstische Idylle geschildert, die eigentlich mehr der Vergangenheit als der Zukunft angehörte: Auf den dichtbesetzten Rängen saß eine

Gruppe der kommunistischen Garibaldi-Partisanen. Als der mit 453 gegen 62 Stimmen angenommene Verfassungstext dem (kommunistischen) Versammlungspräsidenten Terracini übergeben wurde, stimmten sie die für die Barrikaden von 1848 komponierte Hymne *Fratelli d'Italia* an, die von den Abgeordneten mitgesungen und zur Nationalhymne gekürt wurde. »Diese Idylle wäre beinahe am Morgen noch zerstört worden. Der (christdemokratische) Abgeordnete La Pira hatte vorgeschlagen, die Verfassung mit folgenden Worten beginnen zu lassen: ›Im Namen Gottes gibt sich das Volk die gegenwärtige Verfassung.‹ Aus La Piras Mund war dies Ausdruck echten Glaubens. Tatsächlich aber wäre es ein politischer Akt gewesen und hätte dem Staat einen konfessionellen Charakter gegeben. Es bedurfte der ganzen Überredungskunst Terracinis, um die Diskussion im Zaum zu halten und La Pira zur Rücknahme seines Antrages zu bewegen.«[7]

Die politischen Parteien

Die Verfassung wurde später auch dafür verantwortlich gemacht, daß in Italien statt einer *democrazia* eine *partitocrazia,* eine Parteienherrschaft, entstand. Diese Entwicklung wurde sicherlich durch die große Macht des Parlaments und die bis 1993 für die Kammer gültige einfache Verhältniswahl begünstigt. Ebenso sehr war sie aber durch die Besonderheiten des italienischen Parteiensystems bestimmt. Seine Wurzeln reichen tief bis ins 19. Jahrhundert zurück, aber seine Legitimation zog es aus seiner Entstehung im Widerstand des Zweiten Weltkrieges. Beides trug zur Allmacht und Allgegenwärtigkeit der Parteien in nahezu allen Bereichen des gesellschaftlichen und wirtschaftlichen Lebens und zur Starrheit des Systems bei, bis es schließlich zu Beginn der neunziger Jahre in einem großen Knall auseinanderbrach. Obwohl Italien seit der Einigung 1861 eine parlamentarische Monarchie war, entstanden Parteien im modernen Sinn, mit Statut und Programm, erst relativ spät. Bis auf die 1892 gegründete Sozialistische Partei waren die Parteien des liberalen Italien vor dem Ersten Weltkrieg eher Honoratiorenvereine. Da die wenigen Jahre zwischen 1918 und der Errichtung des faschistischen Einparteienstaates (Oktober 1925) für die wirkliche Etablierung der neuen Parteien nicht ausreichten, machte Italien nach dem Zweiten Weltkrieg *zum ersten Mal* Erfahrungen mit einem System moderner Parteien. Ein weiteres Novum war, daß mit Christdemokraten einerseits, Kommunisten und Sozialisten andererseits jetzt die Parteien Regierung und Opposition zu prägen begannen, die im vorfaschistischen Italien zu allen Regierungen, ja zu der aus dem Risorgimento hervorgegangenen Staatsform überhaupt in unversöhnlicher Gegnerschaft gestanden hatten. Jene gesellschaftlichen Kräfte und ihre Parteien hingegen, die das vorfaschistische Italien getragen und regiert hatten, konnten nach dem Zweiten Weltkrieg nur noch geringe Teile der Wählerschaft für sich gewinnen. Dennoch blieben politische Traditionen, die in die Zeit der Honoratiorenvereine zurückreichen, auch in den großen Parteien in vielfältiger Weise erhalten; sie wurden entweder bewußt gepflegt oder vehement bekämpft. In erster Linie gehört dazu ein Verständnis von Parteianhängerschaft als persönlicher Klientel, die nicht durch allgemeine politische Programme, sondern in erster Linie durch direkte Zuwendungen und Vorzugsbehandlungen gewonnen und bei der Stange gehalten werden muß. So ist z. B. nach wie vor der Begriff des *grande elettore* üblich, also des Wahlmanns, der eine bestimmte Zahl von Stimmen hinter sich hat, obwohl es diese Einrichtung verfassungsmäßig überhaupt nicht gibt. Daraus ergibt sich wiederum die als *trasformismo* seit dem neunzehnten Jahrhundert bekannte Praxis der parlamentarischen Auseinandersetzung, durch die sich Bündnisse und Mehrheiten innerhalb und zwischen den Parteien nicht aufgrund gemeinsamer politischer Zielsetzungen, sondern auf der Basis der Verteilung von Machtsphären und gegenseitiger Zugeständnisse bilden. Auf diese Weise werden politische Aussagen von ad hoc-Bündnissen konterkariert und die Grenzen zwischen Regierung und Opposition verwischt. Diese politische Usance entsprach einer Gesellschaft, in der scharfe, eigentlich unüberbrückbare ideologische und soziale Gegensätze herrschten. Ihr Weiterleben war unzweifelhaft mehr als bloß die gedankenlose oder bequeme Übernahme einer eigentlich überholten Tradition: es signalisierte unübersehbar das Fortbestehen einer starken Zerklüftung der sozialen Landschaft Italiens.

Democrazia cristiana (DC)

In der *Democrazia cristiana* ist es zu einer einzigartigen Synthese zwischen moderner Massenpartei und traditionsfixierter Honoratiorenpartei gekommen. Sie war bis zum Beginn der neunziger Jahre die Partei der Parteien, nicht nur, weil sie die relative Mehrheit der Wähler hinter sich hatte, sondern vor allem, weil in ihr viele Strömungen existierten, gewissermaßen Parteien in der Partei. Die DC personifiziert sich auch nicht wie die anderen Parteien in ein oder zwei repräsentativen Gestalten, die für die historische Entwicklung der Partei stehen, sondern sie erkennt und verleugnet sich in mehreren, einander z.T. diametral konträren Persönlichkeiten.

Die Partei wurde in den letzten Jahren des Zweiten Weltkriegs von Mitgliedern des ehemaligen, Anfang des Jahrhunderts entstandenen *Partito popolare italiano* gegründet. Der Vatikan hatte nach 1861 den neu entstandenen italienischen Staat strikt abgelehnt und den Gläubigen jegliche politische Mitarbeit untersagt. Damit trug die katholische Kirche wesentlich dazu bei, daß bis zum Ersten Weltkrieg kein Vertrauen zwischen dem *paese reale* (dem wirklichen Italien) und dem *paese legale* (dem Italien der Institutionen) entstehen konnte, ja sie ebnete damit »indirekt den Weg zur faschistischen Diktatur«.[8] Erst nach der Jahrhundertwende kam es zu einer gewissen Lockerung, und 1919 endlich konnte der sizilianische Priester Don Luigi Sturzo, der schon lange für ein aktives politisches Engagement der Katholiken gekämpft hatte, eine eigene Partei gründen, wobei das Fehlen des Adjektivs ›christlich‹ im Namen dieses *Partito popolare italiano* ein Hinweis darauf war, daß Sturzo seine Schöpfung nicht vom Papst gängeln lassen mochte, vielmehr Prinzipien eines sozialorientierten Katholizismus verwirklichen wollte. Die Partei sollte ihren Platz finden zwischen dem Liberalismus des staatstragenden Bürgertums und dem Sozialismus der Arbeiterklasse, und »ihre Hauptzielsetzung bestand darin, klassenübergreifend in ihren Reihen Vertreter aus verschiedensten Schichten, Bauern und Großgrundbesitzer, Arbeiter und Industrielle, zu vereinen«.[9] Nachdem Don Sturzo bereits 1923 vor dem Faschismus ins Exil fliehen mußte, wurde die Partei 1925 vom Vatikan aufgelöst, um die guten Beziehungen zum faschistischen Regime nicht zu gefährden.

Bei der Neugründung wurde aus der ›Volkspartei‹ die ›christliche Demokratie‹, aber ihre Väter knüpften an die Prin-

Drei Christdemokraten: Giorgio La Pira, Aldo Moro, Giuseppe Dossetti

zipien Don Sturzos an. Auch der erste Vorsitzende Alcide De
Gasperi wollte eine klassenübergreifende Partei – *interclassismo* und *centrismo* waren die Stichworte –, und auch er wollte
einen allzu direkten Einfluß der Kirche nach Möglichkeit vermeiden. De Gasperi war 1881 als österreichischer Staatsbürger
im Trentino geboren und seit 1911 Abgeordneter seiner Region
in Wien. Ähnlich wie zwei der wichtigsten Mitbegründer des
italienischen Königreichs, Cavour und Garibaldi, sprach auch
De Gasperi, der Mitbegründer der Republik, zeit seines Lebens
kein schönes Italienisch. Nachdem er 1923 die Nachfolge Don
Sturzos übernommen hatte, und nach einem dreijährigen
Gefängnisaufenthalt, verbrachte er die weiteren Jahre des
Faschismus und des Krieges in einer Art inneritalienischer Emigration als Bibliothekar des Vatikans, von dem er dann zum
Neugründer einer christlichen Partei ausersehen wurde.

Die Annäherung an die linken Parteien wurde von der
sehr aktiven linkskatholischen Gruppierung innerhalb der DC
unter der Führung des Kirchenrechtlers Giuseppe Dossetti
gefördert. Er lehnte De Gasperis *interclassismo* ab und strebte
eine eindeutige soziale Ausrichtung der Partei an. Nach dem
Ende der antifaschistischen Einheit befürchtete er, daß seine
Linie zum Auseinanderbrechen der Partei führen werde und
zog sich völlig überraschend aus dem politischen Leben in eine
Eremitage auf den Höhen des Apennin zurück. Seine Anhänger
führten sein Werk fort, gaben ihm freilich eine völlig andere
Richtung als sie der Einsiedler erträumt hatte. Dossettis aktiv-
ster Schüler war Amintore Fanfani, unter dessen Führung 1952
die erste organisierte *corrente* (Strömung) unter dem Namen
iniziativa democratica entstand. Die Partei zerbrach nicht, aber
es begann in der DC ein Prozeß der Aufspaltung in Strömungen
mit eigenen Führern und Listen für die Parteitage, der nun den

innerparteilichen Kampf für viele DC-Politiker zum Hauptanliegen ihres politischen Engagements werden ließ. Entscheidend aber wurde Fanfanis Einfluß für die Partei erst, als er 1954 den Parteivorsitz für sich erobern konnte. Seine Strömung hatte die großzügige finanzielle Hilfe des Industriellen Enrico Mattei genossen, und der dynamische Professor für Wirtschaftsgeschichte wußte diese Verknüpfung von politischer und wirtschaftlicher Macht im Interesse seiner Partei auszubauen. Nicht nur die

Amintore Fanfani

Staatskonzerne ENI und IRI verwandelten sich in Pfründe der Partei, es wurden auch darum herum öffentliche Körperschaften, *enti pubblici*, ins Leben gerufen, die »Einrichtungen für soziale Sicherheit, Radio, Fernsehen und zahllose Organisationen auf so unterschiedlichen Gebieten wie Erziehung, Landwirtschaft, Wohnungsbau, Sport, Kultur und wissenschaftliche Forschung (umfassen). Diese Körperschaften reichen in jeden Winkel der Gesellschaft und berühren jeden Bürger.«[10] Seither war die Entscheidung darüber, wer an der demokratisch gewählten Regierung Italiens beteiligt wurde, auch eine Entscheidung darüber, wer an der Verteilung (*lottizzazione* = Parzellierung) der *enti pubblici* teilnehmen durfte. Von solchen Machtpositionen aus, gestützt auf die einflußreichen regionalen Parteizentralen, entwickelten sich in der Folge eine Art ›Landesfürstentümer‹, die oft jahrzehntelang von einem Politiker beherrscht, ja sogar schon mal an die nächste Generation weitervererbt wurden. Das gilt beispielsweise für Kampanien, das aus der Hand seines großen Bosses Silvio Gava in die Hand von dessen Sohn Antonio überging, der mit seiner 1988 gegründeten sogenannten ›Golfströmung‹ (eigentlich *Azione popolare*) zu einem der mächtigsten Männer der Partei aufstieg. Gava senior hatte sich in den siebziger Jahren immerhin aufs Altenteil zurückgezogen, während andere nach wie vor auf ihrem

Silvio und Antonio Gava

Feudum saßen, wie er vorwurfsvoll bemerkte: »Wenn man in Rom Democrazia cristiana sagt, dann spricht man von der fast unumschränkten Macht Andreottis, in Lukanien ist es Colombo, in Apulien Moro, in der Toskana Fanfani, im Veneto Rumor und im Trentino Piccoli. Ich verstehe überhaupt nicht, was da gegenüber unserer Situation – Gava in Neapel – für ein Unterschied sein soll.« In den *maggiorenti* (Honorationen) lebt der alte Polyzentrismus Italiens wieder auf oder besser gesagt weiter, der von der Einigung Italiens im neunzehnten Jahrhundert nur scheinbar aufgehoben war. Nach einem komplizierten System wurden, stets begleitet von heftigsten Auseinandersetzungen, die Machtverhältnisse zwischen den Strömungen und Landesfürstentümern in Minister-, Staatssekretärs-, Staats-, Parlaments- und Ministerpräsidentenposten sowie in die entsprechenden Parteiämter umgerechnet. Seit 1969 trug das dabei angewandte Verfahren nach seinem Erfinder den Namen *manuale* (= Handbuch) *Cencelli.*

Ihre größte Dichte und Stärke gewann diese Verbindung aus Vertikalen (Strömungen) und Horizontalen (Landesfürstentümern), nachdem 1959 im Kloster Santa Dorotea in Rom die Strömung der *dorotei* (offiziell *Impegno democratico* = demokratische Verantwortung) als neues strömungsübergreifendes Zentrum einer klassenübergreifenden Partei aus der Taufe gehoben worden war. Aldo Moro, der Führer der *dorotei* und seit 1959 neuer Parteivorsitzender der DC, verkörperte auch in seiner Person den Charakter dieser Strömung. Mit seiner leisen, fast träumerisch wirkenden Stimme verkündete er rechte Gedanken, aber er handelte links. Er bootete Fanfani aus, führte aber dessen Politik der Öffnung nach links weiter. Er schuf visionäre Formulierungen, die gleichwohl nur für die Tagespolitik gedacht waren. Seine Geduld beim Ver- und Aushandeln kannte keine Grenzen, aber mit unbarmherziger Hand kehrte er jeden Skandal, der das Ansehen seiner Partei hätte schädigen können, unter den Teppich. Nach Moros gewaltsamem Tod 1978 geriet die DC in eine Krise. Nicht nur, daß die überragende Kunst der Vermittlung und des Ausgleichs, die Moro unnachahmlich beherrscht hatte, fehlte, nicht nur, daß die ideologisch und politisch einst verhältnismäßig klar umrissenen *correnti* in unübersichtliche Grüppchen, lobbies und pressure groups zerbröckelten. Durch Skandale und politische Mißerfolge erschüttert, mußte die Partei empfindliche Wahlniederlagen einstekken. Negative Symbolfigur für diesen Zustand der Partei, aber auch Symbolfigur für ihre zähe Überlebensfähigkeit war bis in die achtziger Jahre Giulio Andreotti, der ohne allzu große Eitelkeit von sich behaupten darf, er wisse selbst nicht genau, in wie vielen Regierungen er eigentlich gesessen habe. Für seine engen, zuweilen freundschaftlichen Beziehungen zu Päpsten und hohen Würdenträgern des Vatikan ebenso bekannt wie für seinen leidenschaftlichen Hang zum Pokerspiel mit zum Teil höchst dubiosen Partnern berüchtigt, gibt es wohl kaum einen Skandal der Nachkriegsgeschichte Italiens, bei dem Andreottis Name nicht gefallen wäre, aber solange die DC Regierungspartei war, konnte nichts von alledem seinem Ansehen, seiner Macht oder gar seinem Selbstbewußtsein schaden. Im Gegenteil, Andreotti, der brillante Schriftsteller und Bestsellerautor, machte sich einen Spaß daraus, in einem Kurzkrimi für das Nachrichtenmagazin ›Panorama‹ auf einen Skandal anzuspielen, an dem er selbst nicht ganz unbeteiligt gewesen war.[11]

Partito comunista italiano (PCI)

Diversità gegenüber den Christdemokraten, gegenüber einer Partei der durcheinanderlaufenden Strömungen, der Korruption und des Skandals, *diversità* gegenüber der Partei der USA, des Kapitals, der Rendite und des Großgrundbesitzes: das war einmal der Stolz und die raison d'être der Kommunistischen Partei Italiens. Den schwerfälligen Landesfürstentümern der DC konnte sie eine weitverzweigte Basisorganisation entgegensetzen, lebendige Diskussionen und unermüdlichen Einsatz ihrer Parteiarbeiter in den Sektionen, in den *case del popolo*, auf den Festen der Parteizeitung ›Unità‹, auf Kommunal-, Provinz-

Giulio Andreotti, in den fünfziger Jahren auch verantwortlich für Filmzensur

und Landesebene. Anders als die DC schmückte sich die Partei
mit großen Namen aus Kunst und Kultur und schuf die Figur
des *intellettuale organico*, das Paradoxon des geistig unabhängigen und dennoch linientreuen Intellektuellen. Dadurch haben
marxistisch inspirierte Forschung, Lehre und Kunst in Italien
ein Niveau und eine Ausstrahlung erhalten, die weit über den
Kreis der kommunistischen Partei hinausreichte, und das geistige Klima Italiens insgesamt in hohem Maße mitbestimmt
und bereichert hat, auch wenn über lange Jahre das kulturelle
Milieu der Linken wie von einem unsichtbaren eisernen Vor-
hang umgeben zu sein schien.

Freilich hatte die Partei mit ihren Intellektuellen nicht
selten erhebliche Schwierigkeiten, gerade dann, wenn diese
ihre geistige Unabhängigkeit beweisen wollten. Denn diese
Unabhängigkeit geriet in Konflikt mit dem Prinzip des demokratischen Zentralismus, dem diametralen Gegensatz zu dem
Strömungschaos der DC. Der demokratische Zentralismus war
das Herzstück jener ungebrochenen Tradition, aus der die Partei
schon in der Resistenza ihre ganze Kraft bezog. Seit der Partei-
gründung in Livorno 1921 gehörte der PCI der kommunistischen Internationale an und verstand die KPdSU als Vorbild
und absolute Autorität. Allerdings hatte es schon in den dreißi-
ger Jahren Kritik an der Botmäßigkeit gegenüber der Politik

Stalins gegeben. Auch führende Mitglieder waren damals ausgeschlossen worden, und Antonio Gramsci, als Praktiker und Theoretiker die einsam herausragende Persönlichkeit der Partei, starb 1937 im faschistischen Kerker, von seinen Parteigenossen politisch und menschlich im Stich gelassen. Sein letztes Werk, die ›*Quaderni del carcere*‹ (Gefängnishefte), wurden dann aber nach dem Krieg doch zur Grundlage für den Ablösungsprozeß von der KPdSU, der von Togliatti in höchst widersprüchlicher Weise in Gang gesetzt wurde. Es ist eine bittere Ironie der Geschichte, daß ausgerechnet durch die KPdSU, im Zuge der Perestrojka Gorbatschows, diese dunklen Kapitel in der Geschichte der italienischen Kommunisten wieder ans Licht kommen. Durch die Öffnung der sowjetischen Archive, die Rehabilitierung der Opfer der Stalinschen Schauprozesse wie Bucharin und Radek, wurde auch die Frage nach der Verantwortung oder Mitverantwortung Togliattis neu gestellt, der nach der Verhaftung Gramscis seit 1926 von Moskau aus den PCI leitete und 1935 sogar Generalsekretär der Komintern wurde. Allein etwa 150 italienische Kommunisten im sowjetischen Exil sind den Stalinschen Säuberungen zum Opfer gefallen. Obwohl diese Tatsachen in Umrissen auch ohne die neuerschlossenen sowjetischen Akten bekannt waren, hatte die Partei doch immer einen Schleier des Schweigens darüber gebreitet; jetzt aber sah sie sich dem Vorwurf der *doppiezza*, der Doppelzüngigkeit ausgesetzt, dem sie längst entronnen zu sein glaubte. Aus der *doppiezza* hat Togliatti keinen Ausweg gefunden, obwohl er es war, der 1956 selbstkritisch diesen Begriff verwandte: Unter seiner Führung wurde die Partei aus einer Kader- in eine Massenpartei umgebaut, aber alle Entscheidungsmechanismen folgten weiterhin den Prinzipien der Kaderpartei. Unter seiner Führung wurden die Hoffnungen auf eine revolutionäre Umgestaltung der Gesellschaft geschürt, aber in den Regierungen der antifaschistischen Einheit trugen die Kommunisten zum Überleben konservativer, ja sogar faschistischer Gesetze und Einrichtungen bei. Unter seiner Führung sollte Italien auf einem eigenständigen Weg zum Sozialismus voranschreiten, aber immer wieder schwenkte er »trotz ernster Bedenken« auf die Linie Moskaus ein. Togliatti starb am 22. August 1964, während er mit seiner Lebensgefährtin Nilde Iotti (der späteren Parlamentspräsidentin) im ehemaligen Sommersitz von Zar Alexander III. in Yalta Urlaub machte. Kurz zuvor hatte er ein Schriftstück beendet, das als ›*memoriale di Yalta*‹ von der Partei wie eine Art politisches Testament veröffentlicht wurde. Darin hieß es düster: »Wir schätzen die Perspektiven der gegenwärtigen Situation international und in unserem eigenen Land mit einem gewissen Pessimismus ein.«[12]

Natta: »Nein, die Partei ist nicht da, aber Sie können mit mir sprechen, ich bin der Sekretär«
(Karikatur von Forattini)

Togliatti hinterließ eine Partei, stärker als die ehemalige sozialistische Mutterpartei und stärker als jede andere kommunistische Partei der westlichen Welt. Sein Begräbnis war eine machtvolle und stolze Demonstration dieser Stärke. Aber Togliatti hinterließ auch eine Partei, in der die Perspektiven über den eigenständigen Weg zum Sozialismus unklarer waren denn je. Unter der schwachen Führung seines Nachfolgers Luigi Longo verschloß sich die Partei ängstlich gegen alle von innen oder außen an sie herangetragenen Klärungsversuche. Erst als 1972 Enrico Berlinguer für zwölf Jahre den Vorsitz übernahm, schien die Partei eine neue Identität zu gewinnen. Berlinguer, aus einer alten sardischen Aristokratenfamilie stammend, war klein und fast zart, so gar nicht zum charismatischen Führer einer Massenpartei geeignet, und doch vermochte er mit seiner Vorstellung von der eigenständigen Rolle der kommunistischen Parteien Europas, dem ›Eurokommunismus‹, und mit seinem Angebot einer Erneuerung des ›historischen Kompromisses‹ der Partei eine klare Zielsetzung zu geben, die Distanz zur Sowjetunion glaubhaft zu machen, die Sicherheit und Weltoffenheit auszustrahlen, die es auch seiner Partei ermöglichte, selbstbewußt aus dem Getto der *case del popolo* herauszutreten und die Podien der Feste der *Unità* auch kritischen Stimmen und politischen Gegnern zugänglich zu machen. Als der ›historische Kompromiß‹ scheiterte und Berlinguer 1984 während einer Veranstaltung zusammenbrach und wenig später starb, begann für den PCI eine lange schwierige Phase der inneren Kämpfe und äußeren Niederlagen.

Hatten die Kommunisten in den achtziger Jahren Schwierigkeiten, sich gegen die ehemalige Mutterpartei abzugrenzen, so
hatte diese ihrerseits über Jahrzehnte hinweg damit zu kämpfen, ihr Verhältnis zu den Kommunisten zu definieren. Der PSI
hat bis zu seinem kläglichen Zusammenbruch 1992 einen langen Weg voller Höhen und Tiefen hinter sich. Noch der 1983
erschienene Italien-Brockhaus stellte die Sozialisten nicht nur
auf eine Stufe mit den Sozialdemokraten, sondern bemerkte
lapidar: »Im Zuge der Polarisierung des politischen Lebens zwischen der Democrazia cristiana und dem PCI verloren PSI und
PSDI an Einfluß.« Blickt man dagegen ganz auf ihre Anfänge
zurück, dann war die sozialistische Partei »in jeder Beziehung
die erste Partei Italiens: sie wurde als erste gegründet, sie war
die erste Massenpartei, und sie wurde rasch die stärkste«.[13] 1892
gegründet, war der PSI aber auch von vornherein eine Partei der
vielen Gesichter und der vielen Strömungen. Mehr als marxisti-
sche Theorien waren in der Sozialistischen Partei radikaldemokratische Traditionen aus dem Risorgimento und anarchisti-
sche Traditionen lebendig, die sich mit den Lehren des Franzo-
sen Georges Sorel von der Notwendigkeit revolutionärer Eliten
verbanden. Der Anarchismus Michail Bakunins und der revolutionäre Syndikalismus Sorels fanden unter den Bauern und im
Süden mehr Anklang als die an der Fabrikdisziplin orientierten
Organisations- und Kampfformen der Internationale. Die Zer-
rissenheit der sozialistischen Partei vor dem Ersten Weltkrieg
zwischen einem radikaldemokratisch-reformistischen Flügel
unter Filippo Turati und einem anarcho-syndikalistischen Flügel unter dem Neapolitaner Arturo Labriola war deshalb auch
ein Kampf zwischen Norden und Süden, und dieser interne
Kampf zwischen ›Minimalisten‹ und ›Maximalisten‹ lähmte
den PSI trotz steigender Wähler- und Mitgliederzahlen. Auch
nach dem Ersten Weltkrieg fand die Partei nicht zur Einheit
und vermochte es nicht, durch die Abspaltung der Kommunisten 1921 und den Ausschluß der Reformisten Turatis 1922
geschwächt, dem aufstrebenden Faschismus mehr als noble
Gesten entgegenzusetzen. Ohne den finanziellen und organisatorischen Rückhalt aus der Komintern, wie ihn die Kommunisten genossen, waren die Sozialisten nach der Errichtung des
faschistischen Einparteienstaates als Partei nicht überlebensfä-
hig. Die Hypothek, den Faschismus, der ja aus den eigenen Rei-

hen hervorgegangen war – Mussolini war ursprünglich Redakteur der Parteizeitung ›Avanti‹ –, nicht wirksam bekämpft zu haben, war ein Grund für die Schwäche der Sozialisten in den Jahren nach dem Zweiten Weltkrieg, solange die junge Republik ihre Identität noch hauptsächlich aus dem Widerstand schöpfte, denn auch in den Widerstandsorganisationen konnte der PSI keinen eigenen Standort finden. Nach Bündnisversuchen mit den bürgerlichen Kräften um die 1929 von Carlo Roselli gegründete Bewegung *Giustizia e Libertà* (Gerechtigkeit und Freiheit) schlossen die Sozialisten unter maßgeblicher Beteiligung Pietro Nennis 1934 im Exil ein Aktionsbündnis mit den Kommunisten.

Nenni, der ursprünglich selbst aus der Republikanischen Partei kam und von den Kommunisten als Sozialfaschist bekämpft worden war, stieg zum Stalin-Preisträger auf und baute die sozialistische Partei, seit er 1943 ihr Generalsekretär wurde, als eine Partei der Arbeiterklasse auf, ohne daß es gelang, die Unterschiede zu den Kommunisten deutlich hervortreten zu lassen. Nach der Abspaltung eines rechten Flügels 1947 und dem Scheitern der Volksfront-Politik war es dann wiederum Nenni, der den Rückzug antrat und die Partei aus dem Aktionsbündnis mit den Kommunisten herausführte. Dennoch gelang es ihm nicht, die auseinanderstrebenden Flügel durch eine klare politische Zielsetzung zu einigen. Bevor Nenni sich 1973 auf das Altenteil der Ehrenpräsidentschaft zurückzog, war auch die kurze Episode der Wiedervereinigung mit den Sozialdemokraten, 1967 bis 1969, als *Partito socialista unificato* (PSU) vorbei, die eine zusätzliche Abspaltung am linken Flügel als *Partito socialista di unità proletaria* (PSIUP, 1972 aufgelöst) gekostet hatte. Die Sozialisten waren in der Wählergunst unter die 10%-Marke gesunken, und auch Nennis Nachfolger Francesco De Martino konnte die Partei aus diesem Tief nicht herausführen, denn nach alter Honoratiorenart verbrachte er die meiste Zeit auf der Jagd oder in seinem Arbeitszimmer, um international gerühmte Werke über römische Rechtsgeschichte zu schreiben – bis er 1976 durch die sogeannnte ›Bande der Vierzigjährigen‹ unter der Führung Bettino Craxis hinterrücks gestürzt wurde und ein kurzer kometenhafter Wiederaufstieg der Partei begann.

Forattini '85

Craxi und so weiter: Italiens 1986 bis 1992 regierende Fünferkoalition aus
(von links) Christdemokraten, Sozialisten, Republikanern, Sozialdemokraten
und Liberalen (Karikatur von Forattini).

Die kleinen Parteien

Die sozialistische Partei beanspruchte die Führung der sogenannten ›laizistischen‹ Parteien, des *fronte laico*. Unter diesem
völlig irreführenden Begriff wurden alle kleineren Parteien
geführt, wobei Neofaschisten und Linksextreme meist unter-
schlagen wurden. Ausgeschlossen aus der Front der Laien blieben mit DC und PCI die beiden Partei-»Kirchen« entgegenge-
setzter Glaubensrichtung. Eigentlich und ursprünglich waren
mit dem Adjektiv ›laizistisch‹ diejenigen Parteien des vorfaschistischen Italien gemeint, die der Verdammung des italienischen
Nationalstaates durch die katholische Kirche entgegen- und für
eine Trennung von Kirche und Staat eintraten. Auf diese Tradition konnten sich die Republikanische und die Liberale Partei
berufen. Meistens wurden den Republikanern und Liberalen

auch noch die Sozialdemokraten zugesellt, und mit diesem engeren Kreis des *fronte laico* sind dann diejenigen Parteien bezeichnet, die als Koalitionspartner für die Christdemokraten immer eine besondere Rolle gespielt haben. Die Zahl der im Parlament vertretenen Parteien – und nur davon kann und soll die Rede sein – geht aber weit über diesen exklusiven Kreis der Koalitionspartner der DC hinaus. Das Fehlen einer Prozenthürde für den Einzug ins Parlament ermöglichte auch Parteien mit kaum mehr als einem Prozent der Wählerstimmen, parlamentarisch vertreten zu sein.

Der Anteil der kleinen Parteien lag 1968 mit 25,2% der Wählerstimmen am höchsten; in den Wahlen von 1946 bis 1963 waren es durchschnittlich 17,7%, in den Wahlen danach hielten sie sich zwischen 20 und 25%. Die kleinen Parteien stellten also eine wichtige Manövriermasse zwischen Regierung und Opposition dar und hielten das politische Leben Italiens in ständiger hektischer Aufregung.

Auf dem äußersten *rechten Flügel* hat schon in den fünfziger Jahren ein Konzentrationsprozeß stattgefunden, der dessen Gewicht insgesamt reduziert hat und aus dem dann in den sechziger Jahren als einzige die neofaschistische Partei, das *Movimento sociale italiano* (MSI) übriggeblieben ist, die stärkste unter den kleinen Parteien mit einem stabilen Wählerpotential bis in die achtziger Jahre von etwas über 5%. Als die Monarchisten bei den Wahlen von 1968 nur noch 1,3% der Stimmen auf sich vereinigen konnten, schlossen sie sich mit den Neofaschisten unter der Beifügung *Destra nazionale* (MSI – DN, nationale Rechte) zusammen. Die Gründung einer neuen Partei durch Exponenten des gerade besiegten Faschismus schon Ende 1946 war von den Christdemokraten nicht verhindert, sondern vielmehr unter Zuhilfenahme von Militär- und Kirchenkreisen sogar unterstützt worden. Obwohl 1951 auf Antrag der Regierung mit Hilfe der sogenannten *legge Scelba* (nach dem Namen des damaligen Innenministers) alle Nachfolgeorganisationen der Faschisten verboten werden sollten, wurde dieses Gesetz nicht angewendet, denn der MSI erfüllte für die DC die Funktion, die äußerste Rechte parteipolitisch zu binden. Die Furcht vor einem weiteren Anwachsen des MSI diente für die DC bis in die sechziger Jahre als Alibi dafür, daß sie nicht, wie De Gasperi behauptet hatte, vom Zentrum aus nach links, sondern nach rechts blickte. Erst mit der Bildung der ersten Mitte-Links-Koalition verlor der MSI an Gewicht, sein Wählerpotential nahm aber sogar noch zu.

Ganz anders als auf dem rechten Flügel war die Entwicklung der kleinen Parteien des *fronte laico.* Obwohl es auch hier Verschiebungen gab, haben sich mehrere Parteien über die Jahrzehnte gehalten, allerdings mit einem jeweils äußerst geringen Wählerpotential. Die Parteien haben immer mehr politisches Profil verloren, spielten aber im politischen Leben eine enorme Rolle, denn sie erhielten ihre Existenzberechtigung aus ihrer Funktion als Mehrheitsbeschaffer für die Regierung. Dieser Profilverlust hat zwei Gründe. Alle Parteien des rechts- bis linksliberalen Spektrums sind im Grunde ›Ein-Mann-Parteien‹ geblieben, d. h. sie fanden ihre Identität lediglich in einer überragenden Persönlichkeit, meist noch aus der Gründergeneration. Sobald das Prestige dieser Persönlichkeit verbraucht war, begann die politische Abgrenzung schwierig zu werden. Dazu kam, daß sich Liberale, Sozialdemokraten und Republikaner als Koalitionspartner der DC allzu bereitwillig in den Dschungel der Postenverteilung inner- und außerhalb der Regierungsarbeit einbeziehen ließen.

Aus dem Spektrum des *fronte laico* verschwunden war schon 1948 der *Partito d'azione,* der mit dem legendären Partisanenführer ›Maurizio‹, Feruccio Parri, im Juni 1945 die erste Regierung des befreiten Italien führte. Mit dem Scheitern dieser Regierung nach nur einem halben Jahr zerbrach auch die Hoffnung, daß die demokratischen Kräfte des Bürgertums in der neuen Republik durchgreifende gesellschaftliche Änderungen verwirklichen könnten. Die Partei zerbrach in einen Flügel, der sich den Sozialisten zuwandte und einen, der die Republikanische Partei (PRI = *Partito repubblicano italiano*) gründete. Der neuen Partei fehlte die sozialreformerische Programmatik des *Partito d'azione,* aber sie behielt unter der Führung des sizilianischen Wirtschaftswissenschaftlers Ugo La Malfa etwas von dem moralischen Rigorismus des Widerstandes, so daß La Malfa bis zu seinem Tod am 26. März 1979 so etwas wie ein ›kritisches Gewissen‹ der Nation blieb.

Einen noch stärkeren Profilverlust haben die *Liberalen* (PLI = *Partito liberale italiano*) erlitten. Der konservativen, konstitutionell-monarchistischen Tradition des vorfaschistischen Italien in der Nachfolge Cavours verpflichtet, besaßen sie nach dem Kriege nur in Luigi Einaudi, Präsident der Banca d'Italia von 1945 bis 1947, dann Budgetminister und von 1948 bis 1955 Staatspräsident, eine überragende Persönlichkeit. Obwohl die Liberalen ihr monarchistisches Credo aufgaben, rutschten sie immer weiter nach rechts und konnten sich seit

Alexander Langer von den *Verdi*

den siebziger Jahren nur noch mit Mühe über der 2%-Marke
halten. Der PSDI (= *Partito socialdemocratico italiano*)
schließlich war und blieb ein unglückliches Produkt mehrerer
Spaltungen des PSI. Die sogenannten ›Saragat-Sozialisten‹
(schon 1947 ausgetreten, offizieller Name: *Partito socialista dei
Lavoratori italiani* = PSLI) vereinigten sich 1951 mit einer
weiteren Abspaltung vom PSI unter der Führung Giuseppe
Romitas zur Sozialdemokratischen Partei. Nachdem der Schei-
dungsgrund, das Aktionsbündnis zwischen Sozialisten und
Kommunisten, weggefallen war, wurde dennoch die Wiedervereinigung zwischen Sozialdemokraten und Sozialisten von
den Wählern nicht honoriert und nach nur drei Jahren Dauer
1969 rückgängig gemacht. Eine Weile konnte die Partei noch
vom Prestige Giuseppe Saragats zehren, der 1964 bis 1971
Staatspräsident war, aber dann fiel sie nur noch durch die Verwicklung ihrer Sekretäre und Minister in Skandale auf, bis es
im Januar 1989 durch den Übertritt eines Teils der Mitglieder
zu den Sozialisten fast zu einer Art Selbstauflösung kam.

Auf dem *linken* Flügel des Spektrums gab es bis ans Ende
der sechziger Jahre überhaupt keine Partei, und auch danach
konnte keine dauerhaft Fuß fassen, es kam zu immer neuen
Gruppierungen, die immer wieder auseinanderbrachen. Bei den

Wahlen von 1987 lag das Gewicht der äußersten Linken mit 6,8% allerdings zum ersten Mal deutlich über dem des MSI. Obwohl das politische Leben Italiens seit den sechziger Jahren stark von linksextremen Bewegungen bestimmt ist, gab es links von der Kommunistischen Partei lange Zeit keine Stimme im Parlament, und der PCI tat alles, um das Entstehen einer Partei auf dem linken Flügel zu verhindern. Allerdings nahm er Mitglieder gescheiterter linksextremer Parteien später bereitwillig in seine Reihen auf. Während die DC ganz gezielt einer Partei auf ihrem rechten Flügel Vorschub geleistet hatte, hielt der PCI umgekehrt den Raum auf der Linken so eng wie möglich und gab ihn erst frei, als die Partei selbst in eine Krise geriet.

Eine Zwischenstellung zwischen der sozialistisch orientierten Linken und dem liberalen Spektrum nehmen die Radikalen ein (PR = *Partito radicale*). 1954 als Abspaltung von den Liberalen entstanden, waren sie ebenfalls eine Ein-*Mann*-Partei, nämlich die Partei Marco Pannellas, obwohl gerade die Radikalen als einzige unter den italienischen Parteien bisher hervorragende *Politikerinnen* vorzuweisen haben. Sie haben sich nie als Klassen-Partei verstanden, standen aber ebenso durch ihre teilweise schrillen Methoden wie die Aufstellung eines Porno-Stars als Wahlkandidatin, wie durch ihre Themen (kompromißlose Sicherung der bürgerlichen Freiheitsrechte, Friedens- und Umweltpolitik) eindeutig im linken Lager, von dem sie jedoch wegen der schillernd-autoritären Persönlichkeit Marco Pannellas mißtrauisch beäugt wurden. Obwohl Pannellas Stern zu sinken begann, konnte sich seine Partei auch 1987 noch mit 2,6% behaupten und war damit auf dem linken Flügel die stärkste Gruppierung, denn alle anderen Parteien des äußersten linken Flügels spalteten sich, kaum daß sie gegründet wurden. Über längere Zeit spielten erst in den achtziger Jahren ein linkes Bündnis unter dem Namen *Democrazia proletaria* und die *Verdi* (die Grünen) eine gewisse Rolle. *Außerhalb* des Parlaments haben linke Gruppierungen jedoch das politische Leben sehr stark geprägt.

Demokratie zwischen Kirche und Kaltem Krieg
(1947–1953)

Der Ausschluß der Linken

Im Mai 1947 wurden Sozialisten und Kommunisten aus der Regierung ausgeschlossen. Daß damit etwas Endgültiges geschehen war, wurde ein Jahr später, nach den Wahlen vom 18. April 1948, auch denjenigen klar, die immer noch auf »zehn, zwanzig Jahre antifaschistische Einheit« hofften. Im Laufe dieses Jahres entluden sich all die im Zeichen der Resistenza mühsam zurückgehaltenen Spannungen, Rachegelüste, Ängste und Hysterien. All das, was in den zwei Nachkriegsjahren an Altem nicht hatte beiseite geschafft werden können, all das, was man um des lieben Friedens willen unangetastet gelassen hatte, trug nun seine schlechten Früchte.

Wie Macht und Mißtrauen der Alliierten bis 1945 ein wesentliches Bindemittel für den Zusammenhalt der antifaschistischen Einheit gewesen war, so wurden nach Kriegsende die besonderen Beziehungen der Kommunisten zur UdSSR und die der Christdemokraten zu den USA zum Sprengsatz, der auch die letzten Verbindungslinien zerreißen ließ. Dabei besaß der meisterhafte Taktiker De Gasperi eine Art Heimvorteil, denn Italien lag westlich der europäischen Demarkationslinie, die die künftigen Supermächte zur Absteckung der Einflußsphären vereinbart hatten. De Gasperi, der aus seinem Antikommunismus nie ein Hehl gemacht hatte, brauchte die Unterstützung der Linken mindestens so lange, bis die für Italien höchst demütigenden Friedensverhandlungen zu Ende gebracht waren, denn die Alliierten behandelten Italien eher wie Besiegte denn als Partner oder Freunde. Auch wenn das Ergebnis der Friedensverhandlungen mit dem Verlust der Dodekanes an Griechenland, aller afrikanischen Kolonien und eines Teils der erst seit 1919 (wieder) zu Italien gehörigen Venezia-Giulia an Jugoslawien aus heutiger Sicht durchaus gemäßigt und vernünftig erscheinen mag, war die Enttäuschung weit über die Kreise der Ewiggestrigen hinaus groß. Das Italien der Resistenza, das mit einem hohen Blutzoll, aus eigener Kraft und mit dem Willen zum Neuanfang gegen den deutschen Aggressor gekämpft hatte, sah sich in seinem Stolz zutiefst verletzt. Die Democrazia cristiana allein hätte die Last dieser Schmach politisch nicht verkraften können.

Überblickt man den Ablauf der Ereignisse, so war der Zeitplan perfekt: Im Januar 1947 reiste De Gasperi in die Vereinigten Staaten, im Februar wurden die Friedensverträge unterzeichnet, im März gab der amerikanische Präsident mit der später als ›Truman-Doktrin‹ bezeichneten Rede den Startschuß für den Kalten Krieg, und im Mai nützte De Gasperi Meinungsverschiedenheiten innerhalb seiner Regierung über die Wirtschaftspolitik zur ›Eröffnung der Krise‹, die mit dem Ausscheiden von Sozialisten und Kommunisten und der Bildung von De Gasperis nunmehr vierter Regierung unter Einschluß von Liberalen und Unabhängigen (11 DC, 2 Liberale, 4 Unabhängige) endete. Ganz so unangefochten, wie der äußere Ablauf der Ereignisse nahelegt, war De Gasperis Stellung allerdings keineswegs. Bei den Regionalwahlen in Sizilien im April hatten die Christdemokraten eine empfindliche Niederlage hinnehmen müssen, und es deutete sich die Gefahr an, daß die geographisch-politische Blockbildung – der Süden den Christdemokraten, der Norden den Linken – aufgebrochen werden könnte. Den Geist der Resistenza einfach zu verabschieden, blieb immer noch ein Wagnis. Die DC aber ging diesen Weg nun mit aller Entschiedenheit weiter. Der Innenminister Scelba nutzte die Tatsache, daß das faschistische Strafgesetzbuch, der berüchtigte codice Rocco, nicht außer Kraft gesetzt worden war und daß die meisten faschistischen Richter im Amt behalten worden waren.

Mit einer im Laufe eines Jahres von 30 000 auf 50 000 Mann verstärkten Polizei begann er die Jagd auf ehemalige Partisanen, auf Sozialisten und Kommunisten. Die Faschisten dagegen hatte man laufen lassen. Mit Zustimmung der Linken war die Entfaschisierung so gelöst worden, daß jeder, der nachweisen konnte – und wer konnte das nicht? –, dem Widerstand gegen die deutsche Besatzung geholfen zu haben, ungeschoren davonkam. Per Dekret wurde das ganze Problem nun endgültig ad acta gelegt.

Die Wahlniederlage der Volksfront am 18. April 1948

Im Frühjahr 1948, als der Wahlkampf für das erste Parlament auf der Basis der neuen Verfassung begann, nahm die Propaganda der DC die Ausmaße eines antikommunistischen Kreuzzuges an, der von der Kirche tatkräftig unterstützt wurde. Parallel zur Wahlkampforganisation der DC traten die ›Bürgerkomitees‹ *(comitati civici)* der einflußreichen katholischen Massenorganisation *Azione cattolica* mit dem Schlachtruf *O con Cristo o contro Cristo!* an.

Die Linke verstand ihren Rauswurf aus der Regierung zunächst nur als Diktat der Amerikaner, dem sich De Gasperi bei seiner USA-Reise in der Hoffnung auf Wirtschaftshilfe gebeugt hatte. Aber dieser Vorwurf war zu kurz gegriffen und offenbarte nur die Schwäche der Linken. De Gasperi hatte für seine Regierungsumbildung bereits die Tatsache nützen können, daß die sozialistische Partei im Januar 1947 auseinandergebrochen war, wobei 52 von 115 Abgeordneten aus der alten Partei austraten. Die kommunistische Partei schwankte in ihrer Propaganda zwischen vagen Revolutionshoffnungen, der ständigen unkritischen Verherrlichung der UdSSR und der neugegründeten Kominform und einer ebenso vagen Hoffnung auf die Wiederbelebung der antifaschistischen Einheit hin und her. Während die DC in ihrem Wahlkampf demagogisch die Sehnsucht der Menschen nach Ruhe, Essen und einem unbekümmerten Leben ausbeutete, setzten die Sozialisten und Kommunisten auf den Kampfgeist der glorreichen Tage der Resistenza. Sie schlossen sich zur ›Volksfront‹ zusammen und übernahmen von den antifaschistischen Brigaden als Emblem das Porträt Garibaldis.

Für die Volksfront wurde die Wahl vom 18. April 1948 zum Desaster, denn sie blieb mit 31% der Stimmen um ganze acht Prozentpunkte hinter dem Ergebnis zurück, das Sozialisten und Kommunisten ein Jahr zuvor noch erzielen konnten. Die DC dagegen erhielt mit 48,5% die absolute Mehrheit zwar nicht der Stimmen, aber der Sitze im Parlament und konnte dieses Ergebnis zu Recht als eine glänzende Bestätigung für den Bruch der antifaschistischen Einheit interpretieren.

Die Wahlen vom 18. April bezeichnen das Ende der 1943 begonnenen hoffnungsvollen Jahre der Resistenza und den Beginn einer langen Phase des politischen Stellungskrieges, in dem sich sehr unterschiedlich gerüstete Gegner bekämpften, ohne daß die Fronten sich wirklich bewegten.

Welcher Art die politische Kraft blieb, die hinter den 31% Stimmen der Volksfront immer noch steckte, offenbarte sich wenige Monate später, als am 14. Juli von einem sizilianischen Fanatiker ein Attentat auf Togliatti verübt wurde. »Das Italien der Arbeiter und die kommunistische Basis reagierten, ohne auf Anweisungen von der Partei zu warten. Es war ein Streik, wie ihn die Geschichte des Landes noch nie gesehen hatte, ein Streik, der in den größeren Städten die staatliche Autorität lahmlegte und ein Interregnum entstehen ließ, in dem alles möglich schien.«[14] Togliatti, der sich schnell wieder erholte, und die Führung seiner Partei waren die ersten, die zur Ruhe mahnten, und der gewaltige Generalstreik ging nach wenigen Tagen zu Ende, obwohl es anfangs in den Industriestädten des Nordens zu blutigen Zusammenstößen gekommen war. Auch wenn damit der Bürgerkrieg, das seit dem Bruch der antifaschistischen Einheit über Italien schwebende Menetekel, um Haaresbreite vermieden war, begann nun ein ›kalter Bürgerkrieg‹. Die

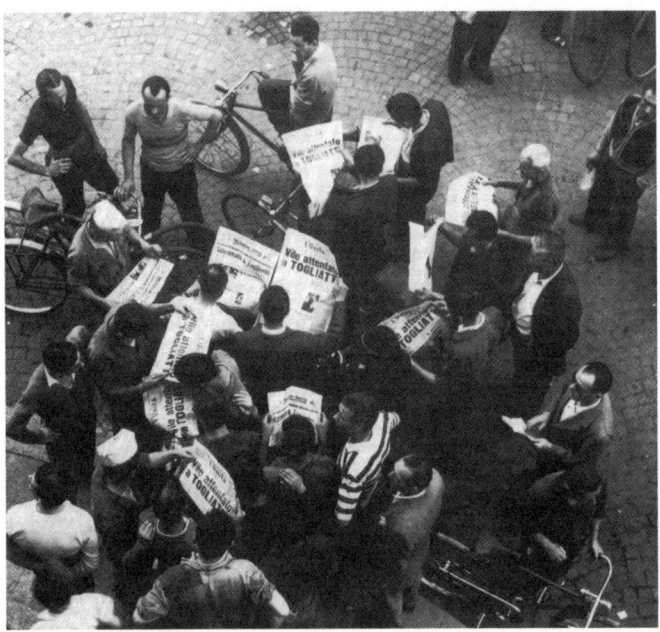

verfeindeten Blöcke trieben jetzt ihre Schützengräben in alle gesellschaftlichen Bereiche. Erstes und prominentestes Opfer war die Gewerkschaft.

Der in den letzten Kriegsjahren aus den verschiedenen wiedererstandenen Strömungen der Gewerkschaftsbewegung mühsam gezimmerten Einheitsgewerkschaft CGIL *(Confederazione generale italiana del lavoro)* hatte die Kirche schon kurz nach ihrem Entstehen eine katholische Arbeiterorganisation entgegengesetzt *(Azione cattolica dei lavoratori italiani)*. Obwohl im Statut der CGIL der politische Streik ausdrücklich vorgesehen war, nutzte die christdemokratische Strömung der Gewerkschaft den Generalstreik nach dem Attentat auf Togliatti, um auf der Basis der katholischen Massenorganisation eine christliche Gewerkschaft zu gründen. Zwei Jahre später, nach der unter dem Druck des amerikanischen Gewerkschaftsverbandes zustande gekommenen Vereinigung mit einer kleinen republikanischen Splittergewerkschaft, nannte sie sich CISL *(Confederazione italiana sindacati lavoratori)*. Nachdem als dritte auch noch eine sozialistische Abspaltung unter dem Namen UIL *(Unione italiana del lavoro)* entstand, war genau das erreicht, was die Christdemokraten angeblich hatten verhindern wollen: die weitgehende Abhängigkeit der Gewerkschaften von den Parteien.

Die CGIL blieb die größte Gewerkschaft und verstand sich als sozialistische Kampforganisation. Sie hat sich immer geweigert, eine gesetzliche Regelung des Streikrechts zu akzeptieren. Der verfassungsmäßige Auftrag dazu ist nie verwirklicht worden. Alle drei Gewerkschaften haben auch darauf verzichtet, durch die Einrichtung von Streikkassen das finanzielle Risiko von Arbeitskämpfen für ihre Mitglieder abzufedern und sich dadurch die Hände zu binden. Daher gerieten und geraten alle gewerkschaftlichen Auseinandersetzungen schnell zu unerbittlichen Machtproben, bei denen schon der Sieg in einem Betrieb weitreichende Folgen, eine Niederlage aber verheerende Auswirkungen haben kann. Das größte Problem der Gewerkschaften aber war und ist die Ungleichgewichtigkeit der italienischen Wirtschaftsstruktur. Die entscheidenden Arbeitskämpfe wurden stets in der Industrie des Nordens, und das hieß gewöhnlich bei Fiat, ausgetragen, ihre Ergebnisse aber waren oft genug für die Kleinbetriebe des Landes nicht anwendbar, für den Süden sogar schädlich. Unausweichlich war deshalb für die Gewerkschaften die Entscheidung, wollten sie sich nicht nur als Interessenvertretung der Arbeiter in der Großindustrie des Nordens verstehen, Einfluß und Mitwirkung auch bei Wohnungsbau, Infrastrukturmaßnahmen, Bildungs-, Sozial- und Steuerpolitik anzustreben, von der Wirtschaftsplanung ganz zu schweigen. Dieser ›Pansyndikalismus‹ mußte freilich an seine Grenzen stoßen. Der Versuch, bei allgemeinen sozial- und wirtschaftspolitischen Fragen Einfluß zu nehmen, geriet in Widerspruch zur Abhängigkeit der Gewerkschaften von den Parteien und erst zu Beginn der siebziger Jahre gelang es, die Gewerkschaften von den Parteien unabhängiger zu machen.

De Gasperis *centrismo:* Glanz und Ende

Die Formierung feindlicher Blöcke in nahezu allen Bereichen des öffentlichen Lebens wirkte auch auf ihre Urheber zurück und hatte dort die gleichen Wirkungen: hektische Bewegung an der Oberfläche, tiefe innere Lähmung und immer wieder kleinere Absplitterungen am Rande, was kurzfristig den Eindruck wirklicher Bewegung vortäuschte. Der innerparteiliche Widerstand gegen den Bruch der antifaschistischen Einheit durch die DC war die Basis für die Gründung der ersten *corrente* (Strömung), die zur Bildung mindestens ebenso verfeindeter Lager innerhalb wie außerhalb der DC führen sollte. De Gasperi, der seine Partei gern als das Zentrum, das sich nach links bewegt, verstanden wissen wollte, konnte den divergierenden Tendenzen innerhalb der Partei und deren negativen Wirkungen nach außen nur eine Zeitlang gegensteuern, einmal durch die Ankündigung großangelegter Reformprogramme wie einer Verwaltungsreform, Steuerreform, Agrarreform, Schulreform und der Regionalisierung. Verwirklicht wurden davon einzelne einsame Gesetze wie z. B. 1950 die Einrichtung der *Cassa per il Mezzogiorno* (Darlehenskasse für den Süden), ein gigantisches Instrument zur Schaffung einer christdemokratischen Wählerklientel. Die von der Verfassung vorgeschriebene Pflichtmittelschule mußte dagegen noch bis 1962 auf ihre Verwirklichung warten, und die Regionalisierung, wie schon erwähnt, noch viel länger. Der zweite Hebel von De Gasperis *centrismo* war die Beteiligung der kleineren Parteien, der Republikaner und Liberalen, an der Regierung. Der letzte kühne – und gescheiterte – Streich, mit dem der christdemokratische Regierungschef die Übermacht der DC zementieren wollte, war ein Wahlgesetz, das mit dem von der linken Opposition geprägten Begriff als *legge truffa* (Betrugsgesetz) in die Geschichte eingegangen ist. Ähnlich der später in der Präsidialdemokratie De Gaulles verwirklichten Gesetzgebung sollte diejenige Partei oder Parteienkoalition, die über 50% der Stimmen erhielt, mit zwei Dritteln der Parlamentssitze belohnt werden. Der Widerstand gegen dieses Gesetz war massiv, er reichte bis in die kleinen Koalitionspartner der DC hinein und führte zu spektakulären Parteiaustritten. Die Ernüchterung über die Politik der Christdemokraten führte 1953 zu einer schweren Wahlniederlage der DC und der mit ihr verbündeten Parteien. Zwar blieb die alte Regierung an der Macht, aber das Gesetz wurde zurückgenommen. Die Wahlergebnisse brachten die DC auf den Boden der Tatsachen zurück, wo sie von nun an bis zum Ende der siebziger Jahre bleiben sollte: die Vierzigprozentmarke wurde die magische Grenze, die die Partei nur noch einmal knapp überschreiten sollte, für mehr reichten der Einfluß der Kirche und die Angst vor dem Kommunismus nicht. Sozialisten und Kommunisten dagegen erreichten zusammengenommen bald ebenso hohe Stimmengewinne. Das Schreckgespenst der *alternativa di sinistra* bedrohte von nun an unausgesetzt die Regierungen der DC, solange Sozialisten und Kommunisten gemeinsam in der Opposition standen. Auf der anderen Seite lockte die *alternativa di destra*, denn von den kleinen Parteien, die sich zwischen den verfeindeten Blöcken tummelten, konnten die Monarchisten und die seit 1948 zugelassenen Neofaschisten des MSI bei den Wahlen 1953 und 1958 jeweils ca. 5% der Stimmen auf sich vereinigen.

Die Bedeutung der ›Ära De Gasperi‹ für Italien und ihre Hinterlassenschaft wurden schnell erkennbar, als De Gasperi selbst von der politischen Bühne abtrat. Nach einem lustlosen, nach nur 12 Tagen gescheiterten Versuch, als seine achte Regierung ein DC-Minderheitskabinett auf die Beine zu stellen, kehrte er in die heimischen Berge des Trentino zurück. Sein Nachfolger Pella hielt sich nur vier Monate auf dem Sessel des Ministerpräsidenten, und in den nächsten Jahren jagte eine Regierungskrise die andere. Scheinbar unberührt von diesem politischen Scherbenhaufen blühte in den fünfziger Jahren eine Saat auf, die De Gasperi gelegt hatte. Die Bindung an, ja die Unterwerfung unter die Wünsche der Vereinigten Staaten, die Teilnahme an den entstehenden westlichen Bündnissystemen, war von De Gasperi mit teilweise höchst eigenwilliger Geheimdiplomatie unter Umgehung der offiziellen diplomatischen

Kanäle und seiner eigenen Kabinette konsequent verfolgt worden. Wichtigstes Ergebnis war der Wiederaufbau der kapitalistischen Industrie, der die Marshall-Plan-Gelder auf die Füße halfen und die in den fünfziger Jahren das Wunder des *Topolino* vollbrachte. Ähnlich dem legendären Ford-Modell T in den USA der zwanziger Jahre wurde der *Topolino* genannte Fiat 500 zum Symbol nicht nur für den Wirtschaftsaufschwung, sondern für den Aufbruch des *topolino* Italien, der kleinen Maus, in den Kreis der großen Industrienationen.

Wiederaufbau und Wirtschaftswunder

Die italienische Wirtschaft war aus dem Zweiten Weltkrieg geschwächt, aber keineswegs zerstört hervorgegangen. Dabei trafen die wirtschaftlichen Auswirkungen des Krieges auf scheinbar paradoxe Weise den Süden des Landes stärker als den Norden, obwohl dort fast zwei Jahre länger Krieg geführt wurde. Die Industrie des Nordens hatte gegenüber der Vorkriegszeit nur 10% ihres finanziellen und produktiven Bestandes verloren – nicht zuletzt dank des Schutzes der Partisanen gegen Zerstörung durch die Deutschen. Die landwirtschaftliche Produktion dagegen war auf 65% des Vorkriegsstandes gesunken, und davon war am stärksten der Süden betroffen. Wenn dennoch auch für Italien von wirtschaftlichem Wiederaufbau gesprochen wird, so ist damit gemeint, daß man nach neuen Auswegen aus den alten wirtschaftlichen Malaisen suchte.

Vordringlichste Probleme waren der Dualismus zwischen dem agrarischen Süden und dem industrialisierten Norden und der Mangel an einheimischen Rohstoffen. Das völlige Fehlen der für die moderne Industrie wichtigsten Grundstoffe wie Kohle, Eisen, Öl, selbst Holz war mit einer der Gründe dafür, daß Italien zu den Nachzüglern der industriellen Entwicklung gehört und erst kurz vor dem Ersten Weltkrieg mit einem allerdings spektakulären Boom Anschluß an die europäischen Industrienationen gefunden hatte. Ohne Lieferung von Rohstoffen nützte jetzt, nach 1945, auch die erhaltene Industriestruktur nichts, und schon allein deshalb war Italien *auch politisch* den Alliierten auf Gnade und Ungnade ausgeliefert. Das bedeutete eine Präjudizierung der einzuschlagenden Wirtschaftspolitik in Richtung auf den von den USA gewünschten freien Weltmarkt.

Diese mit den Dollars der amerikanischen Aufbauhilfe versüßte Tatsache allein erklärt aber die von den Regierungen der antifaschistischen Einheit eingeschlagene Politik des strikten *laisser-faire* nicht ausreichend. In Italien gab es seit dem 19. Jahrhundert eine heftige und äußerst dogmatisch geführte Debatte zwischen Vertretern des Wirtschaftsliberalismus und des Protektionismus. Dabei stand die Mehrzahl der führenden Wissenschaftler seit jeher auf der Seite der Wirtschaftsliberalisten. Politisch verfolgte Italien jedoch seit den siebziger Jahren des letzten Jahrhunderts einen protektionistischen Kurs, der in der großen europäischen Agrarkrise dieser Zeit aus einer Interessenkoalition zwischen den Großagrariern des Südens und den Industriellen des Nordens entstanden war. Ihren Höhepunkt erlebte diese Politik der Schutzzölle und der staatlichen Wirtschaftslenkung im Zeichen der faschistischen Autarkiebestrebungen in den ›Schlachten für die Lira‹ und den ›Ernteschlachten‹ der zwanziger Jahre.

Hinter diesen schützenden Mauern hatte die italienische Industrie einen Reifegrad erreicht, dem sich nur noch durch den Weltmarkt Expansionschancen boten. Mit dem Argument, der Bruch mit der Vergangenheit müsse den Bruch mit Protektionismus und Planwirtschaft bedeuten, vollzog die Industrie nun, vertreten z. B. durch ihren Verband, die *Confindustria*, den Schwenk zu einem entschiedenen wirtschaftlichen Liberalismus.

Die Linke, die schon im vorfaschistischen Italien den Protektionismus als Instrument des industriell-agrarischen Blocks bekämpft hatte, konnte sich nach der Erfahrung des Faschismus dieser Gleichsetzung von Freiheit und freier Marktwirtschaft nicht ganz entziehen. Jedenfalls gelang es ihr nicht, ein glaubwürdiges *und* realistisches Gegenmodell aufzubauen. Der vom PCI propagierte ›neue Kurs‹ in der Wirtschaftspolitik sah deshalb bloß ›Elemente der Planung‹ in Verbindung mit der Förderung der Privatinitiative vor. Aber auch von diesen Elementen blieb so gut wie nichts übrig, obwohl die Linke in der Regierung der antifaschistischen Einheit Schlüsselstellungen wie das Finanzministerium und das Ministerium für Handel, Arbeit und Landwirtschaft innehatte. Nur wenige Gesetze – wie das über die Blockierung der Mieten und über die Einführung einer Lohngleitklausel *(scala mobile)* – behielten als Ergebnisse linker Initiativen auch in den folgenden Jahrzehnten ihre Gültigkeit.

Die DC überließ die wirtschaftspolitische Weichenstellung den Liberalen, indem sie ihnen das Haushaltsministerium und die Führung der *Banca d'Italia* anvertraute. Mit dieser Entscheidung hielt De Gasperi die starken sozialreformerischen Kräfte in der eigenen Partei von der unmittelbaren Entscheidungsgewalt fern und sicherte der Privatindustrie den direkten Zugang dazu. Gegenüber der Kritik von Sozialisten und Kommunisten sprach De Gasperi mit entwaffnender Offenheit von der Existenz einer ›vierten Partei‹ (neben DC, PCI und PSI), die zwar nicht über Wählerstimmen verfüge, aber dennoch in der Lage sei, »alle unsere Bemühungen zunichte zu machen, indem sie unsere Zahlungsfähigkeit sabotiert, Kapitalflucht, Preiserhöhungen und Skandalkampagnen organisiert«.[15]

Die führenden Theoretiker des Wirtschaftsliberalismus bestimmten die ersten Schritte der Wirtschaftspolitik nach dem Krieg, zuerst Epicarmio Corbino als Schatzminister, dann 1947/48 als Haushaltsminister Luigi Einaudi, der vorher schon die Banca d'Italia geleitet hatte. Sie widersetzten sich einer Währungsreform ebenso erfolgreich wie einer Steuerreform und der Kontrolle des Devisenverkehrs. Die Entscheidung *gegen* Staatsintervention war zugleich eine Entscheidung *zugunsten* ganz bestimmter Entwicklungen. Man nahm eine rasch steigende Inflation und Massenarbeitslosigkeit in Kauf, um auf diese Weise die Löhne niedrig zu halten. Devisenspekulationen mit den Exportgewinnen wurden Tür und Tor geöffnet, Kriegsgewinne und Spekulationsvermögen blieben unangetastet und der Süden auf seine Funktion als Arbeitskräftereservoir und Absatzmarkt für den Norden beschränkt. Die Abkehr von Protektionismus und Wirtschaftsplanung war also in Wirklichkeit kein Neuanfang und Bruch mit der Vergangenheit, sondern genau das Gegenteil: Die in Faschismus und Krieg entstandenen Besitz- und Machtstrukturen in der Wirtschaft blieben erhalten.

Erst nachdem im Mai 1947 die Linke aus der Regierung ausgeschlossen worden war, begann der Kampf gegen die Inflation. Mithilfe der sogenannten *linea Einaudi* des neuen Haushaltsministers wurden scharfe Kreditrestriktionen eingeführt, die zwar die Produktion stagnieren ließen, aber die Inflation spürbar verlangsamten. Das Nachlassen der Inflation als Erfolg einer neuen Regierung ohne die Linken war ein zugkräftiges Argument gerade für die Wählerschichten, auf die es der DC bei den Wahlen am 18. April 1948 besonders ankam – die Mittelschichten. Auch die Marshall-Plan-Gelder wurden nicht vorrangig für Strukturmaßnahmen, sondern zur Stabilisierung der Währung und für Industriekredite verwendet. Insgesamt

Drei einflußreiche Minister der Nachkriegszeit; von links:
Cesare Merzagora, Luigi Einaudi, Giuseppe Romita

erhielt Italien im Rahmen der verschiedenen amerikanischen Aufbauprogramme von 1944 bis 1952 über drei Milliarden Dollar, etwa so viel, wie in das weitgehend zerstörte, aber besiegte Deutschland gepumpt wurde.

Hinsichtlich der Marshall-Plan-Hilfe hatten sich die linken Parteien in eine politisch besonders ausweglose Lage manövriert. Nicht so sehr die wirtschaftspolitische Linie der Regierung als vielmehr die damit verbundene außenpolitische Entscheidung für das Lager der USA veranlaßte die linken Parteien zu einer grundsätzlichen Ablehnung der Gelder. In der Konsequenz konnten sie auch nicht beanspruchen, bei den Entscheidungen über die Verwendung der Gelder ein Wörtchen mitzureden. Auch war es nur wenig überzeugend, wenn die Kommunisten angesichts des wohltuenden Dollarregens das verstaubte Gespenst vom »endgültigen Zusammenbruch des Kapitalismus« bemühten.

1949 konnte die Währung gegenüber dem Dollar auf den Kurs von 625 Lire fixiert werden, und im gleichen Jahr trat Italien dem Nordatlantikpakt bei, gerüstet für eine Zukunft als Niedriglohnland, das, von amerikanischem Know-how profitierend, für den westeuropäisch-amerikanischen Markt produzierte. Ein wesentlicher Anstoß für eine solche exportorientierte Entwicklung war die Korea-Krise, an der neben Deutschland und Japan Italien am meisten profitierte. Seit Beginn der fünfziger Jahre erlebte Italien damit ein Wirtschaftswunder, das in den Boomjahren 1958 bis 1962 gipfelte, um dann in eine lange Reihe von Krisenjahren zu münden.[16]

Ein ganz neues, dem bisherigen Kurs entgegengesetztes wirtschaftspolitisches Element war seit den fünfziger Jahren der von der DC getragene Ausbau des ›parastaatlichen‹ Industriesektors. Unter dem Faschismus war 1933 das IRI *(Istituto per la ricostruzione industriale*, Institut für den Wiederaufbau der Industrie) gegründet worden, um durch Übernahme und Sanierung gefährdeter Betriebe vor allem der Eisen-, Stahl- und Werftindustrie sowie der Banken die Folgen der Wirtschaftskrise von 1929 abzufangen, was in Italien auch besser als in anderen europäischen Ländern gelang. Nach dem Krieg hatten auch die Liberalen die Staatsholding IRI schon deshalb zunächst bestehen lassen, weil es für eine Privatisierung in der schwierigen Aufbauphase keine realistische Chance gab. Seit 1948 aber konnten sich diejenigen Stimmen durchsetzen, die nicht nur auf die Erhaltung, sondern sogar auf die Erweiterung des parastaatlichen Sektors drängten. Schon 1936 hatte Oscar Sinigaglia einen Plan zum Aufbau einer italienischen Schwerindustrie vom Rohstoff bis zum Endprodukt unter staatlicher Leitung ausgearbeitet. In dem rohstoffarmen Italien war bislang nur importierter Eisenschrott weiterverarbeitet worden. Nachdem der Kriegsausbruch die Verwirklichung von Sinigaglias Plan verhindert hatte, konnte er nun mit Hilfe der Marshall-Plan-Gelder nach dem Krieg durch das IRI verwirklicht werden. Die totale Abhängigkeit von Rohstoffimporten hoffte man durch Standortvorteile in der Nähe von Häfen, modernste Anlagen und niedrige Löhne wettzumachen. Die weltweite Krise der Eisen- und Stahlindustrie, die die siebziger Jahre bringen würden, war in der Zeit des Wiederaufbaus nach dem Krieg nicht vorauszusehen. Dennoch beruhte die Annahme des Sinigaglia-Planes eher auf politischem Prestigedenken als auf wirtschaftlichem Kalkül, denn Standortvorteile konnten die Nachteile des notwendigen Imports von Eisenerz *und* Kohle nicht wettmachen. Die Konkurrenzfähigkeit der italienischen Schwerindustrie hing damit im wesentlichen von einem dauerhaft niedrigen Lohnniveau ab.

Eine Lösung der Energieprobleme Italiens durch die Nutzung der einheimischen Methangasvorkommen in der Poebene und eine von den USA unabhängige Versorgungspolitik mit Erdöl setzte sich Enrico Mattei mit der Gründung des ENI *(Ente nazionale idrocarburi)* 1953 zum Ziel. Neben dem IRI wurde Matteis petrochemischer Konzern bald zum Herzstück eines wachsenden Teils der italienischen Industrie, der ganz oder teilweise in staatlicher Hand lag, und deshalb von der privaten

Industrie lange Zeit heftig bekämpft wurde. Diese *participa-zioni statali* (Staatsbeteiligungen) waren aber keineswegs Ausdruck einer Verstaatlichungspolitik, die es sich etwa zum Ziel gesetzt hätte, die Wirtschaft im Sinne bestimmter ordnungs- und sozialpolitischer Ziele zu lenken. Sie entstanden vielmehr aus einer Verknüpfung parteipolitischer und unternehmerischer Interessen. Dabei wurden eher nebenbei grundlegende Weichenstellungen für die Wirtschaftsentwicklung des Landes getroffen. Erst 1956 wurde nach langen parlamentarischen Debatten ein Ministerium für die Staatsbeteiligungen geschaffen, das Koordinations- und Kontrollfunktionen sowie gewisse politische Vorgaben für künftige Investitionen zugewiesen bekam. Der Unternehmerverband *Confindustria (Confederazione generale dell'industria italiana)* strengte vergeblich gegen die Bildung dieses Ministeriums eine Verfassungsklage an,»die sie damit begründete, daß die Rechte der privaten Minderheitenaktionäre verletzt würden, wenn der Staat eine direkte institutionelle Kontrolle über diese ›Zwitterunternehmen‹ ausüben könne«.[17] In Wirklichkeit hatte sich die *Confindustria* nicht so sehr vor der Einflußnahme des Staates als vor der Konkurrenz der parastaatlichen Industrie zu fürchten. Das Ministerium wurde nämlich eher zu einem Instrument der Einwirkung der Industrie gegenüber Regierung und Parlament als umgekehrt, denn die politischen und unternehmerischen Machtpositionen waren bereits unangreifbar ausgebaut. Beispielhaft zeigt dies die Karriere Enrico Matteis.

Der junge Unternehmer Mattei war in der Lombardei nach dem 8. September 1943 Führer der katholischen Widerstandsbewegung und Mitglied der militärischen Leitung aller Widerstandsgruppen gewesen. Da die Democrazia cristiana nur auf wenige eigene Ruhmestaten in der Resistenza verweisen konnte, waren ihr Matteis Ansehen als Widerstandskämpfer und seine organisatorischen Fähigkeiten nach dem Krieg unentbehrlich für den Aufbau einer eigenen Organisation ehemaliger Widerstandskämpfer gegen die starke, von den Linken dominierte ANPI *(Associazione nazionale partigiani italiani).* Durch die zufällige Bekanntschaft mit einem Geophysiker der seit 1933 bestehenden AGIP *(Agenzia generale italiana petroli)* hatte Mattei in den letzten Kriegsjahren erfahren, daß in der Poebene Erdöl- und Methangasvorkommen festgestellt worden waren. Dieses Wissen und seine Verdienste um die DC nutzend, empfahl er sich nun De Gasperi für die Leitung der AGIP. Unter seiner Ägide wurde am 13. Juni 1949 mit großen Schlag-

Enrico Mattei, hier noch als Kommandant der katholischen Resistenza bei der Verleihung eines amerikanischen Ordens

zeilen der Beginn der Förderung einheimischen Erdöls in Cortemaggiore bei Piacenza angekündigt. Die sechsbeinige feuerspeiende Wölfin war geboren. Die Ölquelle versiegte allerdings schnell, und das Methan konnte erst im Laufe der Zeit durch die Entwicklung entsprechender Techniken als alternative Energiequelle umfassend genutzt werden. Matteis Aufstieg erschien dennoch unaufhaltsam. Er begann ganz offen, DC-Politiker zu hofieren, die Partei dafür zu entschädigen, daß die Confindustria ihr Mißtrauen gegenüber der parastaatlichen Industrie die DC auch finanziell spüren ließ, und er erreichte 1953 die Zusammenlegung von AGIP und ANIC (*Azienda nazionale idrogenazione combustibili*, Staatliche Gesellschaft zur Hydrierung von Brennstoffen) zu der neuen Holding ENI. Mit dem ENI stieß er in ganz neue Marktbereiche vor, z. B. die Kunstdüngerproduktion und die Erdölraffination, und machte damit zwar bestimmten in- und ausländischen Firmen Konkurrenz, aber im Gleichklang mit den großen Konzernen Italiens wie Fiat und Pirelli wurden durch den ENI die Weichen für die wirtschaftliche Zukunft Italiens gestellt »zugunsten des Autos statt der Eisenbahn, zugunsten des privaten statt des öffentlichen Verkehrsmittels, der Autobahnen statt des Schutzes der Umwelt und zugunsten des Konsumismus statt gesellschaftlich programmierter Investitionen.«[18]

Auf diesem Weg, der vom großen Bruder in Amerika vorgezeichnet war, wollte Mattei sein Land allerdings aus der Übermacht der ›sieben Schwestern‹, d. h. der großen Ölkonzerne, befreien und durch direkte Verträge mit Libyen und den arabischen Erdölproduzenten auch die Grundlage für eine eigene italienische Mittelmeerpolitik legen. Sein plötzlicher Tod bei einem Flugzeugabsturz aus ungeklärter Ursache (27. Oktober 1962) verhinderte die Verwirklichung dieser Pläne, und nie verstummten die Gerüchte, er sei einem Sabotageakt zum Opfer gefallen.

Der Auf- und Ausbau der parastaatlichen Industrie war ein wesentliches Element des Wirtschaftswunders der fünfziger Jahre. In diesem Jahrzehnt stieg die Industrieproduktion jährlich um 8–10%. Dieser Aufschwung wäre aber nicht möglich gewesen ohne zahlreiche und billige Arbeitskräfte. Sie kamen aus dem Süden und aus der Landwirtschaft, und für ihr Vorhandensein hat die Agrar- und Mezzogiornopolitik (*mezzogiorno* = Mittag, Süden) unter De Gasperi gesorgt.

Landhunger, *fame di terra*, hatte seit Jahrhunderten immer wieder zu blutigen Revolten im Süden geführt; in den Jahren der Resistenza hatte die kommunistische Partei begonnen, sich dem Problem des Südens und der landlosen Bauern zu widmen. Schon 1944 begannen Bauernunruhen und Landbesetzungen. Letztere wurden durch das Dekret des kommunistischen Agrarministers Gullo in der ersten Regierung unter Beteiligung der antifaschistischen Kräfte praktisch legalisiert und weiter ermutigt (19. Oktober 1944). Bis zum Ausscheiden der linken Parteien aus der Regierung 1947 wurden aber nur bescheidenste Resultate erzielt: von den 777 000 Hektar, die von Kooperativen und Genossenschaften zur Verteilung beantragt worden waren, wurden nur 155 000 Hektar wirklich zugewiesen. Die Unruhe der Bauern nahm deshalb weiter zu, und es kam 1948 und 1949 zu blutigen Aufständen. Unter dem Druck dieser Revolten und der Wahlerfolge der Kommunisten bei Kommunalwahlen im Süden nahm die Democrazia cristiana von ihrer bisherigen großgrundbesitzerfreundlichen Haltung Abstand. Drei Instrumente waren es, mit denen die DC eine ganz neue agrarpolitische Richtung einschlug und sich zugleich eine rasch wachsende Klientel schaffen konnte: der Ausbau eines eigenen Bauernver-

Mezzogiorno: Bauern besetzen brachliegende Ländereien

bandes, eine Agrarreform begrenzten Ausmaßes und die Errichtung der *Cassa per il Mezzogiorno* (Südkasse).

Bereits 1944 hatte der Christdemokrat Paolo Bonomi eine Bauernvereinigung *(Confederazione nazionale dei coltivatori diretti,* kurz: *Coldiretti)* gegründet, die Kleineigentümer, Pächter und z. T. auch die für weite Teile des Landes typischen Halbpächter vereinte. Diese Organisation arbeitete aufs engste mit den Gemeindepfarrern zusammen, war streng antikommunistisch ausgerichtet und hieß wegen der organisatorischen und nicht minder demagogischen Fähigkeiten ihres Gründers bald nur noch *la bonomiana.* Ihm gelang es 1949, die Führung des Genossenschaftsverbandes *(Federazione italiana dei consorzi agrari: Federconsorzi)* zu übernehmen, in dessen Hand nicht nur der weiterhin staatlich kontrollierte Getreidemarkt lag, sondern auch die Verteilung der Futter- und Düngemittel aus dem Marshall-Plan und die Vergabe von Krediten zum Ankauf von Maschinen. »Mit Hilfe der Coldiretti und der Federconsorzi gelang es daher«, wie der Historiker Giorgio Candeloro schreibt, »der Democrazia cristiana, zur verbindenden Kraft zwischen den großen Gruppen der Industrie und dem bäuerlichen Klein-, Mittel- und auch Großeigentum zu werden, da sich im Laufe der Zeit der Gegensatz zwischen *Coldiretti* und *Confagricoltura* (der von den Großgrundbesitzern dominierte Bauernverband – FH) allmählich abschwächte.«[19]

Diese Funktion konnten die Verbände besonders im Rahmen der 1950 in Angriff genommenen Agrarreform ausüben, als durch zwei Gesetze die Enteignung von schlecht kultiviertem Großgrundbesitz und die Schaffung von Kleineigentum begünstigt werden sollte. Diese Gesetze wurden von den linken Parteien sofort heftig kritisiert, weil offensichtlich nur schlechte Böden zur Verteilung kommen würden und den ehemaligen Eigentümern dafür noch hohe Abfindungen gezahlt werden mußten, vor allem aber, weil beide Gesetze ohne eine Gesamtkonzeption für die Landwirtschaft und den Süden präsentiert worden waren. Die *allgemeine* Agrarreform, die sie einleiten sollten, wurde denn auch nie verwirklicht, und es blieb bei der *legge stralcio* (Teilgesetz). Bis zum Abschluß des Programms im Jahr 1962 kamen insgesamt nur 680 000 Hektar an 113 000 Familien zur Verteilung, also pro Familie nur ca. 6 Hektar, aber dennoch reichten schon diese Maßnahmen aus, die Unruhe unter den Bauern deutlich zu beschwichtigen.[20]

Das weitaus wichtigste wirtschaftspolitische Instrument für den Süden freilich wurde die mit Gesetz vom 10. August 1950 eingerichtete *Cassa per il Mezzogiorno*. Bis 1960, d. h. bis zum Ende des für die Cassa ursprünglich vorgesehenen Jahrzehnts, verteilte die Cassa ihre Investitionszuschüsse und zinsverbilligten Kredite schwerpunktmäßig an die Landwirtschaft und für Infrastrukturmaßnahmen, insgesamt 1495 Milliarden Lire.

Alle diese Maßnahmen haben zwar weder die Probleme des Südens noch die der Landwirtschaft im ganzen gelöst, sie haben aber ganz wesentlich den gigantischen wirtschaftlichen, sozialen und demographischen Umschichtungsprozeß mitbestimmt, der sich in den folgenden Jahren vollzog und erst gegen Ende der sechziger Jahre allmählich zum Stillstand kam. Noch zu Beginn der fünfziger Jahre hatte der Anteil der in der Landwirtschaft Beschäftigten bei 43,9% gelegen, ein Jahrzehnt später war er schon auf 30,4% gesunken, was freilich immer noch erst dem Stand der USA vor dem Kriege entspricht. Die Tausende aber, die nun in der Landwirtschaft kein Auskommen mehr fanden, mußten in den meisten Fällen regelrecht auswandern, mußten ihre Dörfer, ja ihr Land verlassen, um neue Arbeit zu finden. Die Krise der Landwirtschaft verwandelte sich deshalb vor allem für den Süden in die Tragödie eines gewaltigen Exodus. Ähnlich wie schon um die Jahrhundertwende einmal war der Wirtschaftsaufschwung der fünfziger Jahre mit einer Welle der Massenemigration verbunden. Allein in diesem Jahrzehnt verließen 1,9 Millionen Menschen das Land, entweder in Richtung der traditionellen Zielländer italienischer Emigranten, die ›little Italies‹ der USA oder aber in die Bundesrepublik. Gleichzeitig wanderte nicht weniger als eine halbe Million Menschen in den Norden des Landes aus. Die Probleme, die mit dieser demographischen und sozialen Umwälzung innerhalb Italiens und der damit verbundenen Urbanisierung entstanden, lassen sich bis heute in dem riesigen, trostlosen *hinterland* – denn dieser deutsche Begriff hat sich im Italienischen eingebürgert – der Städte des Industriedreiecks Genua, Turin und vor allem Mailand ablesen, in der *Kasbah* im Herzen Turins um den Markt der Porta Palazzo oder im Hafen von Genua. Der Süden wurde zum Reservoir billiger und williger Arbeitskräfte, mit deren Hilfe der Norden sein Wirtschaftswunder vollbrachte, und mit den Geldüberweisungen der Emigranten von jenseits der Alpen und des Ozeans konnten die durch Rohstoff- und Agrarimporte gerissenen Löcher der italienischen Zahlungsbilanz gestopft werden.

Das italienische Nationaleinkommen, das in der ganzen ersten Hälfte des zwanzigsten Jahrhunderts insgesamt um 62% gewachsen war, stieg allein in den Jahren 1950–1960 um 47%. Zwischen 1959 und 1963 endlich gewann das Wirtschaftswunder mit einem beispiellosen Exportaufschwung seinen Höhepunkt. Noch 1958 hatten die italienischen Exporte nur 4,7% des Gesamtexports der vierzehn höchstentwickelten Industrieländer ausgemacht und damit das Niveau von 1940 noch nicht überschritten, 1963 aber waren 7,3% erreicht. Mit einem durchschnittlichen realen Wirtschaftswachstum von 6,6% lag Italien in diesen Jahren vor der Bundesrepublik (5,7%), Frankreich (5,6%) und weit vor Großbritannien (3,5%).[21]

Doch dieser Aufschwung begann in den folgenden Jahren zu erlahmen und mündete in eine Dauerkrise bis zum Ende der siebziger Jahre, die in den Jahren des Ölschocks von 1973 mit negativen Wachstumsraten bis zu minus 4% (1975) Italien seine wirtschaftlich schwärzesten Jahre bescherte. Die heftigen sozialen Verwerfungen der Jahre des plötzlichen Aufschwungs und der langen Jahre der Dauerschwäche veränderten auch die politische Landschaft und führten hier zu einer schrittweisen Umverteilung der Gewichte.

Mitte Rechts — Mitte Links
(1953–1968)

Italien und die internationale Entwicklung in den fünfziger Jahren

Die Wendepunkte der politischen Entwicklung in den fünfziger Jahren nach 1953 und in den sechziger Jahren waren das Auseinanderbrechen der Aktionseinheit der beiden großen linken Parteien seit 1956 und die Beteiligung der Sozialisten an einer DC-geführten Regierung 1963. Die Bildung dieser ersten sogenannten Mitte-Links-Regierung *(centro-sinistra)* durch Aldo Moro war ein deutliches Anzeichen für die grundlegenden Veränderungen innerhalb *und* außerhalb Italiens seit den fünfziger Jahren. Durch diese neue politische Konstellation des *centro-sinistra* hat sich zwar nichts an der Krisenanfälligkeit der italienischen Regierungsmaschinerie geändert, aber sie bezeichnet dennoch eine Kehre in der Nachkriegsgeschichte, die mindestens ebenso markant ist wie der Bruch der antifaschistischen Einheit 1948. Und wieder war es ein Bruch.

Die Patt-Situation, die die fünfziger Jahre charakterisiert hatte, konnte gelöst werden, weil einer der verfeindeten Blöcke, die Linke, auseinanderbrach. Daß die Sozialisten an der Regierung beteiligt wurden, bedeutete aber auch eine Revolution innerhalb der DC. Aus den mit dieser politischen Neuorientierung verbundenen Perspektiven, Hoffnungen und Befürchtungen entstand mit der Zeit jenes Gemisch, das in den Jahren 1968 und 1969 explodierte. Wie aber 1968 ein keineswegs bloß italienisches Datum ist, so war auch der Weg der ›Öffnung nach links‹ keine rein italienische Entwicklung und stark von internationalen Ereignissen beeinflußt.

Es gehört zu jenen merkwürdigen Zufällen der Geschichte, daß in Stalins Todesjahr, 1953, in den Vereinigten Staaten mit Eisenhower eine neue Regierung ihr Amt antrat und in Italien die Ära De Gasperi zu Ende ging. Nach dem Ende des Koreakrieges im gleichen Jahr begann in der internationalen Politik eine Phase vorsichtiger Neuorientierung, die durch Schlagworte wie ›Friedliche Koexistenz‹ und ›neue positive Außenpolitik‹, durch das Treffen zwischen Eisenhower und Chruschtschow, den XX. Parteitag der KPdSU, aber auch durch

Krisen wie den Ungarnaufstand und die Suez-Krise 1956 geprägt waren.

Die italienische Innenpolitik reagierte wie ein Seismograph auf die Veränderungen des internationalen Klimas. Darin offenbarte sich die Schwäche der jungen Republik, die Abhängigkeit der verfeindeten Blöcke im Innern von deren jeweiligen großen Brüdern im Ausland. Gerade diese Abhängigkeit aber wurde Gegenstand der innenpolitischen Auseinandersetzungen und Anstoß für neue politische Konstellationen. Die Versuche, aus dem *inner*italienischen Kalten Krieg einen Ausweg zu finden, waren dabei nicht weniger verworren als die auf internationaler Bühne, der Druck aber, den Immobilismus endlich zu überwinden, war in Italien womöglich noch stärker.

Nach dem Ende des Koreakrieges waren es vor allem die Veränderungen in der Sowjetunion und im sowjetischen Machtbereich, die in Italien die festgefahrenen Positionen in Bewegung brachten, und zwar zuerst auf der Linken. Schon im Januar 1953, also zwei Monate vor Stalins Tod, hatte Pietro Nenni auf dem Parteitag seiner Sozialistischen Partei in dem unnachahmlich vieldeutigen Sprachstil italienischer Politik folgendes Programm formuliert: »Für uns heißt ›sozialistische Alternative‹ weder Regierung und noch weniger Macht, ja nicht einmal parlamentarische Mehrheit. Wir kennen den Unterschied zwischen 1953 und 1947, als die sozialistische Einheit von anderen verraten und zerrissen wurde (Anspielung auf die Abspaltung der späteren Sozialdemokraten – FH), und auch gegenüber 1948, als die Volksfront für uns eine offensive Funktion hatte. Die internationalen Ereignisse haben, mehr als die innenpolitischen, nicht nur uns, sondern die ganze Arbeiterbewegung der westlichen Welt in die Defensive gedrängt, aus der ein Ausweg aber schon sichtbar wird. Die sozialistische Alternative ist die politische Formel für ein neues Gleichgewicht, das wir ermöglichen wollen. Eine politische Formel, die ihrer Natur nach nicht die einer Partei, auch nicht die einer Klasse, sondern die des ganzen Volkes sein muß. Unter diesem Blickwinkel muß die sozialistische Alternative als eine Erfahrung für die ganze Nation und das ganze Volk verstanden werden, als ein Ausweg aus der gegenwärtigen Situation, als eine breite und stabile Brücke über einen politischen und gesellschaftlichen Riß, der irreparabel zu werden droht.«[22]

Das Ende der Aktionseinheit zwischen Kommunisten und Sozialisten

Bevor die rätselhafte Botschaft Nennis wenigstens von denen verstanden wurde, an die sie gerichtet war, gingen freilich noch einige Jahre ins Land. 1955 mußte Nenni noch etwas deutlicher werden: Er verkündete, daß »der Dialog mit den Katholiken (...) eines der grundlegendsten Probleme unserer Epoche und unseres Volkes« sei.[23] Obwohl, wie Nenni einschränkend hinzufügte, die dazu notwendige Veränderung der sozialistischen Positionen einen langen Reifeprozeß voraussetzte, brachten die Ereignisse im sowjetischen Machtbereich die Dinge schnell ins Rollen. Nach den Enthüllungen des XX. Parteitages der KPdSU platzte mitten im Sommer 1956 in Italien die politische Bombe: Die Führer der sozialistischen und der sozialdemokratischen Partei, Nenni und Saragat, hatten sich in Pralognon, in den Bergen des piemontesischen Savoyen getroffen, um über Schritte für eine künftige eigenständige Politik zu beraten. Die Loslösung der Sozialistischen von der Kommunistischen Partei, die durch diesen eigenwilligen Schritt Nennis begonnen worden war, wurde durch die Nachrichten vom Ungarnaufstand enorm beschleunigt. Die sozialistische Parteiführung ergriff sofort Partei für die Aufständischen und »erklärte sich mehrheitlich für die Abkehr von einem Sozialismus, der keine Garantien für die Aufrechterhaltung der politischen Demokratie geben könne und daher folgerichtig Stalin und die blutigen Auseinandersetzungen in Ungarn hervorgebracht habe.«[24]

Die Kommunistische Partei hatte den Geheimbericht Chruschtschows an den XX. Parteitag nicht als Bruch dargestellt, sondern als Zeichen gewachsener ideologischer Reife auf einem Weg der politischen Entspannung zwischen Ost und West, der letztlich dem Weltfrieden diene. Mit dem Argument, es müßten Versuche der Konterrevolution, mit der Kritik am Stalinismus den Sozialismus insgesamt zu treffen, abgewehrt werden, ließ sich die heftige Diskussion innerhalb der Partei kanalisieren. Als aber der Ungarnaufstand erneut die Frage von Selbstbestimmung und Demokratie aufwarf, zog sich die Kommunistische Partei auf die These von den »Machenschaften der internationalen Konterrevolution« zurück und verkündete, die sowjetische Intervention sei notwendig gewesen. Dies hatte nicht nur den Bruch mit der Sozialistischen Partei zur Folge, sondern führte auch zu einer schweren innerparteilichen Krise und zahlreichen spektakulären Parteiaustritten bekannter Intellektueller, um die sich die Partei immer besonders bemüht hatte. Erst auf dem VIII. Parteitag im Dezember 1956 gelang es Togliatti mit einer programmatischen Rede, die Krise innerhalb der Partei einzudämmen und eine neue Perspektive zu weisen. Die sowjetische Intervention wurde zwar nicht verurteilt, sie wurde aber nur noch mit dem höchst gewundenen Argument erklärt, sie sei die einzig mögliche Antwort auf die in dem Aufstand zutage getretenen Fehler der Stalinära gewesen. Von dieser negativen Interpretation des Aufstandes ausgehend, konnte

Togliatti – gestützt auf die These des XX. Parteitags der KPdSU von der Möglichkeit verschiedener Wege zum Sozialismus – zum ersten Mal einen ›italienischen Weg zum Sozialismus‹ verkünden, der ganz auf dem Boden der Demokratie bleiben müsse. Mit bisher nie gekannter Offenheit kritisierte er die *doppiezza*, mit der bisher Revolutionshoffnungen geschürt und praktisch eine Politik der kleinen demokratischen Schritte betrieben worden war. Diese neue, vom Parteitag mit großer Mehrheit unterstützte politische Linie hat die Krise der Partei überwunden und die Basis dafür geschaffen, daß der PCI zur größten und einflußreichsten kommunistischen Partei des Westens aufstieg. Das konnte freilich nicht mehr den Bruch mit der sozialistischen Partei rückgängig machen, der 1957 mit der offiziellen Aufkündigung der seit 1948 bestehenden Aktionseinheit durch den Parteitag der sozialistischen Partei besiegelt wurde. Statt der Aktions- blieb nurmehr eine ›Beratungseinheit‹ bestehen (*patto di consultazione*).

Von der Tambroni-Krise zur ersten Mitte-Links-Regierung

Der Bau der »breiten und stabilen« Brücke von den Sozialisten zu den Katholiken, d. h. zur DC, den Nenni schon seit 1953 anvisiert hatte, konnte nun endlich begonnen werden. Vor ihrer Fertigstellung waren freilich noch einige Kämpfe am anderen Ufer durchzustehen. Auch hier spielte wieder ein internationales Ereignis eine beschleunigende Rolle, ein Ereignis, das außerhalb Italiens nur am Rande oder ansonsten in ganz anderen Zusammenhängen vermerkt wurde: die Wahl des neuen Papstes Johannes XXIII. im Jahre 1958. Mit dem Tod Pius XII. ging ein seit 1939 andauerndes Pontifikat zu Ende, das Faschismus und Nationalsozialismus zumindest durch wohlwollende Duldung unterstützt und in die italienische Nachkriegszeit unter dem Banner eines rabiaten Antikommunismus aktiv zugunsten der DC eingegriffen hatte. Der neue Heilige Vater brauchte allerdings einige Zeit, bis sein neuer Stil auch in der italienischen katholischen Hierarchie und in der italienischen Innenpolitik konkrete Gestalt gewann.

Nachdem in der Legislaturperiode 1953–1958 sechs Regierungen – teils nur aus Christdemokraten, teils unter Beteiligung von Sozialdemokraten und Liberalen – verschlissen worden waren, setzten sich 1958 mit der zweiten Ministerpräsidentschaft Amintore Fanfanis – der seit 1954 Generalsekretär der DC war – zunächst diejenigen Kräfte durch, die außen- und innenpolitisch auf einen vorsichtigen Entspannungskurs setzten. Ähnlich wie 1947 die Amerikareise De Gasperis außen- *und* innenpolitisch ein Signal gesetzt hatte, so wurde jetzt 1958 die Ankündigung einer UdSSR-Reise des Staatspräsidenten Gronchi (1955–1962) weniger in ihrer außenpolitischen Bedeutung – als ein Schritt Italiens zu einer beweglicheren Politik im Rahmen der internationalen Entspannung –, sondern als erster Schritt zur ›Öffnung nach links‹ verstanden. Der Sturm der Entrüstung, der sich aus dem ›Osservatore Romano‹, der Zeitung des Vatikans, aus den katholischen Bürgerkomitees, aus der Bischofskonferenz und nicht zuletzt aus den Blättern der unabhängigen Presse wie etwa dem ›Corriere della sera‹ erhob, war so groß, daß er nicht nur eine Erkrankung des Staatspräsidenten notwendig machte – die Reise wurde auf unbestimmte Zeit verschoben –, sondern auch die Regierung Fanfani samt seinem Nachfolger Segni hinwegfegte. An die Stelle Fanfanis als Generalsekretär der Partei trat mit Aldo Moro ein Mann, der wie kein anderer die vielköpfige Hydra der DC zu manövrieren und zu interpretieren und die scheinbar unmöglichsten Seitenwechsel von rechts nach links und umgekehrt mühelos zu verwirklichen vermochte. Moro hatte Fanfani von rechts angegriffen und war maßgeblich an dessen Sturz beteiligt. Gleichzeitig aber war er der Überzeugung, daß auf lange Sicht nicht nur eine Beteiligung der Sozialisten, sondern auch der Kommunisten an der Regierung unausweichlich war. Um aber zunächst die verfeindeten Blöcke innerhalb der DC einander näherzubringen, bzw. ein Zentrum zu bilden, ohne das die Partei nicht beherrscht werden konnte, wurde die Karte der *alternativa di destra* gespielt.

Ausersehen für diese Aufgabe war Fernando Tambroni, der sich mit einer Karriere bestens empfahl, die ihn von der faschistischen Miliz zum linken Flügel der DC geführt hatte. Seine DC-Minderheitsregierung war auf die Unterstützung durch Monarchisten und Neofaschisten angewiesen, die bei den Wahlen von 1958 zwar leichte Verluste erlitten, aber immer noch 4,8 bzw. 4,7% der Stimmen erhalten hatten. Zusammen mit den 42,3% der DC war das parlamentarische Überleben der Regierung nur hauchdünn gesichert. Zur Machtprobe kam es, als der MSI im Mai 1960 ankündigte, er werde seinen Parteitag

nächste Seite: Genua, 30. Juni 1960

in Genua, einer der Hochburgen des antifaschistischen Kampfes abhalten. Am Vorabend des Parteitages demonstrierten in Genua hunderttausend Menschen, an der Spitze der erste Präsident des Kassationsgerichtshofes, Domenico Peretti Griva. Als die Polizei die Demonstranten angriff, wurde in Genua, sofort aber auch in Mailand und anderen Städten Oberitaliens der Generalstreik ausgerufen und es kam zu blutigen Auseinandersetzungen mit der Polizei. Nach fieberhaften Verhandlungen gelang es, die Neofaschisten zur Aufgabe und zur Abreise in gepanzerten Fahrzeugen zu bewegen. Der Jubel in Genua glich dem nach den Tagen der Befreiung im April 1945. Die Regierung Tambroni war damit erledigt und hatte zugleich den Beweis erbracht, daß die *alternativa di destra* außer um den Preis eines Staatsstreiches in Italien nicht zu verwirklichen war.

Die Lehre aus dem Desaster Tambroni kleidete Moro – der sich dabei auf die explizite Zustimmung des Vatikan berufen konnte – in eine seiner unübertroffenen Sprachschöpfungen, als er auf dem Parteitag der DC 1961 in Neapel erklärte, es sei Zeit für eine Politik der *convergenze parallele*. Die Delegierten verstanden sofort, daß mit der revolutionären geometrischen Formel ›konvergierender Parallelen‹ ein Zusammengehen von Sozialisten und Christdemokraten in der Regierung gemeint war. Nach einem inzwischen mehrfach bewährten Ritual wurden die *convergenze parallele* zunächst auf Kommunalebene verwirklicht, angefangen von den großen Städten des Nordens, bis hin zu kleinen Orten in der Provinz, dann folgte eine Minderheitsregierung unter Fanfani mit der parlamentarischen Unterstützung durch die Sozialisten, mit denen ein Programm vereinbart wurde, und schließlich hob Moro am 5. Dezember 1963 die erste Regierung der Republik Italien unter Beteiligung der Sozialisten aus der Taufe.

Das Programm, das der PSI den Christdemokraten abverlangte, sollte nach dem Willen der Sozialisten den italienischen Kapitalismus modernisieren und – durch die Abschaffung der unproduktiven Kapital- und Grundrente und die Nationalisierung lebenswichtiger Industriebereiche – sozial reformieren. Ein Kernpunkt des Programms war die Nationalisierung der bis dahin in wenigen Händen konzentrierten Elektrizitätsversorgung, um das Land flächendeckend mit billiger Energie versorgen zu können. Die Nationalisierung verlief schmerzlos, aber die erhoffte Verbesserung der Infrastruktur des geographisch benachteiligten und an Grundstoffen armen Landes blieb aus. Als ähnlich wirkungslos erwies sich bald auch der zweite zentrale Programmpunkt der Sozialisten. Über die sogenannte *cedolare d'acconto* (Anzahlungskoupon) sollte die Besteuerung des Wertpapierbesitzes durchgesetzt werden. Abgesehen davon, daß diese Maßnahme auf schärfsten Widerstand stieß, blieb sie ohne eine grundlegende Reform des Steuerwesens und die wirksame Eindämmung der Steuerhinterziehung ein Tropfen auf den heißen Stein.

Moros erste ›organische‹ Mitte-Links-Regierung versprach unzählige Reformen: Endlich sollten Verfassungsaufträge wie die Einrichtung der Regionen, die Schulreform – die Einführung einer auf neun Klassen ausgerichteten Pflichtschule –, ein Programm für den Süden, ein Städtebauprogramm eingelöst werden, und das war noch längst nicht alles. Aber die Regierung kam schon nach einem halben Jahr über das Schulgesetz zum ersten Mal zu Fall. Danach kam es bis 1968 noch zweimal zur Bildung eines *centro-sinistra* unter Moro, bevor eine weitere Phase des Hin- und Herschwankens zwischen wechselnden Koalitionen und DC-Minderheitsregierungen begann. Das *centro-sinistra* brachte also weder Stabilität noch langen Atem in die Regierungsarbeit.

Obwohl häufige Regierungskrisen in Italien keineswegs, wie dies ausländischen Beobachtern oft auf den ersten Blick erscheint, Anzeichen für eine Krise des *Systems* waren, sondern seit der Einigung 1861 (mit Ausnahme des Faschismus) eine dauernde Begleiterscheinung des politischen Lebens, so sind sie doch ein kräfteraubender Poker um Machtpositionen innerhalb und zwischen den Parteien. Dabei wurden zwar wichtige politische Entscheidungen verhökert, aber ein Programm oder auch nur konsequente Entscheidungen eines Einzelproblems kamen nie dabei heraus. Das ist der tiefere Sinn des in Italien vielstrapazierten Begriffs *trasformismo*, der auch auf das *centro-sinistra* Anwendung fand. Nicht der konstruktive Kompromiß, in dem zwei (oder mehr) widerstreitende Zielsetzungen aufgehoben sind, wird gesucht, sondern die Formel oder die Personenkonstellation, unter deren Deckmantel beide weiterbestehen können. Daß auch das *centro-sinistra* auf diese Weise funktionieren sollte, sah man schon der ersten Regierung Moro an: Als Gegengift gegen den sozialistischen Vizepräsidenten Nenni saß mit Giulio Andreotti der heftigste Gegner jeglicher Öffnung nach links als Verteidigungsminister in der Regierung.

Neu am *centro-sinistra* war, daß mit dem PSI eine Partei an der Macht beteiligt wurde, deren Mitglieder und Wähler die Arbeiterschaft und die Intellektuellen repräsentierten, Schichten, die bisher *nicht* nur in Opposition zur jeweiligen Regierung, sondern zum System gestanden hatten. Von der Gemeindeebene bis hinauf in die Staatsministerien, in den staatlichen und halbstaatlichen Organisationen und nicht zuletzt in der staatlichen Rundfunkanstalt RAI, überall drängelten sich die Sozialisten vor dem kleinen Spalt im Tor zur Macht, den die DC geöffnet hatte. Sie zogen Reformprogramme und -schlagworte aus Schubladen und Schränken, die dort schon lange geschmort hatten, aber im Gerangel mit der DC, die die Tür wieder zudrücken wollte, gerieten sie bald wieder in Vergessenheit.

Fünfzehn Jahre waren vergangen, seit die Linke von De Gasperi aus der Regierung verbannt worden war, fünfzehn Jahre, in denen die DC, kaum behindert durch die kleineren Koalitionsparteien, Machtpositionen und Klientel hatte ausbauen können. Zehn Jahre waren vergangen, seit Nenni zum ersten Mal den Bau seiner Brücke anvisiert hatte. Die Brücke stand inzwischen, aber die Gegner des Projekts gaben noch nicht auf.

Der De Lorenzo-Putschplan und die Wahl Saragats zum Staatspräsidenten

Aus dem Scheitern der Regierung Tambroni, aus dem Scheitern der *alternativa di destra*, hatte eine Reihe von Personen ganz andere politische Konsequenzen gezogen als die, die schließlich zur Mitte-Links-Regierung geführt hatten: War die Alternative von rechts ohne Staatsstreich nicht durchsetzbar, dann mußte eben ein Staatsstreich her oder zumindest die Drohung damit. In den Jahren nach der ersten Beteiligung der Sozialisten an der Regierung war Italien voll von diffusen, aber desto bedrohlicher wirkenden Gerüchten, Andeutungen und Enthüllungen über Putschpläne. Besonders beunruhigend war dabei ein Phänomen, das inzwischen eine wohlvertraute Konstante des politischen Lebens in Italien ist: die Tatsache nämlich, daß weder eine genaue politische Richtung noch eine politische oder militärische Persönlichkeit hinter all diesen Gerüchten sichtbar, geschweige denn greifbar würde.

Durch die Enthüllungen des Magazins ›L'Espresso‹ wurde der sogenannte *Piano Solo* des Carabinieri-Generals De Lorenzo aufgedeckt, der 1964 einen klassischen Putsch geplant hatte, mit Verhaftung führender Politiker, Gewerkschaftler und Journalisten, Besetzung von Schlüsselpositionen des öffentlichen Lebens usw. Bei aller Empörung über diesen Fall war dennoch eine gewisse Erleichterung darüber zu spüren, daß man endlich einen leibhaftigen Hintermann zu sehen bekam. Schnell aber stellte sich die alte Frage nur um so dringlicher: Konnte diese mittelmäßige Charge wirklich der Drahtzieher eines Umsturzes sein, oder war er vielmehr nur der Strohmann, wenn ja, aber für wen? Das einzige, was die Parlamentarische Untersuchungskommission zu dieser Frage herausbrachte, war längst bekannt: daß nämlich De Lorenzo in sehr engem und sehr demonstrativem Kon-

Giovanni De Lorenzo

takt mit dem christdemokratischen Staatspräsidenten Segni und mit führenden Christdemokraten wie Moro, Rumor, Zaccagnini und Gava gestanden hatte. Diese Kontakte fanden zu dem Zeitpunkt statt, als die erste Mitte-Links-Regierung unter Moro nach einem halben Jahr bereits (Juni 1964) über einer zweitrangigen Frage, nämlich der staatlichen Finanzierung von Privatschulen, zu Fall gekommen war. Während der Krise jagten sich die Putschgerüchte; es kam so weit, daß führende Gewerkschaftler und linke Politiker nicht mehr zu Hause übernachteten. Die Sozialisten erklärten sich schließlich ohne Ausformulierung eines konkreten Regierungsprogramms zum Eintritt in eine zweite Regierung Moro bereit. Nenni begründete diesen Schritt ausdrücklich damit, daß es gelte, Schlimmeres zu verhüten: »Wir wußten, was sie wollten, und man muß sagen, daß sie es beinahe erreicht hätten. Wenn die Mitte-Links-Koalition das

Handtuch geworfen hätte, wäre die Regierung des Arbeitgeber- und des Bauernverbandes schon bereit gewesen... Sie hatte ein strategisches Ziel: die Demütigung des Parlaments, der Parteien und der Gewerkschaften, die durch die rein taktische Drohung mit vorgezogenen Wahlen eingeschüchtert wurden.«[25]

Die Brüchigkeit der Koalition aus Christdemokraten, Sozialisten, Sozialdemokraten und Republikanern, ihre Unfähigkeit, die einfachsten Aufgaben des politischen Alltags, geschweige denn die dringenden, seit Jahren verschleppten Reformvorhaben zu bewältigen, all das offenbarte auf groteske Weise die Wahl des neuen Staatspräsidenten, die wegen eines Schlaganfalls Segnis noch im Jahre 1964 notwendig wurde. Über viele Wahlgänge gelang es der DC nicht einmal, die Stimmen ihrer eigenen Abgeordneten und Senatoren auf den DC-Kandidaten Leone zu vereinigen, und ein mehrheitsfähiger Kandidat der Koalition war nicht in Sicht. Nach zwanzig Wahlgängen sah es so aus, als ob die junge Republik Italien aus dem einfachen Grund, daß ihre Parlamentarier nicht in der Lage waren, sich auf einen höchsten Repräsentanten des Staates zu einigen, in Gefahr geriet.

Während bei den Christdemokraten die Flügelkämpfe auch angesichts einer solch makabren Staatskrise nicht beizulegen waren, gelang es dem Verhandlungsgeschick Aldo Moros, die Linke an ihrem staatsbürgerlichen Gewissen zu packen. Wieder einmal, wie im April 1945 bei der ›Wende von Salerno‹ und wie während der Ausarbeitung der Verfassung, war es die kommunistische Partei, die durch ihr Einlenken eine Krise mit kaum berechenbaren Folgen verhinderte. Mit den Stimmen der gesamten Linken – außer dem vom PSI nach der Bildung des *centro-sinistra* abgespaltenen PSIUP (*Partito socialista d'unità proletaria*) – und *einem Teil* christdemokratischer Stimmen wurde am 24. Dezember im einundzwanzigsten Wahlgang der Sozialdemokrat Saragat zum Staatspräsidenten gewählt. Aber der wachsende Unmut der Gesellschaft konnte damit nicht mehr beruhigt werden. Er kam in einem sozialen Bereich zum gewaltsamen Ausbruch, dem die Öffentlichkeit bis dahin wenig Beachtung geschenkt hatte, obwohl es dort schon lange gärte.

Ein Traum und das böse Erwachen
(1968–1972)

Die Studentenbewegung

Italien gehört neben Frankreich, der Bundesrepublik und den USA zu den Ländern, in denen 1968 die Studentenrevolte am heftigsten ausbrach. Die Ursachen waren in Italien dieselben wie anderswo: die nicht eingelösten Demokratieversprechen der Verfassung, sklerotisierte Verhaltens- und Moralvorstellungen und die miserablen Studienbedingungen der Massenuniversität. Und wie anderswo auch war in Italien die Studentenbewegung die Antwort oder der Versuch einer Antwort auf die dramatischen internationalen Ereignisse, die 1967 und 1968 einander überschlugen: Die Tet-Offensive des Vietcong in Vietnam, der Höhepunkt der Kulturrevolution in China, der Militärputsch in Griechenland, der Sechs-Tage-Krieg in Israel, die Ermordung von Che Guevara, Bob Kennedy und Martin Luther King, der Prager Frühling und seine gewaltsame Beendigung durch die Truppen des Warschauer Paktes. All diese durch das neue Medium Fernsehen in unmittelbare Nähe gerückten Ereignisse und Entwicklungen in den verschiedensten Ecken der Welt hatten auch in Italien ein neues politisches ›Welt‹- oder vielmehr ›Dritte-Welt-Gewissen‹ entstehen lassen.

Die Heftigkeit, mit der die Studentenbewegung in Italien ausbrach, läßt sich freilich nur erklären, wenn man die spezifisch italienischen Ursachen berücksichtigt. Ein entscheidendes Datum *auch* für die Entstehung der Studentenbewegung war die Tambronikrise 1960 gewesen. Beim Aufstand Genuas gegen die Abhaltung des neofaschistischen Kongresses hatten neben den Demonstranten im Blaumann oder mit den Abzeichen der Resistenza auch die ersten Vertreter der Turnschuhgeneration gekämpft. Man nannte sie damals die ›Jungen mit den gestreiften T-Shirts‹. Für sie gewann der Mythos ihrer Väter, die Resistenza, in der Erfahrung dieses Sieges greifbare Gestalt. Als sie aber erleben mußten, daß dieser Sieg in den folgenden Jahren durch das unbehelligte Putschtreiben von Faschisten und DC, durch die leeren Reformversprechungen des *centro-sinistra*, durch ein unwürdiges Schauspiel wie die Saragat-Wahl vergeudet wurde, begannen die Studenten selbst das Erbe der Resistenza zu verteidigen. Dies schien um so mehr gerechtfertigt, als die Universitäten zum bevorzugten Angriffsziel faschistischer Schlägertrupps geworden waren. In Rom konzentrierten sich die jungen Faschisten im vornehmen Parioli-Viertel und in Mailand um die Piazza San Babila. Ständige blutige Auseinandersetzungen mit diesen *pariolini* und *babilini* begleiteten die ganze italienische Studentenbewegung und wurden mit ein Grund für die frühzeitige Bildung bewaffneter Gruppierungen. Die erste Universitätsbesetzung Italiens im Jahre 1966 war die Antwort auf die Ermordung des sozialistischen Studenten Paolo Rossi auf der Treppe der Philosophischen Fakultät in Rom durch einen faschistischen Schlägertrupp unter Führung von Stefano delle Chiaie, der zu einer zentralen Figur des schwarzen Terrors in Italien werden sollte.

Um sich als die wahren Erben der Resistenza zu legitimieren, mußte aber die entstehende Studentenbewegung dieses Recht den bisherigen Hütern dieser Tradition streitig machen. Anders als z. B. in der Bundesrepublik kannten die italienischen Studenten den Marxismus und die kommunistische Arbeiterbewegung nicht bloß aus Büchern, sondern sie mußten der bestehenden Theorie und Praxis der kommunistischen und sozialistischen Partei eine Alternative entgegensetzen. Das wichtigste Zentrum der theoretischen Auseinandersetzung waren in diesem Zusammenhang die schon 1960 gegründeten ›Quaderni Rossi‹ um Raniero Panzieri und Mario Tronti. In ihrer Interpretation von Marx und der historischen Entwicklung des Kapitalismus leugneten sie die Unausweichlichkeit des Zusammenbruchs des Kapitalismus, da dieser inzwischen auch zur Planung innerhalb der Zirkulationssphäre in der Lage sei. Nur der bewußte, der »voluntaristische« Widerstand der Arbeiter könne den Bruch mit dem Kapitalismus ermöglichen. Diese »befreiende ›Wiederentdeckung‹ der Subjektivität«[26] durch die ›Quaderni Rossi‹ wurde die Grundlage für die wichtigste Strömung der italienischen Studentenbewegung, den *operaismo* (von operaio = Arbeiter). Den Sozialisten und Kommunisten wurden alle dramatischen Momente der italienischen Arbeiterbewegung als »versäumte Gelegenheiten zur Revolution« vorgehalten, angefangen vom *biennio rosso* (den zwei roten Jahren) 1919/20, über den Aufstieg des Faschismus bis zu den Jahren des Widerstands und der ersten Nachkriegszeit. »Die Resistenza ist rot und nicht christdemokratisch«, war die Parole.[27]

Die kommunistische Partei war zu keinem Zeitpunkt in der Lage, positiv auf die Studentenbewegung zu reagieren. Mit dem stereotypen Vorwurf, es handle sich um die schon oft diagnostizierte Kinderkrankheit Linksextremismus, glaubte man, die aufmüpfigen Bürgersöhnchen und -töchterchen beiseite schieben zu können. Grund für diese ebenso passive wie hilflose Haltung war eine innere Lähmung der Partei, die durch nationale und internationale Ereignisse ständig verschlimmert wurde. Durch das Auseinanderbrechen des linken Blocks und die Bildung der Mitte-Links-Regierung in eine chancenlose Oppositionsrolle gedrängt, durch den Tod des charismatischen Togliatti im Jahr 1964 und die Wahl des blassen Longo sozusagen vaterlos, klammerte sich die Partei im ideologischen Konflikt zwischen der Sowjetunion und China an Mütterchen Rußland. Mit der Verurteilung des sowjetischen Einmarsches in Prag wurde die Glaubwürdigkeit eines eigenständigen Weges zum Sozialismus dagegen hochgehalten. Aber obwohl in verschiedenen Zeitschriften im Umkreis des PCI wie ›La sinistra‹ oder ›La città futura‹ des kommunistischen Jugendverbandes FGCI *(Federazione giovanile comunista italiana)* eine solidarische Auseinandersetzung mit der Partei geführt wurde, blieb sie bei ihrer intransingenten Haltung und nahm lieber das völlige Einschrumpfen der FGCI in Kauf. Im Namen des demokratischen Zentralismus wurden einige der besten Köpfe des PCI, Rossana Rossanda, Luigi Pintor und Lucio Magri – sie gehörten zu den Initiatoren der kritischen Plattform ›Il manifesto‹ – aus der Partei ausgeschlossen.

Zentren der italienischen Studentenbewegung wurden neben Rom und Mailand die Universitäten Pisa, Trient, Padua, Venedig und Turin. Eine besondere Rolle spielte die kleine sozialwissenschaftliche Universität von Trient, eine Prestigegründung des Christdemokraten Flaminio Piccoli. Statt aber eine Stätte konservativ-christlicher Forschung und Bildung zu werden, wurde Trient zum Zentrum der militanten, sozialistisch orientierten Kritik am Katholizismus, eine Welle, die auch die berühmte Katholische Universität von Mailand erfaßte. Deren Besetzung im November 1967, aus Protest gegen die Studienbedingungen, kam einer »italienischen Kulturrevolution« gleich.[28]

Die übrigen Universitäten wurden nur vorübergehend oder am Rande von der Studentenbewegung erfaßt. Wiederum, wie während der Jahre der Resistenza, blieb vor allem der Süden von der Bewegung weitgehend unberührt. Und wiederum, wie schon in den unmittelbaren Nachkriegsjahren, machten

Januar 1968: Studenten demonstrieren in Pisa

sich die politischen Akteure der Bewegung dies nur unzureichend
klar. Es gab zwar Versuche, die Bewegung auch in den Süden zu
tragen, so besetzte z. B. die Gruppe *Gli uccelli* (die Vögel) aus Mailand in einer symbolischen Aktion die Elendsviertel in den Tuff-
steinhöhlen *(Sassi)* von Matera. Die Bevölkerung aber blieb miß-
trauisch-feindlich und sah tatenlos zu, wie Polizei und Carabinieri die Fremden aus dem Norden wieder vertrieben.

Das mythische Datum der italienischen Studentenbewegung wurde die ›Schlacht von Valle Giulia‹, als die römischen
Studenten am 1. März 1968 den Angriff der Carabinieri auf die
Architekturfakultät in den Parkanlagen der Villa Borghese
zurückschlugen. Die italienische Studentenbewegung bekam es
von vornherein neben den bewaffneten Faschistengruppen nicht
etwa mit der Polizei, sondern gleich mit den Carabinieri zu tun,
die ein Teil des Heeres, entsprechend ausgebildet und bewaffnet
sind. Der Rückzug der Carabinieri wurde deshalb nicht nur in
Rom bei den Studenten als ein großer Sieg gefeiert und künftig
auf allen Studentenvollversammlungen beschworen.

Bereits im Herbst, bei einem Kongreß der Studentenbewegung in Venedig, erwies sich jedoch die Spaltung in drei große
rivalisierende Strömungen und unzählige kleine Gruppen als
irreversibel: Neben den Gründern einer marxistisch-leninisti-
schen Partei nach chinesischem Vorbild standen die ›Movimen-

tisten‹ (von *movimento* = Bewegung), die an den spontaneisti-
schen Protest- und Organisationsformen festhalten wollten, und
die ›Operaisten‹, die die Verbindung des Kampfes von Studenten und Arbeitern suchten. Gegen Ende des Jahres 1968 kam es
zu dramatischen Ereignissen, die wie ein Schock wirkten und
der Studentenbewegung ein abruptes und blutiges Ende zu setzen schienen. Am 2. Dezember 1968 wurden in Avola bei Catania bei einer Demonstration zwei Landarbeiter von der Polizei
erschossen. An den großen Trauer- und Protestdemonstrationen
im ganzen Land nahmen Studenten und Arbeiter gemeinsam
teil. Wenige Tage später ein scheinbar harmloses Happening
der Studenten: In Mailand wurde die alljährliche glanzvolle
Eröffnungspremiere der Opernsaison an der Scala am Feiertag
des Stadtheiligen S. Ambrogio mit Tomaten und roter Farbe auf
Abendkleidern und Smokings ruiniert. Bei der Verunglimpfung
eines ähnlich wichtigen Treffpunkts der italienischen Schicke-
ria aber, der Silvesterfeier in dem Nachtlokal ›La Bussola‹ bei
Viareggio, wurde ein Student von der Kugel aus einem Polizei-
revolver so schwer verletzt, daß er für immer gelähmt blieb. Die
Studenten hatten den Nachtklubbesuchern zugerufen: »Die
Toten von Avola wünschen euch ein frohes neues Jahr!«

Das zwanzigste Jubiläum der Bewegung von 1968 ist in
Italien mit noch größerem Medienaufwand begangen worden
als in der Bundesrepublik. Das legt die Vermutung nahe, daß sie
auch in Italien ihre politische Sprengkraft längst verloren hat,
daß sie bloß noch ein Datum ist, das den Beginn eines ›Moderni-
sierungsschubs‹ in den allgemeinen Moralvorstellungen und
privaten Verhaltensmustern verhieß. Obwohl in der italienischen Studentenbewegung Kommunen und neue Lebensfor-
men nur eine untergeordnete Rolle spielten, sorgte vor allem die
sehr militante Frauenbewegung in den siebziger Jahren auch in
Italien für einen grundlegenden Wandel der öffentlichen und
privaten Moral. Dieser Prozeß ist sicher ebensowenig abgeschlossen wie etwa in der Bundesrepublik, und insofern bleibt
1968 eine ›storia aperta‹, wie es im Titel des Sonderhefts von
›L'Espresso‹ zu diesem Thema hieß.

Ein abgeschlossenes Kapitel dagegen ist auch in Italien die
eigentliche Studentenbewegung. Auch in Italien sind die Aufge-
regtheiten, die hochgespannten Hoffnungen auf eine totale
Revolutionierung aller Lebensbereiche, die permanente politische Mobilisierung großer Massen von Studenten nur noch ein
ferner, schwer verständlicher Traum. An den Universitäten
wird nicht minder brav studiert und um Noten gekämpft wie

anderswo. In diesem Sinne hat Pier Paolo Pasolini recht behalten, der sich 1968 vehement gegen die Studenten wandte. In seinem Prosagedicht ›Il PCI ai giovani!!!‹ (Der PCI an die jungen Leute) nannte er sie Muttersöhnchen *(figli di papà)* und erklärte sich solidarisch mit den Polizisten, den Söhnen des Proletariats, die in der Schlacht von Valle Giulia Prügel bezogen hatten.[29]

Weder Pasolini noch irgend jemand anders konnte zu diesem Zeitpunkt wirklich ermessen, was durch den Anstoß dieser Muttersöhnchen in Bewegung geraten sollte. Ihre tiefere Wirkung begann die Studentenbewegung im Jahr 1969 zu entfalten – im Jahr des ›heißen Herbstes‹ der Arbeiterbewegung, aber auch des Bombenattentats auf der Piazza Fontana in Mailand.

Der Heiße Herbst 1969

Schon früh war von Teilen der italienischen Studentenbewegung der Versuch ausgegangen, Studenten- und Arbeiterbewegung in Kontakt zu bringen. Und tatsächlich gelang in Italien, was in der Bundesrepublik überhaupt nicht und in Frankreich nur für kurze Zeit gelang. Und anders als in Frankreich führte das Überspringen des Funkens vom studentischen Protest zur Arbeiterbewegung nicht zu einer Niederlage, sondern zu einem folgenreichen Sieg.

Auch in den Betrieben hatte sich die Turnschuhgeneration allmählich bemerkbar gemacht. Ein großer Teil der un- und angelernten Arbeiter, die in den neuen Produktionsprozessen eine immer größere Rolle spielten, waren Immigranten aus dem Süden, die nicht mit den Traditionen und Ritualen der Gewerkschaften und linken Parteien aufgewachsen waren. Sie mußten erfahren, daß Gewerkschaftszugehörigkeit – vor allem zur CGIL – oder gar Mitgliedschaft in einer der linken Parteien ein Grund für Strafversetzungen, Repressalien und Entlassungen war. Aber sie sahen auch, daß die politisch uneinigen Gewerkschaften der uneingeschränkten Herrschaft der *padroni* in den Betrieben nicht Einhalt gebieten und durchgreifende Verbesserungen der Arbeits- und Lebensbedingungen durchsetzen konnten.

Bereits 1962 hatte es einen kurzen Vorgeschmack darauf gegeben, wie urplötzlich das Feuer der für den Süden typischen blutigen Bauernrevolten auch unter den Arbeitern in den grauen Städten des Nordens hervorbrechen konnte. Im Anschluß an einen Streik waren Arbeiter vor den Sitz der UIL *(Unione italiana dei lavoratori,* die kleinste der drei italienischen Gewerkschaften, unter sozialdemokratischer, sozialistischer und republikanischer Führung) zur Piazza Statuto in Turin gezogen, um gegen die allzu nachgiebige Haltung der Gewerkschaft gegenüber den Unternehmern zu protestieren. Als es zu Auseinandersetzungen mit der Polizei kam, beteiligte sich plötzlich die gesamte Bevölkerung der ›Kasbah‹ um die Porta Palazzo, wo das aus dem Süden immigrierte Subproletariat lebt. Drei Tage lang flammten die Auseinandersetzungen immer wieder auf. Verständnislos sprachen die Kommunisten nur von »Rowdytum«, die Gewerkschaften von »faschistischen Provokationen«.[30]

1968 aber gingen den Gewerkschaften die Augen auf. Anders als die kommunistische Partei waren sie jetzt in der Lage, die von den Arbeitern erhobenen Forderungen aufzugreifen und sich, wenn auch zögernd, an die Spitze der Bewegung zu setzen. Die Arbeiter der großen Industriebetriebe des Nordens, Fiat in Turin, Pirelli in Mailand, Montedison in Porto Marghera, Italcantieri in Monfalcone, aber auch ein ganzer Ort, Valdagno im Veneto, waren bereits 1968 mit neuartigen Forderungen und Kampfformen angetreten, an denen die Studenten einen großen Anteil hatten.

Schon im März 1968, als die CGIL einen Streik gegen die Verschleppung der Rentenreform ausrief, nahmen die Studenten in Turin an den Streikposten teil, und gleichzeitig beteiligten sich viele Arbeiter an der Demonstration der Studenten gegen die Verhaftung von dreizehn Kommilitonen und gegen die Polizeirepression. Daraus entstand die ›Studenten- und Arbeitervollversammlung‹, die in den folgenden zwei Jahren zahlreiche Streiks und Demonstrationen organisierte. Ebenfalls im März wurde bei Pirelli in Mailand das erste CUB gegründet *(comitato unitario di base* – Basiseinheitskomitee), das fortan fast überall allmählich an die Stelle der gewerkschaftlich geführten *commissioni interne* trat. Nach dem Vorbild der studentischen Organisationsformen wurden überall Abteilungsversammlungen veranstaltet, die jederzeit abwählbare Delegierte für den Fabrikrat wählten, mit der Betriebsvollversammlung als oberstem Beschlußorgan. Bei Montedison in Porto Marghera wurde die revolutionäre Forderung nach einer einheitlichen Lohnerhöhung für alle erhoben, ähnlich wie bei der Firma Saint Gobain in Pisa, wo 1966 an der Universität die Gruppe *Potere operaio* (Arbeitermacht) entstanden war. Ein besonderes Kapitel war der Kampf der Arbeiter der Firma Marzotto in Valdagno, einem kleinen Ort, der weitgehend von dieser Wollfabrik lebte. Nach Jahren zäher Kämpfe gegen Rationalisierungen und Entlassungen kam es im April 1968 zu einem Streik, der den ganzen Ort erfaßte und in dessen Verlauf die Statue des Firmengründers Marzotto von den wütenden Valdagnesen zerstört wurde.

Die Gewerkschaften verstanden die Zeichen der Zeit, akzeptierten die neuen Organisations- und Kampfformen und gaben den Kämpfen gemeinsame Ziele. Im November 1968 kam es zum ersten Mal seit zwanzig Jahren zu einem von allen drei Gewerkschaftsverbänden gemeinsam getragenen Generalstreik gegen die Verschleppung der Rentenreform, und die Gewerkschaften nahmen gemeinsam den Kampf gegen die Lohnzonen, die *gabbie salari* auf, die man einstmals eingeführt hatte, um die Industrialisierung des Südens voranzutreiben, die aber im Ergebnis nur zu dessen wirtschaftlicher und sozialer

Ausblutung geführt hatten. Mit dieser Zielsetzung trugen die Gewerkschaften nicht nur zur Vereinheitlichung der Kämpfe, sondern auch zur Miteinbeziehung des Südens bei. Die wirtschaftlichen und sozialen Probleme des Südens als Problem des *ganzen* Landes waren durch die Ereignisse von Avola ins Bewußtsein der politischen Öffentlichkeit gerückt worden.

In über drei Millionen Streikstunden erkämpften sich die Arbeiter im Jahr des ›heißen Herbstes‹ 1969 mit und ohne die Unterstützung der Gewerkschaften Lohnerhöhungen von 18,3% (1970) und katapultierten sich vom untersten Ende der europäischen Lohnskala auf das Niveau der Nachbarn jenseits der Alpen. Sie setzten die Vierzig-Stunden-Woche durch und den Abbau der Lohngruppen.

Ausdruck der enormen Kraft dieser neuen Arbeiterbewegung war auch das im Mai 1970 verabschiedete Arbeiterstatut *(statuto dei lavoratori)*. Die Forderung nach Festlegung der politischen und gewerkschaftlichen Rechte hatte schon in den fünfziger Jahren der damalige Führer der CGIL, Di Vittorio, erhoben, aber sein Vorschlag war nie aufgegriffen worden. Jetzt aber, in den Turbulenzen nach 1968, schien es ratsamer, die gewerkschaftlichen Rechte zu fixieren, das de facto Durchgesetzte zu legitimieren, als unvorhersehbare Weiterungen in Kauf zu nehmen. Das Statut, eine Art Testament des todkranken Sozialisten Brodolini, brachte für die italienischen Arbeiter einen Sprung

Betriebsratswahlen im Heißen Herbst 1969

von fast frühkapitalistischer Abhängigkeit vom *padrone* zu weitestgehendem Kündigungsschutz, Sicherung gewerkschaftlicher und politischer Handlungsfreiheit im Betrieb und zur vollen Anerkennung der spontan entstandenen Vertretungsorgane im Betrieb.

Unter dem Druck der starken Bewegung an der Basis, wo mit den neuen Organisationsformen die gewerkschaftliche Spaltung überwunden wurde, schlossen sich die drei großen Gewerkschaften zu einer *Federazione* (Verband) zusammen, behielten jedoch ihre bisherige Struktur der *Confederazione* (ebenfalls Verband) mit allen Einzelgewerkschaften bei. Obwohl nun die Unvereinbarkeit von Partei- und Gewerkschaftsämtern vereinbart wurde, hat sich die Abhängigkeit der Gewerkschaften von den Parteien nur vorübergehend gelockert. In den siebziger Jahren aber wurden die Gewerkschaften dadurch zu einer mächtigen, allgegenwärtigen Kraft, die sich selbst als Instrument zur – allerdings in ihren endgültigen Zielen nie genau definierten – Transformation der Gesellschaft begriff.

Der schwarze Terror

Gegen die von den Studenten und Arbeitern ausgelöste Bewegung, die mit ihren radikaldemokratischen und sozialistischen Forderungen große Ausstrahlung entfaltete, erhoben sich gesellschaftliche Kräfte, die sich durch die traditionellen demokratischen Institutionen ebenfalls nicht oder nicht mehr ausreichend vertreten fühlten. Sie suchten aber nicht die offene politische Diskussion und Konfrontation, sondern blieben anonym, und ihre Ausdrucksform war blinde Gewalt.

Das Jahr des ›heißen Herbstes‹ 1969 war auch das Jahr, in dem am 12. Dezember auf der Piazza Fontana in Mailand vor der Banca dell'Agricoltura eine Bombe explodierte, die sechzehn Menschenleben forderte. Ermordet und verletzt wurden zum größten Teil Bauern aus dem Umland, die hier am späten Freitagnachmittag mit der Bank und untereinander ihre Geschäfte tätigten. Diese erste *strage* (Massaker) hat schon allein durch ihr Ausmaß das politische Klima Italiens verändert, aber sie kam nicht aus heiterem Himmel, sondern war der – vorläufige – Höhepunkt einer Serie von Gewalttaten. Am 25. April

Mailand, Piazza Fontana, 12. Dezember 1969

1969, dem Jahrestag der Befreiung, waren auf der *Fiera campionaria* (Mustermesse) und auf dem Bahnhof von Mailand zwei Bomben explodiert und hatten insgesamt neunzehn Menschen verletzt. Mitten im Ferienmonat August waren an verschiedenen Stellen Italiens fast gleichzeitig Bomben hochgegangen. Nur einen Monat vor dem Attentat auf der Piazza Fontana war bei Auseinandersetzungen zwischen Studenten und Polizei der Polizist Annaruma von einer Eisenstange verletzt worden und dadurch mit seinem Jeep tödlich verunglückt.

Spät, erst viel zu spät und bis heute ohne die Aufklärung wesentlicher Details, konnte bewiesen werden, daß die Bombenattentate das Werk faschistischer Gruppen (in Italien *schwarz* genannt) unter Führung von Franco Freda und Franco Ventura waren, die enge Verbindungen zum italienischen Geheimdienst und auch zu Teilen des Heeres unterhielten. 1969 dagegen hatten die Ermittlungsbehörden schnell versucht, das Anschwellen der Gewalt neuen und alten linken Gruppen in die Schuhe zu schieben, und diese Schuldzuweisung wurde von Teilen der Öffentlichkeit aufgegriffen. Als einer der Führer der Mailänder Studentenbewegung, Mario Capanna, demonstrativ am Begräbnis des Polizisten Annaruma teilnahm, entging er nur knapp der Lynchjustiz. Wegen der Bomben in Mailand ermittelte die Polizei dagegen in den Kreisen der Anarchisten.

Vor allem in der Lombardei, Ligurien und in den Marmorminen von Massa und Carrara existierte und existiert seit Bakunins Wirken in Italien eine ununterbrochene Tradition des »klassischen« Anarchismus. Zur Zeit des Faschismus hatten die Anarchisten durch mutige Einzelaktionen moralisches Ansehen erworben. Da sie unter den Eisenbahnern viele Anhänger hatten und weil die Bomben des Sommers in Zügen explodiert waren, glaubte die Polizei damit ihre völlig einseitigen Ermittlungen in dieser Richtung rechtfertigen zu können.

Nach dem Attentat der Piazza Fontana konzentrierte der leitende Kommissar Luigi Calabresi seine Verhöre auf die Anarchisten Pietro Valpreda und Giuseppe Pinelli, der eine ein ehemaliger Tänzer, der andere ein Eisenbahner. Nachdem er – völlig illegal – achtundvierzig Stunden festgehalten worden war, starb Pinelli bei einem mysteriösen Sturz aus dem Zimmer des Kommissars im vierten Stock des Polizeipräsidiums, bei dem außer dem Kommissar noch weitere vier Polizisten zugegen waren. In derselben Nacht, dem 16. Dezember, erklärte der Polizeipräsident, Pinellis Alibi sei völlig zusammengebrochen, sein »Selbstmord« also »eine Art Selbstanklage«.[31]

Nach nur vier Tagen schien also – wollte man den Worten des Polizeipräsidenten glauben – die Schuldfrage an dem Massaker der Piazza Fontana geklärt, und als politisches Umfeld war damit die außerparlamentarische Linke alter und neuer Prägung zur Hexenjagd freigegeben. Daß diese Version über das Attentat und den Tod Pinellis nicht unwidersprochen und unwiderlegt blieb, war dem Mut einzelner Journalisten und Journalistinnen, allen voran Camilla Cederna, und der gerade von *Potere operaio* abgespaltenen Gruppe *Lotta continua* und ihrer gleichnamigen Zeitung zu danken.[32] In einem von Calabresi gegen *Lotta continua* angestrengten Verleumdungsprozeß brachte die Organisation so viele erdrückende Details und Widersprüche in den Aussagen der Polizisten zutage, daß Calabresis Anwalt schließlich die Notbremse zog und den Richter als befangen ablehnte. Der Prozeß konnte nicht mehr neu aufgerollt werden, denn am 17. Mai 1972 wurde Calabresi mit zwei gezielten Pistolenschüssen auf offener Straße ermordet.

Als geistige Urheber der Tat beschuldigte man sofort Camilla Cederna und *Lotta continua*. Die wirklichen Urheber wurden nie ermittelt, aber es gab immer wieder Hinweise, daß sie in den Reihen des Ordnungsdienstes von *Lotta continua* zu suchen waren, bis hin zur Selbstbezichtigung eines ehemaligen Mitglieds sechzehn Jahre später. Fest steht allerdings, daß *Lotta continua* und andere aus der Studentenbewegung hervorgegangene Gruppen aus Empörung darüber, daß sich Piazza Fontana immer deutlicher als eine *strage di Stato*, als das gemeinsame Werk von staatlichen Organen und faschistischen Gruppierungen herausstellte, ein gefährliches Spiel mit Worten begonnen hatten. Nach der Ermordung Calabresis lautete der Titel von *Lotta continua*: »*Giustiziato Calabresi*« (Calabresi hingerichtet).

Die These von der *strage di Stato* hatte auch durch die Aufdeckung eines Putschplanes des ›schwarzen Fürsten‹ Junio Valerio Borghese im Winter 1970 neue Nahrung erhalten. Borghese war eine Art negative Symbolfigur dafür, wie schnell die alten Faschisten in der neuen Republik wieder ihrem gewohnten Handwerk nachgehen konnten. Er hatte während der Republik von Salò eine der Marine zugeordnete Spezialeinheit, die sogenannte ›zehnte Mas‹ (Torpedoschnellbootabteilung) befehligt und mit dieser Einheit blutige Jagd auf Partisanen gemacht. 1949 war er im Zuge der von der DC dekretierten Beendigung der Entfaschisierung freigelassen worden. Damals hatte einer der bekanntesten Führer der Resistenza, Pietro Secchia, der den

Neofaschisten der ›Avanguardia Nazionale‹

größten Teil seiner Jugend in den Gefängnissen Mussolinis zugebracht hatte, anklagend geschrieben:»Auf sein Konto gehen nachgewiesenermaßen 800 Morde, unter seinem Kommando wurden ganze italienische Ortschaften geplündert, durchkämmt und niedergebrannt, hunderte von Partisanen mißhandelt, gefoltert, zu Tode gebracht.«[33]

Dieser Mann konnte Ende der sechziger Jahre so unbehelligt agieren, daß es seinen alten und neuen Anhängern der *Fronte nazionale* im Dezember 1970 gelang, ins Innenministerium einzudringen und sich der gesamten dort vorhandenen Waffen zu bemächtigen. Diese Aktion war Teil eines größeren Putschplanes, der jedoch von Borghese aus nie geklärten Gründen gestoppt wurde.

Bei ersten Enthüllungen im darauffolgenden Frühjahr kam immerhin zutage, daß Borghese mit höchsten Stellen des Nachrichtendienstes, vor allem dem General Vito Miceli, mit Heeresgenerälen und mit Industriellen in engstem Kontakt gestanden hatte. Die eigentlichen Drahtzieher, das genaue Ziel der Pläne und die Gründe für den planlosen Abbruch wurden auch in diesem Fall niemals vollständig geklärt.

Zwar distanzierte sich der parteipolitische Arm der Neofaschisten, der MSI, von Attentaten und Putschplänen, aber unter ihrem neuen Vorsitzenden Almirante (1969–1988) nutzte die Partei doch immer wieder die gespannte Lage, um der DC die *alternativa di destra* als einzige Rettung anzubieten. Mit ihrer Forderung nach einem starken Staat machten sie sich zum Wortführer sozialer Unruhen im Süden. Im April 1969 brachen in Battipaglia südlich von Neapel wegen der Schließung einer Tabakfabrik heftige Unruhen aus. Und wieder wurden zwei Menschen tödlich von Polizeikugeln getroffen. Ein Jahr später war Kalabrien, die ärmste und rückständigste Region Italiens, an der Reihe. Wegen der Verlegung wichtiger Verwaltungsbehörden im Rahmen der Regionalreform nach Catanzaro machte sich die Volkswut so heftig Luft, daß auch der zeitweilige Einsatz des Heeres keine Ruhe brachte. Die Aufstände brachen bis ins Frühjahr des nächsten Jahres immer wieder aus, und die Faschisten spielten dabei eine führende Rolle. Auch in L'Aquila, in den Abruzzen nordöstlich von Rom führte die Regionalreform zu heftigen Protesten. Die Rechnung wurde bei den Regionalwahlen von 1971 präsentiert: In Gemeinden über 5000 Einwohnern erhielten die Faschisten 13,9% der Stimmen, in Rom und Sizilien 16,2 und in Catania sogar 21,5%.

Zwischen Terror und *Trasformismo* (1972–1978)

Repubblica conciliare und *compromesso storico*

Auch aus der Distanz von zwei Jahrzehnten erscheint es wie ein Wunder, daß die italienische Demokratie die Erschütterungen der Jahre 1969–72 überhaupt überstanden hat. Aber dieses Wunder hatte den Preis, daß sich Regierungen und Parlament in den schönen Renaissancepalästen Roms, in denen sie untergebracht sind, verbarrikadierten, um sich dort heftig mit sich selbst zu beschäftigen. Als Antwort auf die drängenden Probleme des Landes wurden die Regierungskrisen noch häufiger und länger, ihre Ergebnisse noch magerer und die Regierungsmehrheiten noch wackliger. Erst als der Sturm – für kurze Zeit – vorbei war, begann sich eine Reaktion auf all das Neue, das aufgebrochen war, abzuzeichnen: Man besann sich auf den uralten *trasformismo*. Aber auch dieses neue Herumexperimentieren mit einer alten Methode scheiterte bzw. wurde gestoppt durch die Entführung und Ermordung Aldo Moros 1978.

Den Charakter der von Regierung und Parlament in den Jahren zwischen 1969 und 1972 betriebenen Nabelschau verdeutlicht am besten die Wahl des neuen Staatspräsidenten 1971. Das Theater von 1964 wurde noch übertroffen: Erst nach 23 Wahlgängen konnte sich einer der DC-Kandidaten, Giovanni Leone, durchsetzen. 1972 wurde dann dem geläufigen Ritual der Regierungskrise eine neue Variante beigefügt: die vorgezogenen Wahlen. An die Stelle der schon vor ihrer offiziellen Eröffnung inoffiziell beigelegten Krise trat der *salto nel buio*, der Sprung ins kalte Wasser. Man warf dem souveränen Wähler die Brocken hin und wartete auf eine Antwort.

Aber die Antwort blieb zunächst aus. Der Souverän ließ seine Diener im Stich. Die Wahlergebnisse unterschieden sich kaum von denen des Jahres 1968, und selbst die Stimmengewinne der Faschisten fielen gegenüber den Regionalwahlen vom Jahr davor eher dürftig aus (MSI und Monarchisten erreichten lediglich einen Stimmenzuwachs von 3%). Das Chaos der vergangenen drei Jahre veranlaßte die Wähler nicht zu einer neuen, richtungsweisenden Entscheidung. Erdrutschartige Stimmenverschiebungen wie 1948 schienen nach zwanzig Jahren Republik nicht mehr möglich.

Dabei waren die nun bestätigten Wahlergebnisse von 1968 in sich durchaus widersprüchlich. Bei diesen ersten Wahlen seit der Bildung der ersten Mitte-Links-Regierung war das Bündnis von Sozialisten und Sozialdemokraten von den Wählern mit einem Stimmenverlust von fast 6% bestraft worden, der zum größten Teil – noch – nicht den Kommunisten, sondern der linken Abspaltung von den Sozialisten, dem PSIUP *(Partito socialista italiano d'unità proletaria)*, zugute kam. Die Christdemokraten dagegen konnten den seit den Wahlen von 1948 andauernden Abwärtstrend stoppen. Der Rechtsruck der Sozialisten wurde damit von den Wählern verurteilt, die Christdemokraten dagegen in ihrer Öffnung nach links unterstützt. Die Stimmengewinne der Faschisten dagegen wiesen genau in die entgegengesetzte Richtung. Mehr denn je wurde die DC zwischen der Versuchung der *alternativa di destra* und der Furcht vor der *alternativa di sinistra* hin- und hergerissen, denn wenn die Sozialisten sich wieder den Kommunisten zuwandten, war die Pattsituation schlimmer denn je (1972: PCI und PSI: 36,8%, DC 38,7%). Was alles drohen konnte, zeigte die sensationelle Verabschiedung des von den Sozialisten eingebrachten Ehescheidungsgesetzes. Gerade weil der Vatikan massiven Druck auszuüben versuchte und die zivile Ehescheidung als unvereinbar mit den durch die Verfassung garantierten Lateranverträgen ablehnte, besannen sich die kleinen Parteien – außer den Faschisten natürlich – auf ihr aus dem Risorgimento ererbtes laizistisches Gewissen und ließen mit PSI und PCI gemeinsam das Gesetz *gegen* die Stimmen der DC passieren (Dezember 1970).

Als möglicher Ausweg aus dem Dilemma bot sich die Weiterführung der Öffnung nach links in Richtung auf eine große Koalition mit dem PCI an. Rückendeckung erhielten die Christdemokraten dabei auch von ihren atlantischen Vorbildern, durch die neue Realpolitik der Regierung Nixon-Kissinger und die Ostpolitik der sozial-liberalen Koalition in Bonn. Der Antikommunismus als Grundvoraussetzung westlicher, freiheitlicher und christlicher Politik hatte nicht nur in Italien viel von seiner Attraktivität verloren. Unter dem schönen Begriff *repubblica conciliare* (Republik der Versöhnung) wurden solche Gedanken innerhalb der DC laut genug vor allem für sozialdemokratische und sozialistische Ohren gedacht.

Nach weitgehender Isolation wurde der PCI plötzlich zum Gegenstand intensiver Flirts sowohl von seiten der Sozialisten als auch der Christdemokraten. Alleingelassen, verdächtigt und beschimpft vom Bürger draußen im Lande kam man sich hinter den schützenden Mauern des Palazzo Montecitorio (Abgeordnetenhaus) und Palazzo Madama (Senat) notgedrungen näher.

Die positive Erwiderung der Kommunisten kam zwar vorsichtig, aber ziemlich prompt. Der im März 1972 neu gewählte Generalsekretär des PCI Enrico Berlinguer kündigte dem Mitte 1973 neu wieder aufgelegten Mitte-Links-Bündnis eine *opposizione diversa* an, und diese neuartige Opposition sollte *morbida*, weich sein, wenn die Regierung (Rumor IV) bestimmte Versprechen – Arbeitsbeschaffungspolitik für den Süden und Schutz für die Empfänger niedriger Einkommen – einhielte. Um sich für ein Regierungsbündnis salonfähig zu machen, definierte die Kommunistische Partei ihr außenpolitisches Credo als »weder antisowjetisch noch antiamerikanisch«. Der eigentliche Anstoß dazu, aus diesen Plänkeleien einen mutigen Schritt nach vorn zu tun, kam von außen, aus Chile, wo im September 1973 die Volksfrontregierung unter dem sozialistischen Präsidenten Salvador Allende mit einem blutigen Militärputsch, angeführt von General Pinochet, gestürzt worden war. In den Augen der italienischen Kommunisten waren die Klassenverhältnisse, die internationalen Abhängigkeiten und die wirtschaftlichen Probleme Italiens mit denen Chiles zu vergleichen; entsprechend bedrohlich schien die Gefahr eines Putsches. Ihrer Ansicht nach war es

Enrico Berlinguer und Aldo Moro

ein entscheidender Fehler, daß Allende kein Bündnis mit den gemäßigten, patriotischen Kräften seines Landes gesucht hatte. Aus dieser Analyse leitete der PCI den Vorschlag eines »neuen großen historischen Kompromisses« ab, der denjenigen Kräften innerhalb der DC die Hand reichen sollte, die eingesehen hatten, daß alle Versuche der totalen Konfrontation und Isolation des PCI zum Scheitern verurteilt waren.

In der altrömisch-stalinistischen Gespreiztheit kommunistischer Offenbarungen klang das so: »Als Tambroni mit allen Mitteln versuchte, wieder ähnliche Bedingungen (wie unter De Gasperi – FH), nämlich die einer vertikalen und einer totalen Konfrontation herzustellen, wurde er von einer großen Volksbewegung, deren Ziel die Überwindung der Spaltung war, hinweggefegt und auch von seiner eigenen Partei liquidiert. Aber mehr noch: als die DC nach der Niederlage dieser Linie, mit dem Experiment des *centro-sinistra* ein neues Manöver begann, um den PCI zu isolieren, war auch dies zum Scheitern verurteilt. Die Krise nach dem Scheitern dieser verschiedenen Versuche, die Spaltung des Landes und des Volkes zu erreichen, ist noch nicht überwunden. Die DC erkennt, daß es für alle oder für sie selbst schwierig und voller unkalkulierbarer Risiken ist, die Karte der Konfrontation um jeden Preis zu spielen, aber sie ist noch nicht so weit, konsequent den entgegengesetzten Weg zu beschreiten. Und genau darin liegt einer der entscheidenden Gründe für die Krise, die gegenwärtig unser Land umklammert.«[34]

Das Angebot des PCI fand bei der DC zunächst nur die Gnade einer neuen Sprachschöpfung Moros, man werde eine »Strategie der Aufmerksamkeit« verfolgen, aber die Ereignisse des Jahres 1974 stellten alle Parteien vor eine ganz neue Situation. Es waren Ereignisse, die äußerlich nichts miteinander zu tun hatten, die aber das politische System Italiens so grundlegend erschütterten und die DC in solche Schwierigkeiten brachten, daß nur noch der große Burgfriede Rettung versprach.

1974: Volksentscheid, Terror, Sindona-Skandal

1973, im ersten Jahr relativer innenpolitischer Ruhe nach 1968, hatte die internationale Ölkrise für eine dramatische Verschlechterung der Wirtschaftslage und für eine auf 12,3% gekletterte Inflationsrate gesorgt.

Am 12. Mai 1974 fand der erste Volksentscheid der Republik Italien über das Ehescheidungsgesetz von 1970 statt. Der Volksentscheid war gegen den Willen aller Parteien zustande gekommen, denn alle fürchteten – mit Recht, wie sich zeigen sollte – unvorhersehbare Auswirkungen. Alle Regierungskrisen, ja sogar die vorgezogenen Wahlen, hatten nicht das gewünschte Ergebnis gebracht, nämlich das Gesetz in Verhandlungen zwischen den Parteien so zu modifizieren, daß es von DC und Vatikan hätte akzeptiert werden können. Der Volksentscheid wurde von einer Bewegung katholischer Laien unter Führung des Eiferers Gabrio Lombardi durch die Sammlung von 1 300 000 Unterschriften erzwungen, durch die vorgezogenen Wahlen zwar verschoben, schließlich aber unvermeidlich. Die DC sah sich mit dem MSI allein auf weiter Flur im Kampf für die Abschaffung der zivilen Ehescheidung. Die linken Parteien, vor allem der PCI, fürchteten, ihre gerade erst angebahnten Kontakte zu den fortschrittlichen Katholiken könnten wieder zunichte werden, und die laizistischen Parteien schließlich waren über den Bruch mit der DC, mit der doch immer wieder Regierungsbündnisse möglich waren, auch nicht gerade glücklich. Das Ergebnis des Volksentscheids aber war eindeutig und übertraf alle Vorhersagen. Da es nach der italienischen Verfassung den Volksentscheid nur zur *Abschaffung* eines Gesetzes gibt, waren die *Nein*-Stimmen diejenigen gegen die Abschaffung des Gesetzes und damit *für* die zivile Ehescheidung, sie betrugen 59,1% der abgegebenen Stimmen, wohingegen sich nur 40,9% für die Abschaffung des Gesetzes aussprachen, die Differenz betrug also fast 20%[35], auch im Süden – und das war die eigentliche Sensation – überwogen, wenn auch in geringerem Ausmaß, die Stimmen gegen die Abschaffung des Gesetzes.

Dieses Ergebnis war eine Lektion für alle Parteien darüber, was sich draußen im Lande inzwischen verändert hatte, ohne daß sie etwas davon bemerkt hatten. Vor allem aber wurde dieses Ergebnis von allen Seiten als eine gut gezielte Ohrfeige für die DC gewertet. Die Antwort, die die Wähler 1972 schuldig geblieben waren, hatten sie nun in überraschender Deutlichkeit gegeben.

Die Diskussion über Ursachen und Auswirkungen des Volksentscheids wurde zunächst in den Hintergrund gedrängt durch eine neue Welle der politischen Gewalt, die schon auf dem Höhepunkt des Wahlkampfs vor dem Volksentscheid begonnen hatte. Während freilich zwischen 1969 und 1972 noch häufig unklar blieb, wer hinter den politischen Attentaten die-

Renato Curcio als Jugendlicher mit seiner Mutter

ser Zeit stand, und man sie je nach politischem Standort dem
Gegner in die Schuhe schieben konnte, so zeigte die Gewalt jetzt
zwar nicht immer eine klare Physiognomie, aber eine gut les-
bare Unterschrift: Die Attentäter meldeten sich mit Bekennerschreiben.

Am 18. April, also kaum einen Monat vor dem Volksentscheid, begannen die ›Roten Brigaden‹ mit der Entführung des
Richters Mario Sossi eine Serie spektakulärer Aktionen. Die
Roten Brigaden waren aus der Studentenbewegung in Trient
und in Mailand hervorgegangen, wo sich schon früh, zur
Abwehr faschistischer Angriffe, der straff organisierte Ordnungsdienst, die sogenannten *katanga*, gebildet hatte. Die *capi
storici* der Roten Brigaden, Renato Curcio und seine Frau Mara
Cagol (die 1975 bei einem Feuergefecht ums Leben kam),
stammten aus dem Milieu des kritischen Katholizismus, während z. B. Alberto Franceschini aus einer Familie von Partisanen
kam. Gemeinsamer Bezugspunkt aber wurde für alle – auch für
andere Gruppen wie die des 1972 unter ungeklärten Umständen
an einem Hochspannungsmast ums Leben gekommenen Mai-

länder Verlegers Giangiacomo Feltrinelli – der Kampf der Partisanen: Feltrinelli nannte seine Gruppen GAP *(gruppi armati partigiani)*, und die Roten Brigaden hatten ihren Schlupfwinkel in den ersten Jahren in Val Pellice, wo Curcios Onkel als Partisan der Gruppe *Giustizia e Libertà* gefallen war. In den ersten Jahren konzentrierten sich die Roten Brigaden darauf, innerhalb und um die Fabriken das latente Konfliktklima zwischen Arbeitern und Firmenleitung – die *miniconflittualità* – mit ihren Aktionen in Gang zu halten; Bomben explodierten z.B. auf dem Versuchsgelände von Pirelli in Linate bei Mailand, leitende Angestellte verschiedener Firmen, wie der Personalchef von Fiat, wurden entführt, verhört und wieder freigelassen.

Mit der Entführung des Richters Mario Sossi traten die Aktionen der Roten Brigaden aus dem Bereich der Fabrik heraus, um, wie sie es selbst formulierten, »die lebenswichtigen Zentren des Staates« zu treffen. Der 18. April als Entführungsdatum war gewählt worden, weil an diesem Tag Giovanni Agnelli sein neues Amt als Chef des Arbeitgeberverbandes antrat, ein neuer Machtzuwachs für den SIM *(Stato imperialista delle multinazionali)*, dem das Proletariat mit einer »Bewegung des strategischen Widerstands« entgegentrete, wie es in den Communiqués der Entführer hieß.[36]

Die Entführung Sossis, die fünfunddreißig Tage dauerte, kann heute als eine Art Vorspiel für die Entführung Moros vier Jahre später angesehen werden, ein Vorspiel, das allerdings unblutig endete, denn die Roten Brigaden ließen, ohne etwas erreicht zu haben, den Richter frei. Weder das ›Verhör‹ vor dem ›Volkstribunal‹ hatte etwas gebracht, noch war der Austausch mit Häftlingen erreicht worden.

Die Entführung Sossis endete also mit einer Niederlage für die Roten Brigaden. So unfähig die Polizei während der Dauer der Entführung agiert hatte, so effizient zeigte sie sich danach. Überall wurden konspirative Wohnungen entdeckt, Leute festgenommen, Waffen und andere Materialien gefunden. Curcio und Franceschini wurden verhaftet, so schlecht bewacht, daß sie befreit werden konnten, bald darauf aber wieder festgenommen. Schon 1975 saß nicht nur der ganze historische Kern der Roten Brigaden hinter Gittern, sondern über hundert Personen, die der Zugehörigkeit zu dieser Gruppe verdächtigt wurden. Inzwischen aber war etwas Entscheidendes geschehen, eine Schwelle überschritten worden: beim Angriff auf ein neofaschistisches Parteibüro in Padua waren zwei junge Neofaschisten getötet worden. Die Roten Brigaden stellten es als

Unfall dar, rechtfertigten sich aber damit, daß »die revolutionären Kräfte seit Brescia legitimiert sind, auf die faschistische Barbarei mit der bewaffneten Justiz des Proletariats zu antworten«.[37]

Brescia, das war eine neue Marke der Gewalt, die von faschistischen Attentätern gesetzt worden war. Am 28. Mai war dort auf der Piazza della Loggia während einer Gewerkschaftskundgebung, an der 3000 Personen teilnahmen, eine Bombe explodiert, die 6 Personen tötete und 90 verletzte. Am 4. August explodierte eine weitere im ›Italicus‹-Expreß auf der Strecke zwischen Florenz und Bologna: sechzehn Menschen starben. Nicht nur glich die Machart dieser Attentate dem von der Piazza Fontana – es wurden völlig wahllos viele unschuldige Menschen verletzt oder getötet –, diesmal bekannte sich auch die faschistische Gruppe *Ordine nero* offen zu dem Attentat. Diese Bezeichnung war allerdings bis dato unbekannt, und alle Ermittlungen blieben immer wieder stecken. Alle Prozesse gegen mutmaßliche Attentäter endeten ohne Verurteilung, aber immer wieder tauchten Verdachtsmomente auf, die wie bei dem Attentat von Piazza Fontana auf Verbindungen zu in- und nun auch ausländischen Geheimdiensten wiesen. Gerade weil nie etwas herauskam, erhärtete sich der Verdacht, daß hier höchsten Ortes, bei Militär und Politikern Protektion geübt wurde.

Die von De Gasperi geprägte Formel der *opposti estremismi* erhielt damit eine ganz neue Bedeutung: De Gasperi hatte mit seiner Formulierung die kommunistische Partei als Gegenpol der Faschisten bezeichnet, und dies als Begründung für die Bildung eines starken demokratischen Zentrums, das heißt die Alleinherrschaft der DC, verstanden. Inzwischen aber hatte das Bild von der DC als dem Garanten von Recht und Ordnung angesichts ihrer Hilflosigkeit gegenüber der zunehmenden politischen Gewalt und der immer wieder auftauchenden Verdachtsmomente über Querverbindungen zu den Faschisten erhebliche Kratzer bekommen. Der PCI dagegen, der sich von vornherein gegen alle Gruppierungen links der eigenen Partei vehement abgesetzt hatte, profilierte sich immer mehr als Partei der politischen Saubermänner.

Der wenig schmeichelhafte Ruf der DC als einer Partei der schmutzigen Verfilzungen wurde durch die Enthüllungen über den Zusammenbruch des Finanzimperiums von Michele Sindona im Laufe des Jahres 1974 noch gefestigt. Es war dies nicht der erste große Skandal, und es sollte auch nicht der letzte sein. Skandale begleiten die italienische Geschichte in schöner

Regelmäßigkeit seit der Einigung von 1861. Sie waren die natürlichen Begleiterscheinungen eines kapitalistischen Wirtschaftssystems, das nur mit Hilfe massiver Subventionen und staatlicher Hilfe aller Art den Anschluß an die Nachbarländer jenseits der Alpen finden und dann halten konnte. Daran hatte sich auch nach dem Zweiten Weltkrieg nichts geändert. Der Sindona-Skandal allerdings bot zwei ganz neue Aspekte: Die Presse, die nach 1968 dem allgemeinen Linksruck der Intellektuellen gefolgt war, übernahm die Rolle des Hüters demokratischer Ordnung. Vor allem die Nachrichtenmagazine widmeten sich einem Enthüllungsjournalismus, der sich in steigenden Auflagen bezahlt machte. Je mehr aber enthüllt wurde und je weniger Konsequenzen daraus gezogen wurden, desto sensationeller mußte der nächste Skandal ausfallen, um überhaupt Interesse zu erregen. Der Enthüllungsjournalismus ließ sich schnell in das Spiel der politischen Kräfte miteinbeziehen und wurde vor allem ein Lieblingsinstrument der einander befehdenden *correnti* der DC. Beim Zusammenbruch der Sindona-Banken und einige Zeit danach aber schien es noch so, als könnten mutige Enthüllungen eine »primavera degli onesti«, einen Frühling der Ehrenhaften, bringen.[38]

Die Aufklärungsarbeit der Presse *und* eindeutige politische Willenskundgebungen der Wähler waren – so schien es – in der Lage, den Sumpf der Korruption auszutrocknen. Denn, und das war der zweite neue Aspekt des Sindona-Skandals, die christdemokratischen Freunde des sizilianischen Finanzjongleurs ließen ihn nur deshalb plötzlich fallen, weil sie nach dem Ergebnis des Volksentscheids den Mut verloren hatten. Die Unregelmäßigkeiten, die Steuerhinterziehungen und die illegalen Devisengeschäfte waren nämlich in Regierungs- und Parteikreisen, ja sogar der Banca d'Italia längst bekannt. Als aber dann das verwirrende System von Banken und Finanzierungsgesellschaften, das sich Sindona seit seiner ersten Begegnung mit der italo-amerikanischen Mafia bei der Landung der Alliierten in Sizilien rund um den Erdball aufgebaut hatte, durch den Zusammenbruch seiner Franklin Bank in New York erheblich ins Wanken geriet, half plötzlich auch die Freundschaft zu Andreotti nichts mehr. Nach dem 12. Mai, d. h. nach dem Volksentscheid, kam das anvisierte Bankenkonsortium nicht mehr zustande, das den italienischen Teil des einstürzenden Imperiums hatte retten sollen.

In den Sommermonaten des Jahres 1974 wurde das Ausmaß der illegalen Geschäfte allmählich sichtbar, in die auch die

Vatikanbank IOR *(Istituto di opere religiose)* tief verstrickt war; im Oktober wurden die italienischen Teile des Finanzimperiums zwangsliquidiert. Die Hoffnung aber, jetzt würden tatsächlich alle Unregelmäßigkeiten aufgedeckt und vor allem die politischen Verbindungen Sindonas erhellt, wurde gewaltsam zunichte gemacht. Der als Konkursverwalter eingesetzte Rechtsanwalt Giorgio Ambrosoli wurde 1979 auf offener Straße erschossen, und Michele Sindona selbst starb nach einer Reihe teils mysteriöser, teils grotesker Verwicklungen in einem italienischen Gefängnis eines stilgerechten Todes: sein Morgenkaffee war vergiftet.

Die Regierung des Nicht-Mißtrauens und ihre Gegner von links: Die ›77er Bewegung‹

Aus den Ereignissen des Jahres 1974 ging die DC so geschwächt hervor, daß der PCI bei den Regionalwahlen selbstbewußt mit der Parole auftreten konnte: *»siamo il partito delle mani pulite«* (wir sind die Partei der sauberen Hände), und die kommunistische Partei sah sich als das einzige, was in Italien noch funktionierte. Die Ergebnisse bestätigten, daß die Wähler das auch so sahen und daß der Volksentscheid nicht nur ein einmaliger Ausrutscher des Stimmvolkes war. Mit 33,4% gewann die kommunistische Partei gegenüber den letzten Regionalwahlen über 5% dazu, die DC verlor 2,6% und kam nur auf 35,3% der Wählerstimmen. Dieses Ergebnis wurde als Umkehrung des Wahldebakels vom 18. April 1948 gewertet, als historischer Wendepunkt.

Im Verein mit PSI und PSDI hatten die Kommunisten auch im nationalen Maßstab die magischen 51% erreicht, und neben die traditionell ›roten‹ Regionen Toskana, Emilia-Romagna und Umbrien traten jetzt Ligurien, Latium und Piemont. Bei den gleichzeitigen Kommunalwahlen stand auch in den meisten großen Städten, in Rom, Neapel, Genua, Mailand, Turin und Venedig neben den roten Kommunen Bologna und Florenz die *alternativa di sinistra* auf der Tagesordnung. Im Juli traf sich Berlinguer mit dem spanischen Kommunistenführer Santiago Carillo und im November mit dem französischen KP-Chef Georges Marchais in Frankreich, um als neue politische Vision den ›Eurokommunismus‹ aus der Taufe zu heben. Die neue Rolle und Eigenständigkeit der europäischen Kommunisten sollte etwas ganz anderes als frühere Zusammenschlüsse wie etwa die Komintern sein: »Wir sind gegen jede Form von Direktiven und organisatorischen Bindungen, aber wir suchen politische Gemeinsamkeiten und die Zusammenarbeit. Dahin zielt auch die Initiative, die wir gemeinsam mit der Polnischen Arbeiterpartei zur Einberufung einer paneuropäischen Konferenz aller kommunistischen Parteien ergriffen haben, die sich mit Fragen der Entspannung und der Zusammenarbeit aller europäischen Länder befassen soll. Unser größtes Anliegen aber ist es, neue Wege für eine demokratische Transformation Italiens und der westeuropäischen Länder in Richtung auf den Sozialismus zu finden.«[39]

Hoffnungen und Befürchtungen für die politischen Wahlen des folgendes Jahres waren nun so hochgeschraubt, daß es gar nicht mehr als Sensation wirkte, als die Kommunistische

Partei jetzt noch einmal zulegte und gegenüber den Wahlen von 1972 über 7% dazugewann. Im Unterschied zu den Regionalwahlen des Vorjahres aber blieb die DC mit 38,7% relativ stabil, der *sorpasso* (Überholmanöver) war also nicht gelungen. Zusammen mit den Stimmen der kleineren linken und liberalen Parteien (PSDI, PRI, PR und Nuova Sinistra) hätten Kommunisten und Sozialisten gemeinsam die magische 51%-Marke überschritten (53,2%), und so wäre zum ersten Mal in der Geschichte der Republik die *alternativa di sinistra* rein rechnerisch möglich gewesen. Warum der PCI nun dennoch diese Chance nicht ergriff, ja nicht einmal das ganze Gewicht des Wahlsieges nutzte, hatte Berlinguer schon 1973 mit den Ereignissen in Chile begründet. 51% der Wählerstimmen allein seien keine Garantie mehr gegen die Putschgefahr der zu allem entschlossenen konservativen Kräfte in- und außerhalb des Landes.

Demonstration in Mailand

Der PCI nutzte deshalb seinen Wahltriumph lediglich zur Erneuerung des Angebots für einen »neuen großen historischen Kompromiß«.

Ausersehen zu dessen Verwirklichung wurde aus den Reihen der DC Giulio Andreotti, und er, der Rechtsaußen der Partei, der mit allen Wassern gewaschene Fuchs schaffte es: Aus dem ›Historischen Kompromiß‹ wurde die Regierung des ›Nicht-Mißtrauens‹, eine DC-Minderheitsregierung mit der Unterstützung aller Parteien des sogenannten *arco costituzionale* (Verfassungsrahmens, d.h. ohne MSI, den Partito Radicale Pannellas und Linksextreme). Die Zugehörigkeit der Kommunisten zu dieser Verfassung, an der sie selbst entscheidend – und nicht zuletzt durch ihre Kompromißbereitschaft – mitgewirkt hatten, wurde jetzt gnädig anerkannt. Mit dem PCI gedachte man ebenso zu verfahren wie bei der Bildung des *centro-sinistra:* Zuerst die Beteiligung von außen und die Bildung ähnlicher Regierungen auf Kommunal- und Regionalebene. Fast gleichzeitig mit der Bildung der Andreotti-Regierung wurde auf dem Kapitol durch Stimmenthaltung der DC der Kommunist Argan zum Bürgermeister Roms, der erste ›laizistische‹ seit siebenundsechzig Jahren. Solch großmütige Gesten konnten aber nicht überdecken, daß hier der Berg gekreißt und eine Maus geboren hatte. Die Kommunisten waren keine 10%-Partei wie die Sozialisten und ließen sich dennoch auf diese groteske Form einer ›Regierung der nationalen Einheit‹ ein.

Die Maus aber hatte Biß, von anderer Art freilich, als dies der feierliche Eintritt der Kommunisten in den Kreis der Macht hätte erwarten lassen. Die Regierung des ›Nicht-Mißtrauens‹ erwies sich zuallererst als Regierung der *stangata* (Prügel). Statt Wirtschafts- und Sozialprogramme zu verabschieden, wurden Löcher gestopft, und das mit dem Geld der Verbraucher: Erhöhung der Benzinpreise, Eisenbahntarife und Elektrizitätsgebühren, das waren die Überraschungen der historischen Wende.

Für die außerparlamentarische Linke, die in den Jahren nach 1968 dem PCI zwar kritisch, aber nicht feindlich gegenübergestanden hatte, wurde mit der Anbahnung des historischen Kompromisses und der Bildung der Regierung des Nicht-Mißtrauens die kommunistische Partei immer mehr zum Feind Nummer eins. Der Putsch in Chile und die italienischen Ereignisse des Jahres 1974 wiesen für weite Teile der außerparlamentarischen Linken in die einer Zusammenarbeit mit der DC genau entgegengesetzte Richtung, und die Frage der Gewalt stellte sich mit unausweichlicher Schärfe. Gruppen wie *Lotta Continua* sind an dieser Frage gescheitert. 1976 löste sie sich offiziell auf, um nur noch als Zeitung weitere drei Jahre fortzubestehen, ein Teil der ehemaligen Mitglieder formte nach dem Beispiel der BR die Gruppe *Prima Linea*, auf deren Konto später eine Reihe politischer Morde und Attentate gingen. Auch die Versuche, verschiedene Gruppen wie PDUP *(Partito d'unità proletaria)*, *Avanguardia Operaia*, *il Manifesto* und *Lotta Continua* zu einem Bündnis unter dem Namen *Nuova Sinistra* zusammenzuführen, blieb letztlich erfolglos: Obwohl bei den Wahlen 1976 sechs Parlamentssitze erobert worden waren, löste sich das Bündnis schon kurze Zeit später auf.

Neugeboren dagegen wurde die ›Bewegung‹. Was an diesem *movimento* anders war als 1968, das zeigten schon die ersten

In Bologna

spektakulären Aktionen. Im März 1977 wurde der charismatische Führer der CGIL, der Kommunist Luciano Lama, bei einer Gewerkschaftskundgebung in Rom ausgepfiffen, und es kam zwischen den Partei- und Gewerkschaftsmitgliedern und den ›Spontis‹ zu wüsten Schlägereien. Lama nannte nun die neue Bewegung einen neuen Faschismus. Im gleichen Monat erlebte Bologna gewaltsame Auseinandersetzungen zwischen Studenten, die die Universität besetzt hatten, und den Carabinieri. Warum jetzt gerade Bologna in den Mittelpunkt rückte, sagte eine Inschrift an den Wänden der Universität: *Bologna = Disneyland del PCI*.[40] Seit 1945 wurde die Stadt von den Kommunisten regiert, die sich rühmten, hier in beispielhafter Weise eine moderne, effiziente, auf die Bedürfnisse der arbeitenden Massen zugeschnittene Planungspolitik verwirklicht zu haben. Ausgerechnet diese Stadtverwaltung wurde jetzt mit Vorwürfen überhäuft: mangelhafte Infrastrukturen, viel zu wenig billige Wohnungen, kaum genießbare Mahlzeiten in den Mensen. Bei den Auseinandersetzungen in der Universität wurde der Student Francesco Lorusso von der Polizei erschossen. Der kommunistische Bürgermeister Zangheri distanzierte sich zwar vom Vorgehen seiner Polizei, von der römischen Parteizentrale aber wurde sie gelobt, und der Parteisekretär von Bologna stellte ihr den Ordnungsdienst der Kommunistischen Partei zur Seite.

In der 77er-Bewegung trafen Protestbewegungen wie die Frauen- und Homosexuellenbewegung, die Studentenbewegung und arbeitslose Jugendliche zusammen, die sich *indiani metropolitani* nannten, um damit auszudrücken, daß sie sich als *emarginati* betrachteten, als Randgruppen, auf dem Kriegspfad zur Erkämpfung ihrer angestammten Territorien. Nicht nur in Bologna und Rom, sondern auch in Mailand und Padua entstand ein Klima zwischen Happening und latenter Gewalt. Aus einer Organisation mit einigermaßen präzisen politischen Konturen wie *Potere operaio*, die sich schon 1973 selbst aufgelöst hatte, war die diffuse *Autonomia operaia* hervorgegangen mit ihrer Strategie der ›P 38‹ (ein Revolvertyp) und der proletarischen Selbstbedienung. Das Spektrum der Bewegung reichte von Oreste Scalzone, für den die bürgerlichen Parteien und ihre Wähler nur *porci senza ali* waren (Schweine ohne Flügel)[41], bis zu dem Paduaner Professor Toni Negri und seiner Theorie über den ›sozialen Arbeiter‹, der sein Recht auf ›Sabotage‹ so begründete: »Der Atomstaat hat dieses Charakteristikum: Zum ersten Mal in der Geschichte des Kapitals geht es nicht mehr um ›Tausch‹-, sondern um ›Gebrauchswerte‹. Leben und Tod: direkt und brutal. Deshalb ist der Kampf gegen den Atomstaat nicht Ökologismus und Katastrophismus. Er kann und muß Klassenkampf sein, der als neues soziales Subjekt Frauen und die jugendlichen Randgruppen einbezieht, die mit Hingabe, Kultur und Zärtlichkeit begabt sind, ja, Zärtlichkeit, einer Eigenschaft, die in reformistischer Politik keinen Ausdruck finden kann.«[42] Es gab satirische Versionen der Bewegung wie die Zeitschrift ›il male‹ (das Böse), aber auch wildentschlossene wie ›Rosso‹, die die *Autonomia operaia* mit folgendem Aufruf zu Wort kommen ließ: »Alle in den Warenhäusern bewachte Ware gehört uns!! Und wir nehmen sie zurück.«[43] Daß es sich bei den Autonomen nicht nur um einige wenige Krawallmacher und halbkriminelle Elemente handelte, zeigte z. B. ihr Erfolg bei den Hafenarbeitern Genuas. Hier existierten noch starke, fast zunftähnliche Traditionen von Selbstbehauptung und Mitspracheverlangen. Unter diesen Arbeitern, in dieser Stadt, die zu den Bastionen der Resistenza gehört hatte, wo der Sieg in der Tambronikrise erkämpft worden war, hier fanden die Autonomen Anklang, wenn sie mit Fingern auf die kommunistische Partei zeigten, die die Arbeiter an die Interessen der Hafengesellschaft *(Consorzio portuale)* verraten habe.

Und auch die Bewegung hatte ihre Sprachschöpfungen. Eine davon hieß *gambizzare*, ins Bein schießen – nur mal als Warnung.

Aber dabei blieb es nicht. Auch wenn die Autonomen und andere Gruppen wie *Prima linea* die Roten Brigaden als zu leninistisch kritisierten, konnten sich klandestine Gruppen in diesem Umfeld diffuser Gewalt wie Fische im Wasser fühlen. Neben ungezählten Minigrüppchen konstituierten sich auch die Roten Brigaden wieder neu. Aber die neue Generation der Brigadisten fing da an, wo die Gründergeneration aufgehört hatte, bei absoluter Klandestinität und zynischer Menschenverachtung. Die Roten Brigaden machten auch bei der Person weiter, an der die Gründergeneration gescheitert war: Schon 1976 wurde der Generalstaatsanwalt Coco, der den Austausch von Häftlingen bei der Entführung Sossi 1974 verhindert hatte, zusammen mit zwei Begleitpolizisten ›hingerichtet‹.

Das war nur eines von über 1500 Attentaten, die durch Bekennerschreiben oder die Ermittlungen der Polizei in den Jahren 1977–1979 linksextremen Gruppen zugerechnet wurden und achtundfünfzig Opfer forderten. Opfer, die zum Teil erst durch ihre kaltblütige Ermordung ins Licht der Öffentlichkeit traten und deren todeswürdige ›Verbrechen‹ auch durch die martialischen Bekennerschreiben der selbsternannten Richter über Leben und Tod nicht glaubhafter gemacht werden konnten. Die Entführung und Ermordnung des 1976 zum Präsidenten seiner Partei gewählten DC-Politikers Aldo Moro aber war ein Ereignis mit ganz neuen Dimensionen und Konsequenzen.

Moro wurde am 16. März 1978 bei der Fahrt von seinem Hause ins Parlament nach einer wilden Schießerei, bei der fünf seiner Leibwächter erschossen wurden, fast unverletzt entführt und blieb fünfundfünfzig Tage lang in der Hand der Roten Brigaden, bevor er, nach einem Hinweis der Entführer, am 10. Mai ermordet im Kofferraum eines roten Renault in der Via Caetani aufgefunden wurde – exakt in der Mitte zwischen den Parteizentralen der Kommunisten in der Via delle botteghe oscure und der der Christdemokraten an der Piazza del Gesù. Nicht nur mit dieser symbolischen Geste wiesen die Roten Brigaden auf den politischen Gehalt der Ermordung Moros hin. Moro war an dem Tag entführt worden, an dem die vierte Regierung Andreotti, die erste überhaupt, an der die Kommunisten zwar nicht mit Ministern, aber doch innerhalb der Koalition beteiligt waren, ins Amt trat. Abgemacht war eine »anerkannte und explizite Beteiligung auf vertraglicher Basis«.[44] Und genau dazu kam es durch die Entführung nicht. Nach Moros Tod bestand die Koalition zwar noch weiter, aber nur noch auf dem Papier, bevor diese Regierung der ›nationalen Solidarität‹ im Frühjahr 1979 von den Kommunisten aufgekündigt und damit der ›neue große historische Kompromiß‹ begraben war.

Im Gegensatz zu den Urhebern der faschistischen Massaker wurden die Entführer Moros gefaßt und rechtskräftig zu insgesamt vielen Jahrhunderten Haft verurteilt. *Politisch* aber blieb ›l'affaire Moro‹, wie der Schriftsteller Leonardo Sciascia in einer literarischen Anklage schrieb, völlig ungelöst.[45] Der Fall Moro ist in Italien nach wie vor unmittelbare politische Gegenwart und liegt in diesem Sinne auch historisch näher als das grausige Attentat immer noch unbekannter faschistischer Attentäter am 2. August 1980 im Bahnhof von Bologna, das fünfundachtzig Tote forderte.

Das liegt in mehrfacher Hinsicht an der Person Moros und am Verlauf der Entführung. Moro war mehr als nur der Parteivorsitzende der Christdemokraten, er war seit dreißig Jahren das Symbol für das Zusammenkitten der auseinanderstrebenden Richtungen der DC und der geduldige Bauherr einer sich immer mehr erweiternden ›Öffnung nach links‹, in der er keineswegs ein politisches Traumziel, sondern, ganz kühl kalkulierend, die einzige Rettung für die DC erblickte. Kaum jemand in Italien war auf die stalinistische Amtssprache der Roten Brigaden angewiesen, um zu wissen, wer Moro war: »Wer Aldo Moro ist, ist schnell gesagt: nach seinem würdigen Genossen De Gasperi ist er bis heute der angesehenste Amtsträger, der ›Theoretiker‹ und unumstrittene ›Stratege‹ dieses christdemokratischen Regimes gewesen, das seit dreißig Jahren das italienische Volk unterdrückt. Jede Etappe der imperialistischen Gegenrevolution, deren Schöpfer in unserem Land die DC war, von der blutrünstigen Politik der fünfziger Jahre über die Wende der ›linken Mitte‹ bis zu unseren Tagen mit der ›Übereinkunft der sechs‹ hatte in Aldo Moro den politischen Paten und treuesten Erfüllungsgehilfen der von den imperialistischen Zentralen ausgegebenen Direktiven.«[46]

Eben diesen Mann, den großen Vermittler, ließ die eigene Partei, ohne mit der Wimper zu zucken, fallen. Obwohl die Roten Brigaden zunächst noch gar keine konkreten Forderungen stellten und obwohl sie die Forderungen im Laufe der Zeit immer mehr herunterschraubten und durch allerlei Kontakte Kompromißbereitschaft andeuteten, schlug die DC von Anfang an eine Linie der Härte, der *fermezza* ein: auch nur der geringste Kontakt mit den Roten Brigaden hätte in ihren Augen deren »Anerkennung« bedeutet und sollte deshalb unbedingt vermieden werden.

Moro war aber nicht nur der große Vermittler innerhalb der DC, der Wegbereiter der Öffnung nach links, sondern auch derjenige, der alle Skandale geleugnet oder mit seiner Rhetorik unter den Teppich gekehrt hatte. In dem seit 1976 in der Öffentlichkeit bekannt gewordenen Lockheed-Skandal spielte er sogar selbst eine höchst undurchsichtige Rolle. Bis kurz vor seiner Entführung wurden immer wieder Gerüchte laut, mit dem Codewort »Antelope Cobler« in den Bestechungslisten sei möglicherweise Aldo Moro gemeint. Daß er gar nichts von den ganzen Vorgängen wußte, blieb höchst unwahrscheinlich, wurde doch ein leibhaftiger ehemaliger Minister wie der Sozialdemokrat Tanassi später verurteilt, und die Verdachtsmomente reichten immerhin so weit aus, daß der christdemokratische Staatspräsident Leone am 16. Juni 1978, ein halbes Jahr vor Ablauf seiner Amtszeit, zurücktrat.

Nicht den Menschen, sondern den Staat, den Staat der Korruption und der ›okkulten Mächte‹ verteidigte nicht nur die DC, sondern auch der PCI. Gerade die Kommunisten ließen keinerlei Zweifel an der Linie der *fermezza* aufkommen. Als wollten sie jetzt, gerade jetzt zeigen, worin ihre immer wieder hervorgehobene *diversità* bestand, wurde nach außen nicht die geringste Abweichung von der stramm eingenommenen Haltung der *fermezza* sichtbar. Diese harte Linie wurde nicht so sehr durch den PSI mit seinen zaghaften, politisch allzu durchsichtigen Vermittlungsangeboten oder die groteske Unfähigkeit der Polizei bloßgestellt, und schon gar nicht durch die Roten Brigaden mit ihren in Papierkörben und U-Bahnschächten niedergelegten ›Mitteilungen‹. Es war Moro selbst, der mit seinen immer drängender an Parteifreunde und Familie geschriebenen Briefen die Befürworter der *fermezza* moralisch an den Pranger stellte. Geradlinig und ohne Umschweife zeigte er, wozu das Gegenteil der *fermezza*, die traditionelle Politik der Umschweife der DC auch gut sein konnte, wenn sie richtig angewandt wurde: Prinzipientreue aufzugeben, um Menschlichkeit zu wahren. Auch wenn die DC versuchte, die Briefe als unecht, weil unter Zwang, oder sogar unter Drogeneinfluß geschrieben, abzutun, konnte sie den Vorwurf, Moro geradezu kaltblütig zu opfern, nicht einfach wegwischen. Am 27. April schrieb Moro folgende Zeilen an seine Familie, die am 7. Mai, also noch vor seiner Ermordung, in der Öffentlichkeit bekannt wurden: »Es ist wahr: ich bin ein

Gefangener und nicht in heiterem Gemütszustand. Aber es wurde keinerlei Zwang auf mich ausgeübt, ich stehe nicht unter Drogen, ich schreibe in dem mir eigenen Stil, wie wenig er auch manchem gefallen mag, meine Schrift ist wie immer. Aber man behauptet einfach, ich sei nicht mehr ich selbst, und deshalb verdiene ich es nicht mehr, für voll genommen zu werden. Meine Argumente hält man nicht einmal einer Antwort für würdig...

Warum soll denn der Staat zugrunde gehen, wenn ein einziges Mal ein Unschuldiger überlebt und dafür eine andere Person statt ins Gefängnis ins Exil geht? Das Problem liegt einzig und allein darin...

Derjenige, der mir den Brief (der Familie – FH) brachte, hat mir aus Mitleid all die Vorgänge verschwiegen, die mein Todesurteil bedeuten, wenn nicht das Wunder geschieht, daß die DC zu sich selbst zurückfindet und sich nicht vor der Verantwortung drückt. Aber dies Blutbad wird weder für Zaccagnini (Parteisekretär der DC – FH) noch für Andreotti, noch für das Land von Nutzen sein: keiner soll sich der Verantwortung entziehen. Ich will, darauf bestehe ich, um mich nicht die Mächtigen. Ich will um mich diejenigen, die mich wirklich geliebt haben, die mich weiter lieben und für mich beten werden. Wenn alles so entschieden ist, dann geschehe der Wille Gottes. Aber keiner, der Verantwortung getragen hat, verstecke sich hinter der Erfüllung einer angeblichen Pflicht. Die Dinge werden sich klären, und zwar bald.«[47]

Die Macht verschleißt auch den, der sie hat
(1978–1992)

Der ›Fall Moro‹ – Wende auf italienisch

Die Familie Moros hielt sich an den Willen des Ermordeten und ließ in einem eisigen Kommuniqué wissen, man wolle niemand aus dem *Palazzo* beim Begräbnis sehen, und umgekehrt werde niemand aus der Familie an offiziellen Trauerfeierlichkeiten teilnehmen. Das hinderte die DC nicht daran, in riesigen Trauerkundgebungen Krokodilstränen zu vergießen, unter Plakaten mit der Aufschrift »Aldo Moro ermordet, er lebt in unseren Herzen weiter«, die schon vier Wochen vor Moros Tod gedruckt worden waren. Das war mehr als eine technische Panne oder bloß schlechter Geschmack. Es war der Ausdruck einer gnadenlosen Instrumentalisierung, die die ›55 Tage‹ der Entführung Moros zu einem tiefen Einschnitt in der italienischen Nachkriegsgeschichte macht, anders, aber fast ebenso tief wie das Jahr 1968. Mit seinem Tod begann der ›Fall Moro‹ erst richtig: Enthüllungen, Verschleierungen und neue aufsehenerregende Enthüllungen, die neue Fragen aufwarfen, wechselten sich ab und vergifteten das politische Klima zusehends.

Bei den vielfältigen und tiefgreifenden Veränderungen, die sich teils schlagartig, teils erst allmählich abzeichneten, im einzelnen die Frage zu beantworten, ob sie sich auch ›ohne Moro‹ vollzogen hätten, ist aus der geringen historischen Distanz nicht möglich. Das Erwachen aus der Spannung und die allmähliche Neuordnung der politischen Landschaft Italiens fiel sicherlich nicht zufällig zusammen mit dem Beginn eines allgemeinen politischen Klimawechsels in der westlichen Welt, drastisch verkörpert in dem 1980 gewählten neuen amerikanischen Präsidenten. In Italien gab es aber keine Wende à la Reagan, Thatcher oder Kohl, es gab niemanden, der einen neuen Konservativismus lauthals zum Programm erklärte, von Wende und alt-neuen Werten sprach. In Italien dagegen war die Rede von *riflusso*, vom Rückgang, von der Ebbe der politischen Ideen; die Italiener fühlten sich mit den Worten Giorgio Boccas wie am Morgen nach einem großen Besäufnis im eigenen Haus.[48] Es galt, mit brummendem Kopf die Ärmel hochzukrempeln und in

Sandro Pertini

das entstandene Chaos eine notdürftige Ordnung zu bringen. Dabei kamen eine Reihe erfreulicher, aber auch einige höchst unerfreuliche Dinge zum Vorschein. Die Aufräumarbeiten sind immer noch nicht abgeschlossen.

Das Ende des linken Terrorismus ist inzwischen ebenso besiegelt wie das Ende des historischen Kompromisses, aber neue Probleme sind aufgetaucht, alte geblieben: Gewerkschaften und Parteien sind auf der verzweifelten Suche nach einer neuen Identität und neuen Gleichgewichten, die okkulten Mächte bleiben ebenso drohend wie ungreifbar präsent, und der seit dem 19. Jahrhundert immer wieder beklagte Gegensatz zwischen *paese reale* (dem wirklichen Italien) und *paese legale* (dem Italien der Institutionen) hat sich nicht vermindert, sondern verschärft. Aber die achtziger Jahre haben auch Erfreuliches gebracht: Nicht nur, daß Italien 1982 zum dritten Mal Fußballweltmeister wurde, nicht nur, daß das Land von 1978 bis 1985 in Sandro Pertini einen sozialistischen Staatspräsidenten von seltener Menschlichkeit, Popularität und bewundernswertem Mut hatte, auch die Wirtschaft boomte, und es gab endlich ein paar neue Gesichter in der italienischen Politik, die freilich mit wenigen Ausnahmen rasch alterten.

Moros Entführung und Ermordung mochte zunächst als Triumph der Roten Brigaden erscheinen, als ein Erfolg ihrer Strategie, »ins Herz des Staates« zu treffen. Erst im Laufe der Zeit stellte sich heraus, daß dieser scheinbare Erfolg in Wirklichkeit der Anfang vom Ende eines Terrorismus war, der in irgendeiner Weise das Beiwort politisch verdient. Der Fall Moro war der Scheitelpunkt, von dem aus der Weg nur noch zu Desperadoaktionen führte.

Ähnlich wie im Falle der Entführung des Richters Mario Sossi vier Jahre früher standen die Ineffizienz und die lächerlichen Pannen *während* der Entführung Moros in krassem Gegensatz zu den raschen Erfolgen *danach*. Im August wurde der Carabinieri-General Carlo Alberto Dalla Chiesa mit außerordentlichen Vollmachten ausgestattet, ein Mann, der durch seine eisenharte Hand im Kampf gegen die Mafia in Palermo, bei der Niederschlagung eines Gefängnisaufstandes und durch den zweifelhaften Einsatz von V-Leuten gegen die Roten Brigaden bekannt geworden war. Mithilfe eines solchen V-Mannes, des sogenannten ›Paters‹ Girotto, war 1974 die spektakuläre Verhaftung der Führer des historischen Kerns der Roten Brigaden, Renato Curcio und Alberto Franceschini, gelungen. Damals war Dalla Chiesa wegen dieser Methoden in der Öffentlichkeit noch stark unter Beschuß geraten. Nach Moro wurde die Arbeit der Polizei nur noch mit dem Maßstab der Effizienz beurteilt. Dalla Chiesa konnte ungestört am Aufbau einer Spezialeinheit arbeiten, die in Zivil und unter weitgehender Befreiung von bürokratischer oder richterlicher Kontrolle ihrem Handwerk nachging. Für die Presse wandelte sich Dalla Chiesas Image schlagartig von dem eines finsteren Polizeischergen zu dem eines heiligen Kämpfers gegen den Terrorismus, als einer der ihren, nämlich der Korrespondent des ›Corriere della sera‹, Walter Tobagi, in Mailand erschossen wurde (28. Mai 1980).

Nur noch die Erfolge zählten, und die konnte Dalla Chiesa aufweisen: Schon 1978 gelang es seinen Männern, die wichtigsten Organisationseinheiten *(colonne)* der Roten Brigaden in Genua und Turin durch zahlreiche Verhaftungen lahmzulegen, und schließlich wurde sogar die sogenannte *primula rossa*, der ›Kopf‹ der für die Entführung Moros verantwortlichen *colonna* in Rom, Mario Moretti, verhaftet (4. April 1981). Daß es bei solchen Erfolgen nicht ohne Zwischenfälle, wie der Tötung von vier Verdächtigen bei der Aushebung einer konspirativen Wohnung in der Via Fracchia in Genua, abging, wurde nun mit Achselzucken zur Kenntnis genommen. Genau das war das qualitativ Neue an der Zeit ›nach Moro‹: eine zunehmende Gleichgültigkeit gegenüber der Gefährdung demokratischer Grundrechte und Spielregeln, nur um endlich den Alptraum der Gewalt vom Hals zu haben.

Noch 1975 war die Verabschiedung des ersten italienischen Antiterrorgesetzes, der sogenannten *legge Reale,* erst nach heftigsten Debatten und der Androhung einer Regierungskrise gelungen. Bei einem von den Radikalen gegen dieses Gesetz angestrengten Referendum aber, das im Juni 1978, also unter dem unmittelbaren Eindruck der Moro-Entführung, stattfand, wurde es mit 76,7% der Wählerstimmen bestätigt. Noch 1977 war die *germanizzazione,* die Übernahme deutscher Methoden bei der Terrorbekämpfung, für die meisten Italiener eine scheußliche Phantasievorstellung, aber ›nach Moro‹ wurde das deutsche Vorbild eher noch übertrumpft. Durch die sogenannte *legge Cossiga* (1979) – benannt nach dem damaligen Innenminister Francesco Cossiga – wurde die polizeiliche Festnahme ohne richterlichen Haftbefehl nicht nur bestätigt, sondern auch zeitlich verlängert. Ohne Vorführung vor den Haftrichter können seitdem Verdächtige bis zu mehreren Wochen festgehalten werden. Und auch die Höchstdauer der Untersuchungshaft wurde von vier auf acht, 1980 sogar auf zehn Jahre verlängert. Auch wenn diese Bestimmungen inzwischen teilweise wieder zurückgenommen oder gemildert worden sind, haben sie doch ihre Wirkung getan, vielleicht nicht einmal so sehr bei der Bekämpfung des Terrorismus, als vielmehr bei der Abstumpfung der italienischen Öffentlichkeit gegenüber Macht- und Rechtsmißbrauch.

Zum Ende des linken Terrorismus haben die Terroristen nicht zuletzt selbst beigetragen, sowohl die in Freiheit als auch die Verhafteten. Die Roten Brigaden der ›Dritten Generation‹ nach Moro, die unter dem Erfolgsdruck der großen Aktion standen, gleichzeitig aber unter dem Ausnahmerecht und der Verfolgung durch Dalla Chiesas Polizei, schossen jetzt auf nahezu alles, was ihnen unter die Augen kam; sie begannen eine Strategie des In-die-Menge-Schießens, des *sparare nel mucchio,* was den politischen Unterschied zum rechten Terror immer mehr verblassen ließ. Eine neue Schwelle wurde überschritten, als die Roten Brigaden den kommunistischen Gewerkschaftler Guido Rossa in Genua erschossen (24. Januar 1979).

Die letzte spektakuläre Aktion der Roten Brigaden, die Entführung des amerikanischen Oberbefehlshabers der Nato-Streitkräfte Süd, weckt aus heutiger Sicht allerdings beinahe den Eindruck einer fingierten Entführung, bei der der italienische Staat selbst seine Hände im Spiel hatte; zumindest wurde sie in noch höherem Maß als im Fall Moros sofort instrumentalisiert. Der Ein-Stern-General James Lee Dozier ließ sich am 17. Dezember 1981 von einigen als Klempner verkleideten Terroristen in einem zusammenklappbaren Behältnis aus seiner Wohnung in Verona tragen und in ein ›Volksgefängnis‹ bringen. Die Aufregung in Italien, Amerika und ganz Europa war groß, wußte Dozier doch eine Menge militärischer Geheimnisse, und man malte die schlimmsten Folgen für den Bestand des westlichen Verteidigungsbündnisses an die Wand und befürchtete die schlimmsten Enthüllungen. In den zweiundvierzig Tagen der Entführung geschah aber nichts dergleichen. Nachdem sich die Entführer nur selten mit äußerst geschwätzigen, ansonsten aber vagen Mitteilungen zu Wort gemeldet hatten, ohne irgendeine konkrete Forderung zu stellen, wurde Dozier am 28. Januar, also in geziemendem Abstand zu den Weihnachtsfeiertagen, in einer Blitzaktion von einer Spezialeinheit befreit. Ohne Blutvergießen wurden auch die fünf anwesenden Brigadisten festgenommen. Mit diesem grandiosen Erfolg traten zum ersten Mal die von Dalla Chiesa nach dem Beispiel der bundesdeutschen GSG 9 und israelischen Spezialkommandos geformten NOCS *(Nuclei operativi centrali di sicurezza)*, untergeordnet Dalla Chiesas UCIGOS *(Ufficio Centrale di investigazioni generali e operazioni speciali)*, vor die Öffentlichkeit. Ganz Italien sonnte sich im Licht dieses unglaublichen Erfolges, dieser Effizienz, dieser Präzision. Auch der amerikanische Präsident schickte seine Glückwünsche und lobte die italienische Polizei, die italienische Regierung und das italienische Volk.

Kaum waren die Handschellen bei den fünf Brigadisten zugeschnappt, begannen diese – bis auf eine Ausnahme – zu ›singen‹, was das Zeug hielt. Sie konnten auf die Begünstigungen durch die im Februar 1980 als Gesetz verabschiedete Kronzeugenregelung rechnen, aber dennoch waren sie nicht die ersten aus den Reihen der Terroristen, die über persönliche Geständnisse hinaus zur Denunziation bereit waren. Schon bevor die Kronzeugenregelung auch nur als Dekret verabschiedet war, hatte zumindest Patricio Peci, wahrscheinlich auch Carlo Fioroni, Polizei und Justiz Hinweise gegeben, die zu den zahlreichen Festnahmen nach der Ermordung Moros geführt hatten. Die Kronzeugenregelung, die den Grundprinzipien des italienischen Rechtswesens mindestens ebenso widerspricht wie denen des deutschen, führte dazu, daß mit teilweise mehrfachen Morden belastete Brigadisten durch ihre Aussagen schneller freikamen als solche, die nur am Rande beteiligt waren, aber zu langjährigen Haftstrafen verurteilt wurden, weil sie zu wenig wußten.[49]

Nach der Kronzeugenregelung kam es zu einer Flut von Geständnissen und Denunziationen, die selbst die Befürworter dieser Gesetze überraschte. Es war neben den durch die Antiterrorgesetze erleichterten Polizeimaßnahmen sicherlich der *pentitismo*, der dem linken – und nur dem linken – Terrorismus in Italien den Garaus gemacht hat und ihm vor allem den allerletzten Rest an politischer Glaubwürdigkeit nahm.

Inzwischen haben auch die ›Gründer‹ der Roten Brigaden aus dem Gefängnis heraus zur Aufgabe des militärischen Kampfes aufgerufen, und selbst aus den linken Kreisen der DC hört man die Aufforderung zum Dialog. Die ›Gründerväter‹, die nicht denunziert haben, die ihre Strafe absitzen, erscheinen jetzt wie eine Art Heroen. Es verging kaum eine Woche, daß nicht Renato Curcio zu allen möglichen Fragen des politischen Lebens Interviews gab, und Alberto Franceschinis Autobiographie stand längere Zeit auf den Bestsellerlisten.[50]

Ein Begräbnis versinnbildlicht am besten die italienische Form, mit einem Terrorismus fertig zu werden, der weitaus blutiger war und das Land länger beschäftigt und tiefer getroffen hat als die Aktivitäten der RAF die Bundesrepublik: Im Juni 1988 starb bei einem Autounfall Marco Donat Cattin, der Sohn des mächtigsten Mannes in der DC Piemonts, der inzwischen – nach vielen anderen Ministerposten – in der Regierung De Mita das Amt des Gesundheitsministers innehatte. Marco war mehr als der Sohn eines hohen Tiers aus der DC. Er war einer der wichtigsten *pentiti* der Organisation *Prima Linea*, der sich, bevor es die Kronzeugenregelung gab, mit Hilfe seines Vaters ins Ausland abgesetzt hatte. Marcos Vater büßte daraufhin seinen Posten als Vizesekretär der DC ein, konnte den Autoritätsverlust aber wieder wettmachen, als sich sein Sohn der Polizei stellte und durch seine Aussagen wesentlich zur Zerstörung von *Prima Linea* beitrug. An Marcos feierlichem kirchlichen Begräbnis nahmen Hunderte von Personen teil, in vorderster Reihe führende Vertreter der DC, darunter der Vizesekretär Bodrato, der Minister Galloni und der Präsident der Regionalregierung Beltrami. In den hinteren Bänken saßen ehemalige

Militante von *Prima Linea* neben Gewerkschaftsvertretern der CISL und ehemaligen Mitgliedern von *Lotta continua*, an deren Seite Marco gestanden hatte. Von den Nachbarn, die dem Leichenzug zusahen, äußerte eine Frau gegenüber dem Reporter von ›il manifesto‹: »Er war ein guter Junge, der in eine unglückliche Geschichte hineingeraten ist, die kein Mensch richtig versteht.«[51]

Die Justiz als politischer Lückenbüßer

Mit dem Gesetz über die Kronzeugen haben Regierung und Parlament nicht nur einen gefährlichen Bruch der Grundprinzipien des Rechtswesens riskiert, sie haben – neben der faktischen – die *politische* Auseinandersetzung mit Ursachen und inneren Zusammenhängen der Jahre des Terrorismus auf die Ermittlungs- und Justizbehörden abgewälzt, auch wenn wenigstens Gesten christlicher Vergebung wie bei dem Begräbnis Marco Donat Cattins nicht fehlen. Mit einer solchen Aufgabe wäre jede Justiz der Welt überfordert gewesen, um so mehr aber die italienische, die immer noch mit Geist und Buchstaben des nur notdürftig geschönten faschistischen Strafgesetzbuchs, dem berüchtigten *codice Rocco* lebt, deren Organisation so schwerfällig und voller Falltüren ist, daß auch ›normale‹ Prozesse sich über Jahrzehnte hinziehen können. Vielleicht wäre die Aufgabe zu bewältigen gewesen, wenn nur einige wenige Terroristen sich zur Denunziation bereit erklärt hätten. Aber wie sollte eine Justiz der sintflutartigen Geständnisse widersprüchlichster Natur Herr werden, die zudem noch immer kompliziertere politische Verwicklungen erkennen ließen?

Wie aus den Aussagen der *pentiti*, den Interpretationen und Kombinationen der Ermittler und entsprechenden politischen Interessen ein Anklagegebäude werden kann, das hinterher wie ein Kartenhaus zusammenfällt, bewies der sogenannte ›Fall 7. April‹ oder auch das ›Theorem Calogero‹. Am 7. April 1979 ließ der der kommunistischen Partei nahestehende Richter Calogero aus Padua in ganz Italien mehr als hundert Personen aus dem Kreis der *Autonomia operaia* festnehmen, darunter fast den ganzen Lehrkörper des Instituts der Universität Padua, wo Toni Negri Staatsdoktrin lehrte. Pietro Calogeros Anklage lautete, Negri sei der eigentliche Kopf der Roten Brigaden;

Autonomia operaia und das öffentliche Auftreten ihrer Mitglieder, die Lehrtätigkeit Negris in Padua und an der École normale supérieure in Paris seien nur Tarnung für eine klandestine Organisation gewesen, die bewaffnete Aktionen geplant und durchgeführt habe. Die angeblich so konspirativ begabten Angeklagten ließen sich – wie im Falle Negris – vormittags um 11 Uhr auf der Treppe ihres Wohnhauses oder – wie im Fall von Mario Dalmaviva – am Stand ihres Verlages auf einer Antiquariatsmesse verhaften. Hauptstütze der Anklage im späteren Prozeß war der *pentito* Carlo Fioroni, eine schillernde Figur, dessen Aussagen sich später als weitgehend haltlos erweisen sollten.

Nicht genug damit, daß sich *ein* Richter eine so simple, scheinbar alles erklärende, nichtsdestoweniger abstruse Theorie über den Terrorismus ausdenkt – Negri wurde von einem Gericht in Rom *auch* noch der direkten Beteiligung an der Moro-Entführung angeklagt. In den folgenden Prozessen mußten die Anklagepunkte immer mehr reduziert werden. Im letztinstanzlichen Urteil des Kassationsgerichtshofes wurden im Oktober 1988 nur noch die Anklage der Bildung einer *banda armata* und *associazione sovversiva* aufrechterhalten, dafür aber immer noch die hohen Strafen, z. B. für Toni Negri von zwölf, für Oreste Scalzone von acht Jahren bestätigt. Negri allerdings war, weil ihn die Radikale Partei als Europaabgeordneten aufstellen ließ, schon 1983 freigekommen und ins Ausland geflüchtet.

Das Bedrückende, das für Italien Neue dieses Prozesses war sicher nicht, daß ein Richter eine absurde und tendenziöse Anklage konstruiert hatte, sondern vielmehr die Tatsache, daß die wenigen, die öffentlich Zweifel gegenüber Anklage und Gerichtsurteil anmeldeten, auch und gerade von kommunistischer Seite als *garantisti* bezeichnet wurden, als Leute, die es mit dem Buchstaben des Gesetzes allzu genau nehmen, und daß eine solche Bezeichnung negativ gemeint war. Pietro Calogero dagegen wurde Mitglied des *Consilio Superiore della Magistratura*, des obersten Kontrollorgans der italienischen Justiz.

Ganz anders als gegenüber dem linken, verhielten sich Polizei und Justiz gegenüber dem rechten Terrorismus. Der perfektionierte Polizeiapparat wurde nicht gegen den rechten Terrorismus eingesetzt. Unbehindert konnte weitergebombt werden. Am Samstag, den 2. August 1980, auf dem Höhepunkt des Ferienverkehrs, explodierte im Bahnhof von Bologna eine Bombe, die einen ganzen Gebäudeteil zum Einsturz brachte und fünfundachtzig Menschen das Leben kostete. Viereinhalb Jahre später, am 23. Dezember 1984, wurde wiederum die für Italien lebenswichtige Nord-Süd-Verbindung getroffen. Eine in einem Gepäcknetz des D-Zuges Neapel–Mailand deponierte Bombe explodierte in einem Tunnel kurz hinter Florenz, wobei sechzehn Menschen starben und zweihundertsiebenundsiebzig verletzt wurden.

Noch am Tag des Attentats von Bologna versammelten sich Zehntausende in der Stadt, um in einer Protestkundgebung ihrer Wut und Trauer Ausdruck zu geben. Seitdem fand jedes Jahr am 2. August eine Kundgebung auf der Piazza Maggiore statt, und es fielen immer wieder ähnliche Worte, wie sie der kommunistische Bürgermeister Renato Zangheri schon am 2. August 1980 formulierte: »Wir stehen der Logik des Terrors gegenüber, die dazu dienen soll, die Menschen davon abzuhalten, sich zu rühren, sich einzusetzen, zu kämpfen und dieses Land lebendig zu halten. Denn genau darin besteht der Unterschied Italiens zu anderen Ländern: hier ist die Demokratie lebendiger, tiefer verwurzelt... Auch Piazza Fontana, das Massaker von Brescia und im ›Italicus‹ zielten in die gleiche Richtung und sollten den Leuten sagen: ›Geht nach Hause und kümmert euch nicht um die Politik.‹« Zangheri aber forderte »Gerechtigkeit. Gerechtigkeit, weil eine solch unvorstellbar grausige Tat nicht ungestraft bleiben darf.«[52]

Diese Gerechtigkeit aber gibt es nicht, oder sie kam viel zu

Andreotti beim Prozeß von Catanzaro

spät. Über Jahre gab es nur skandalöse Prozesse und skandalöse Freisprüche, der skandalöseste war der von Catanzaro. Seit 1974 hatten die Untersuchungsrichter Stitz, Allesandrini und D'Ambrosio die ersten Beweise dafür in der Hand, daß das Bombenattentat auf der Piazza Fontana in Mailand 1969 ein Werk der Neofaschisten war. Der erste Prozeß fand jedoch erst 1977 statt, und zwar in Catanzaro, also 1200 km vom Ort des Geschehens entfernt. Die Begründung lautete, Mailand sei für einen solchen Prozeß nicht sicher genug. Unter Anklage standen die Anarchisten Valpreda und Merlino *und* die Neofaschisten Freda und Ventura, zusammen mit dem Geheimdienstagenten Giannettini. Dieser Prozeß, der durch die Gedächtnislücken und Vagheiten der als Zeugen zitierten Politiker Andreotti, Tanassi und Rumor zusätzliches Aufsehen erregte, endete mit Freisprüchen für die Anarchisten und lebenslang für die Neofaschisten, während der Geheimdienstler wegen Mangels an Beweisen freikam. In der zweiten Instanz kamen dann auch die Neofaschisten wegen Mangels an Beweisen wieder frei. Den Prozeßverlauf als Skandal zu bezeichnen, ist eher eine Untertreibung. Der Kassationsgerichtshof hat das Urteil 1982 wiederaufgehoben, und in Catanzaro begann mit neuen Angeklagten ein neuer Prozeß. Angeklagt war u. a. Stefano Delle Chiaie, der schon 1966 die Gruppe anführte, die den Studenten Paolo Rossi in der römischen Philosophiefakultät ermordete, der 1970 untertauchte und erst 1988 in Venezuela verhaftet werden konnte.

Der erstinstanzliche Prozeß wegen des Attentats von Bologna ging dagegen *schon* nach acht Jahren mit Zuchthausstrafen für die vier Hauptangeklagten zu Ende. Neu war, daß hier zum ersten Mal die Hinweise auf das Wirken der Geheimdienste nicht vertuscht, verschwiegen oder verdrängt wurden, sondern daß die Geheimdienstler Musumeci und Belmonte, ihr Verbindungsmann Pazienza und der Chef der Geheimorganisation P 2, Licio Gelli, wegen ihrer Versuche, die Ermittlungen in die falsche Richtung zu lenken, zumindest wegen ›Verleumdung‹ verurteilt wurden. Ein Hoffnungsschimmer? So jedenfalls sah es der Anwalt der Nebenkläger: »Das ist ein Ausgangspunkt. Jedenfalls ist die Verbindung von ›Angeklagten niederen Ranges‹ und ›Angeklagten höheren Ranges‹ wie Gelli und Pazienza festgehalten worden. Das ist nicht wenig. Zum ersten Mal wird in Italien diese Verbindung unterstrichen. Davon muß man ausgehen.«[53] Die Urteile wurden in der Berufungsverhandlung aufgehoben, in einem neuen Prozeß aber 1994 – 14 Jahre später! – weitgehend bestätigt.

Es wird sich jedoch kaum mehr rückgängig machen lassen, was die verschleppten Prozesse bewirkt haben, nämlich »den Leuten zu sagen, geht nach Hause und kümmert euch nicht um Politik«. Mit anderen Mitteln, auf einer anderen Ebene hat damit die Justiz das gleiche erreicht wie die Bomben.

Ähnliche Verdachtsmomente über politische Implikationen höheren Ranges, wie sie in den Prozessen um die faschistischen Attentate immer wieder auftauchten, ohne wirklich geklärt zu werden, kamen auch in den Prozessen gegen die linken Terroristen zutage. Im ersten Prozeß gegen die Moro-Entführer (inzwischen läuft der dritte) standen sechzig Mitglieder der Roten Brigaden vor dem Richter. Es gab nur vier Freisprüche, zweiunddreißigmal lebenslänglich und insgesamt drei Jahrhunderte Haft. Dennoch blieben wesentliche Details der Entführung bis heute ungeklärt oder werden sogar immer mysteriöser. So hat sich inzwischen herausgestellt, daß eine der von den Brigadisten benutzten Wohnungen, in der Via Gradoli, schon *vor* der Moro-Entführung von den Sicherheitskräften überwacht worden war. Virginio Rognoni, der nach der Moro-Entführung Innenminister wurde, erhielt schon im Sommer 1978 Hinweise auf die Via Montalcini 8, ohne daraus Konsequenzen zu ziehen. Polizei und Richter fanden die Wohnung erst viel später nach den Aussagen der Brigadisten Valerio Morucci und Adriana Faranda. Die Reste der Einbauten für das ›Volksgefängnis‹, in dem Moro gefangengehalten wurde, waren noch zu erkennen.[54]

Vor allem aber fehlen die Originale der Aufzeichnungen Moros, von denen unvollständige Abschriften in einer konspirativen Wohnung in Mailand, in der Via Montenevoso, gefunden wurden. Die dort verhafteten Brigadisten Bonisoli und Azzolini hatten aber nach eigenen Aussagen die Originale dorthin gebracht. 1990 entdeckte ein Handwerker ›zufällig‹ bei Renovierungsarbeiten die ganzen Abschriften, die explosives Material enthielten. Moro hatte in seinen Papieren die Existenz des geheimen Kommandosystems der NATO *stay behind*, in Italien *Gladio*, offengelegt, und besonders Andreotti schwer belastet. Der Fluch, den Moro aus seinem Gefängnis gegen die DC geschleudert hatte, ereilte endlich auch den alten Fuchs. Der Gefangene hatte an den Vorsitzenden Zaccagnini geschrieben: »Mein Blut wird über Euch kommen.«[55] 1993 wurde ein ›vierter‹ Mann verhaftet namens Germano Maccari, und erst jetzt entschloß sich Adriana Faranda zu dem Geständnis, daß nicht der inzwischen verurteilte Prospero Gallinari, sondern der Kopf der BR, Mario Moretti und Maccari, Moro umgebracht hatten. Diese mysteriösen Enthüllungen nähren den längst aufgekommenen Verdacht, daß im Fall Moro in- und ausländische Geheimdienste, vor allem CIA und der israelische Mossad, ihre Hand im Spiel gehabt hätten: Ja, man glaubte sogar beweisen zu können, daß Mario Moretti selbst, der die Entführung bis in alle Details bestimmte, ein Infiltrant der italienischen oder sogar ausländischer Geheimdienste sei.[56] Moretti aber sitzt seit seiner Verhaftung im Frühjahr 1981 im Gefängnis und ist inzwischen mehrfach lebenslang bestraft. Er hat sich von den Roten Brigaden nicht losgesagt und andere nicht denunziert, aber wie Renato Curcio und mit ihm zusammen hält er die Fortführung des bewaffneten Kampfes für sinnlos. Auf die Frage des ehemaligen kommunistischen Senators Sergio Flamigni, der den Fall Moro durch seine Recherchen 1988 wieder neu ins Rampenlicht gebracht hat, wo die Aufzeichnungen Moros denn wirklich geblieben seien, antwortete Moretti nur mit lautem Gelächter.[57]

Vielleicht hätte der Mann, der Moretti verhaften konnte, darüber etwas sagen können. Aber Dalla Chiesa wurde gegen seinen Willen als Präfekt nach Palermo versetzt, wo er vergebens die Zuteilung außerordentlicher Vollmachten im Kampf gegen die Mafia forderte. Vier Monate nach seiner Ernennung wurde er, am 3. September 1982, zusammen mit seiner jungen Frau, auf offener Straße erschossen.

Die Geheimloge ›Propaganda 2‹

Auch die achtziger Jahre in Italien haben ihre Sprachschöpfung, sie lautet *dietrologia* (*dietro* = hinter). Jemand, der *dietrologia* betreibt und daher ein *dietrologo* ist, versucht, hinter allem geheime Mächte, Geheimdienste, *Mafia, Camorra*, die Jesuiten, *Opus Dei* zu entdecken oder einfach eine Geheimloge wie die 1981 bekanntgewordene P2. Vielleicht werden sich alle Geheimnisse der bleiernen Jahre Italiens einmal lösen lassen, wenn sich herausstellen sollte, was die P2 *wirklich* war, denn auch ihre Aufdeckung hat viele neue Fragen aufgeworfen und nur wenige wirklich geklärt.

Klar geworden ist zumindest so viel, daß die P2 rechten *und* linken Terrorismus gleichermaßen nutzte. Hatte die Geheimloge sicher bei der Irreleitung der Ermittlungen über das Attentat von Bologna ihre Hand schon im Spiele, so gehörte während der Moro-Entführung der gesamte Krisenstab der P 2 an, und auch der General Dalla Chiesa hatte einen Aufnahmeantrag gestellt, allerdings, wie er selbst sagte, um dort zu ermitteln. Hat ihn das den Kopf gekostet?

Klar geworden ist auch, daß die Geheimloge ›Propaganda 2‹ sehr alte und ganz neue Methoden und Ziele in der italienischen Politik verband. Um Aufbau und Wirkung der Loge zu verstehen, muß man sich die Rolle der Freimaurerei in der italienischen Geschichte vergegenwärtigen. Wie in Frankreich war auch in Italien die Freimaurerei seit der napoleonischen Zeit nicht so sehr eine freigeistige als vielmehr eine politische Bewegung. Fast alle großen Gestalten des italienischen Risorgimento zählten sich voller Stolz zu den ›Brüdern‹. Auch die Loge P, die geheimste und exklusivste aller Logen, hat eine lange Tradition, die mit berühmten Namen geschmückt ist. Ihr gehörten z. B. in der zweiten Hälfte des neunzehnten Jahrhunderts sogar Ministerpräsidenten wie Crispi und Zanardelli an. Auch nach dem Zweiten Weltkrieg war es nie ein Geheimnis, daß die Freimaurerei in Politik, Wirtschaft und Gesellschaft eine einflußreiche Rolle spielt. Gerade deshalb aber schrieb die italienische Verfassung vor, daß ›bedeckte‹, also nicht öffentlich bekannte Logen wie die ›Propaganda 2‹ eben keine politischen Ziele verfolgen dürfen.

Die Aufdeckung der Geheimloge war ein Nebenprodukt der Ermittlungen zum Sindona-Skandal. Aufgrund der Aussagen des Leibarztes von Michele Sindona kamen die Mailänder Richter Turone und Colombo in geduldiger, absolut geheimgehaltener Arbeit dem großen ›Marionettenspieler‹ Licio Gelli auf die Spur. In der Biographie dieses ehemaligen Matratzenfabrikanten aus Arezzo bündeln sich alle dramatischen Momente der italienischen Geschichte seit dem Zweiten Weltkrieg zu einem einzigen schwarzen Strang. Gellis Karriere begann in der faschistischen Partei. Nach 1943 trug er in der faschistischen Republik von Salò die SS-Uniform der deutschen Beschützer, konnte aber nach dem Krieg plötzlich nachweisen, daß er den Partisanen geholfen habe. Nach einigen Jahren Auslandsaufenthalt wurde er in Rom Sekretär eines christdemokratischen Abgeordneten, knüpfte Verbindungen zu den Geheimdiensten an, auch zum Vatikan. Gleichzeitig wurde er als Freimaurer Sekretär des ›Bruders‹, der die exklusive Loge ›Propaganda‹ wieder aufbauen sollte. Gelli trat bald an deren Spitze und baute die Loge mit Hilfe geheimer Dossiers schnell zu einer potenten Organisation aus. Seine rechte Hand dabei wurde der Anwalt Umberto Ortolani, der ebenfalls beste Verbindungen zum Vatikan besaß und engster Vertrauter von Fernando Tambroni gewesen war.

Wie sich aus den in Gellis ›Villa Wanda‹ in Arezzo gefundenen Papieren sowie aus späteren Ermittlungen und Zeugenaussagen ergab, zieht sich die Spur der ›P 2‹ seit Mitte der sechziger Jahre durch nahezu alle Skandale, Putschversuche, Bombenattentate und eine Vielzahl von ungeklärten Verbrechen wie die Ermordung des Richters Vittorio Occorsio, der einige Entführungsfälle in der Toskana untersuchte, die ihn auf Gellis Spur geführt hatten. In Gellis Mitgliederlisten, die nach einigem Gerangel veröffentlicht wurden, standen 962 Namen, darunter vier Bankdirektoren, sechsunddreißig Universitätsprofessoren, und im übrigen Militärs und Politiker verschiedensten Kalibers verzeichnet. Aus den Reihen der DC fanden sich auf den Listen drei Minister, aus denen der Sozialisten prominente Köpfe der Verwaltung und aus denen der Sozialdemokraten sogar deren Parteivorsitzender Pietro Longo.

Die parlamentarische Untersuchungskommission unter Leitung der christdemokratischen Politikerin Tina Anselmi hat die Ziele und Methoden der Geheimloge erhellt und brisante Schlußfolgerungen aus diesem – bis dahin – größten Skandal der italienischen Nachkriegsgeschichte gezogen. Sie kam zu dem Schluß, es sei nicht das Ziel der Loge gewesen, selbst an die Macht zu kommen, sondern die Regierung zu kontrollieren und aus dem Hintergrund zu steuern.[58]

Deshalb spielten die Politiker nur die Rolle von Befehlsempfängern des ›großen Marionettenspielers‹. Um dieses Ziel zu erreichen, bediente sich die Loge in den frühen siebziger Jahren der Geheimdienste und der Rechtsextremisten, ohne daß es dabei ihr Ziel gewesen wäre, tatsächlich einen Staatsstreich zu verwirklichen. Es ging vielmehr darum, die ›Strategie der Spannung‹ dazu zu benutzen, den politischen und gewerkschaftlichen Forderungen der Arbeiter und Studenten wirkungsvoll zu begegnen. Nach 1975, nach dem großen Erfolg der Kommunisten und der Bildung der Regierungen der ›nationalen Solidarität‹ setzte die ›P 2‹ dann auf eine sanftere Strategie der Durchdringung des Staatsapparates und der Medien, verstanden als ›Plan der demokratischen Erneuerung‹. Sanft allerdings blieb diese Strategie, wenn überhaupt, nur bis zur Entführung Aldo Moros.

Auch die Untersuchungskommission stellte sich die Frage, wie eine so blasse Persönlichkeit wie Gelli zu solch immenser Macht aufsteigen konnte, daß hochkarätige Politiker und Generäle vor ihm kuschten. Die Antwort, die freilich nicht zu beweisen war, lautete: Gelli war nur die oberste Ebene einer ersten Pyramide, darüber erst befindet sich die eigentliche Spitze, eine Art zweite Pyramide. Aber wer dort stand oder steht, das zu beantworten überließ auch der Kommissionsbericht den Dietrologen.

Die andere Seite der Aktivitäten der ›P 2‹ hat Eugenio Scalfari, der Herausgeber der renommierten Zeitung ›la Repub-

Zwei mal Licio Gelli: Als Faschist (ohne Mütze) und mit Freund Andreotti

blica‹, wie folgt beschrieben: »Es gab im wesentlichen vier Bereiche: Schmiergelder für Geschäftsabschlüsse mit der öffentlichen Hand und der parastaatlichen Industrie, Kontrolle über Kreditvergabe der Banken, illegale Devisenexporte und Plazierung der eigenen Leute an die Spitze der entsprechenden Institutionen. Das Eingreifen der ›P 2‹ war möglich und gewinnbringend in all diesen vier Sektoren, weil die entsprechenden staatlichen Strukturen morsch waren und sind... Das System der Schmiergelder für Auftragsvergaben, Abschlüsse, Lizenzen, Autorisierungen und Hypotheken öffentlicher Kreditinstitute, für Regierungsentscheidungen über Preise, Kredite und Subventionen vollzog sich auf der Basis festgelegter Anteile am hellichten Tag.«[59]

Bei diesen Aktivitäten trafen und kreuzten sich die Interessen der ›P 2‹ mit denen einer anderen Geheimorganisation, der Mafia, die auf mindestens ebenso ehrwürdige Traditionen zurückschauen kann wie die Freimaurerei. Und aufgrund dieser Interessenüberschneidungen war die Geschichte der ›P 2‹ mit der Aufdeckung der Loge noch nicht zu Ende. Im Juni 1982 wurde in London unter der Brücke der ›Schwarzen Brüder‹ (Blackfriars Bridge) das ›P 2‹-Mitglied Roberto Calvi erhängt aufgefunden, ehemals (seit 1971) Direktor einer der größten Privatbanken Europas, des *Banco Ambrosiano.* Diese Bank – die engste Verbindungen zur Vatikanbank IOR unterhalten hatte, die wiederum der Verwicklung in internationale Waffen- und Drogengeschäfte verdächtigt wurde – machte in der Folge des Zusammenbruchs des Sindona-Imperiums – in den auch Calvi verwickelt war – bankrott: ein Bankrott, bei dem 1,2 Milliarden Dollar spurlos verschwunden waren. Den Zusammenhang zwischen ›P 2‹ und Mafia, zwischen der Korruption der Wirtschaft und der Politik der Korruption erklärte Pino Arlacchi, einer der besten Kenner der Materie, wie folgt: »Bis vor etwa fünfzehn Jahren wäre die Hypothese einer engen Verbindung zwischen Mafia-Macht und Sektoren der italienischen und internationalen Finanzwelt als reine Science-fiction erschienen... Die große Veränderung vollzog sich zu Beginn der 70er Jahre, als es vier sizilianischen Mafiafamilien gelang, einen beachtlichen Teil des gewinnbringendsten aller illegalen Geschäfte, des Drogenhandels, in die Hand zu bekommen. Die drei bis viertausend Milliarden Lire, die diese Familien dadurch zur Verfügung hatten, veränderten ihre bisherige untergeordnete Position gegenüber den skrupellosesten Lobbies in der Politik und Finanzwelt Italiens... Das Bargeld verlangte, um günstig angelegt zu werden, die

Mobilisierung höchster finanzieller Professionalität. Die fand man im System Sindona, im System Gelli-Ortolani und im System Calvi, und darüber hinaus ergab sich die Möglichkeit, durch Korruption, politischen Druck oder direkte physische Gewalt staatliche Institutionen wie die Gerichte, die Finanzpolizei, die für die Wirtschaft zuständigen Ministerien zu beeinflussen, die über die Einhaltung der Gesetze in der Wirtschaft zu wachen haben... Die Nichteinhaltung der gemachten Versprechungen hatte den Tod unter einer Brücke in London zur Folge.«[60]

Vom Ende der nationalen Solidarität zur Regierung Spadolini

Unter den Dietrologen wurde als mögliche Spitze der zweiten Pyramide immer wieder ein Name gehandelt. Noch Moros Witwe hatte unbeirrt, ohne jedoch Namen nennen zu können, in aller Öffentlichkeit vertreten, ihr Mann sei das Opfer einer Verschwörung geworden. Nun sprach Calvis Witwe den Namen aus, den viele auf den Lippen hatten: Giulio Andreotti. Selbst hochrangige Politiker wie der Sozialistenchef Craxi machten gezielte Andeutungen in diese Richtung. Solche Hypothesen haben – abgesehen von ihrem Wert im politischen Intrigenspiel des *Palazzo* – etwa den Wahrscheinlichkeitsgrad des *Theorem Calogero*, mit dem Toni Negri zum alleinigen Verantwortlichen für den linken Terrorismus gemacht werden sollte. Es wäre so einfach und bequem, einen Mann als Kopf des *paese occulto* zu finden, den alle kennen, den viele hassen und der schon häufig ins Zwielicht geraten ist. Andreotti selbst ließ sich durch solche Anschuldigungen und Andeutungen keineswegs aus der Ruhe bringen, sondern konterte mit einem für ihn typischen Argument: auch der ›Skandalismus‹ sei ein Übel, ja das eigentliche Übel, das Italiens Demokratie untergräbt. Auch der Kopf der ›ersten Pyramide‹ der P 2, Licio Gelli, gibt sich seelenruhig, seit er sich nach Flucht, Verhaftung und Ausbruch aus einem Schweizer Gefängnis (1983) freiwillig der Schweizer Polizei stellte. Seit seiner Auslieferung an Italien (1987) ließ er schon aus dem Gefängnis heraus einer interessierten Öffentlichkeit mitteilen, wie sehr er von allen Seiten hofiert werde.

Die politischen Folgen des P 2-Skandals waren nicht mehr als ein Sturm im Wasserglas. Die auf der Liste der P 2 stehenden

Militärs mußten gehen, die Geheimdienste wurden – wieder einmal – umorganisiert, und die Regierung Forlani stürzte. Nach Forlani wurde zum ersten Mal in der Nachkriegsgeschichte im Juni 1981 kein Christdemokrat, sondern der Republikaner Spadolini Regierungschef. Der – zeitweilige – Rückzug der DC von der Spitze war zwar durch den ›P2‹-Skandal veranlaßt, aber der eigentliche Wendepunkt war auch in diesem Fall der Tod Moros. Nach Moro waren die Kräfteverhältnisse zwischen und innerhalb der Parteien so nachhaltig gestört, vor allem innerhalb der beiden großen, DC und PCI, daß eine lange Regenerationsphase und die Suche nach neuen Formeln notwendig wurde. In den Mittelpunkt der Auseinandersetzungen gerieten schon bald die Wirtschaftspolitik und die Gewerkschaften als Gradmesser der neuen Machtverhältnisse.

Zufällig fanden schon wenige Tage nach der Auffindung der Leiche Moros, am 14. Juni 1978, in vielen Gemeinden Italiens Kommunalwahlen statt, deren Ergebnis als Antwort auf die neue Regierung der nationalen Einheit und als Reaktion auf das Verhalten der Parteien während der Moro-Krise gewertet wurde. Dieses Ergebnis aber war ziemlich unerwartet und vor allem ein Tiefschlag für die kommunistische Partei. Sie verlor fast 8% gegenüber den Parlamentswahlen, während die DC und vor allem der PSI zulegte. Als Bestätigung dieser Tendenz – ein Teil ihrer bisherigen Wählerschaft wandte sich offenbar von der kommunistischen Partei ab – wurde dann auch das Ergebnis der Volksbefragung über die *legge Reale* gewertet, bei der der PCI sich für die Aufrechterhaltung dieses Antiterrorgesetzes ausgesprochen hatte. Trotz des hohen Anteils von 76,7% der Stimmen für die Erhaltung des Gesetzes war rein rechnerisch klar, daß ein Teil der kommunistischen Wählerschaft gegen die Empfehlung ihrer Partei gestimmt haben mußte. Nach diesen Ergebnissen war die Regierung der ›nationalen Solidarität‹ eigentlich schon am Ende, schleppte sich aber noch eine Weile fort, bevor sie endgültig zerbrach, als der PCI gegen den Beitritt Italiens zur europäischen Währungsschlange stimmte. Die Kommunisten fürchteten die damit verbundene Spar- und Deflationspolitik und ihre Auswirkungen auf die Beschäftigungslage. So kam es nach dem Scheitern eines zehn Tage regierenden fünften Kabinetts Andreotti zum ersten Mal dazu, daß ein Nicht-Christdemokrat mit der Regierungsbildung beauftragt wurde, der Republikaner Ugo La Malfa, der, ebenso wie der sozialistische Staatspräsident, der ihn beauftragte, noch das ganze mythische Prestige der ›Gründergeneration‹ der Republik besaß. Als auch sein Versuch einer Regierungsbildung scheiterte, kam es wiederum zu Neuwahlen, unmittelbar gefolgt von den ersten Direktwahlen für das Europäische Parlament. Diese Wahlen bestätigten die herben Verluste der Kommunisten, die vorläufig dem Partito radicale zugute kamen. Die seit 1953 andauernde Tendenz einer ständigen Zunahme der kommunistischen Wählerstimmen war damit gebrochen, der große Erfolg von 1976 zunichte gemacht, das Ziel, die Teilhabe an der Regierungsmacht, auf die die Parteiführung gestarrt hatte wie das Kaninchen auf die Schlange, ferner gerückt denn je. Das aber war nur der Anfang einer Krise, aus der die Partei bis heute keinen Ausweg gefunden hat.

Aber auch die DC hatte keinen Grund, sich zu früh darüber zu freuen, daß sie ihren Prozentanteil in den Wahlen von 1979 halten konnte. Ohne den großen Vermittler, der Moro gewesen war, brachen die Flügelkämpfe mit neuer Heftigkeit aus und erst auf dem Parteitag in Rom, im Frühjahr 1980, konnte ein vorläufiges Gleichgewicht in der sogenannten Mehrheit des *preambolo* (Präambel) gefunden werden. Unter Führung von Donat-Cattin und Forlani fand sich eine Mehrheit der rechten Mitte, die in der Präambel festlegte, daß künftig ein Zusammengehen mit den Kommunisten ausgeschlossen sei. Statt dessen war jetzt die Rede von einer ›privilegierten Beziehung‹ zu den Sozialisten. Die mühsam hergestellte Einheit aber war von kurzer Dauer. Schon im Herbst stürzte die mit Republikanern und Sozialisten gebildete (zweite) Regierung Cossiga kläglich über Heckenschützen aus den eigenen Reihen, die den Modus der geheimen Wahl gnadenlos ausnützten und zu einem Alptraum der mit knappsten Mehrheiten regierenden Koalitionen wurden. Auch wenn Forlani das ganze Gewicht seiner Autorität innerhalb der Partei in die Waagschale warf – erst ein Erdölskandal, bei dem es um 2000 Milliarden Lire Steuerhinterziehung und die Verwicklung der gesamten Spitze der *Guardia di Finanza* ging, und dann noch der ›P 2‹-Skandal: das konnte auch er nicht verkraften. Die nächste, nach lediglich einmonatiger Krise gebildete Regierung brachte zwei wesentliche Neuheiten: Die erste und sichtbarste war die Person des neuen Ministerpräsidenten, des Republikaners Giovanni Spadolini, Nachfolger des inzwischen verstorbenen Ugo La Malfa; neu war auch der Eintritt der weit rechts stehenden Liberalen Partei in eine Regierung, an der auch die Sozialisten beteiligt waren.

Seit 1948 waren die Liberalen nur ein paarmal zusammen mit den Sozialdemokraten an Regierungen beteiligt. Daß es jetzt möglich wurde, über himmelweite politische Differenzen hinweg eine Regierung des *pentapartito* (fünf Parteien) zu bilden, verdankte man dem Drahtzieher im Hintergrund, dem neuen Mann der Sozialisten, Bettino Craxi. Er hielt sich freilich noch eine Weile eher bedeckt, denn vorläufig wollte er sich die Finger noch nicht schmutzig machen. Schon der auf drei Jahre konzipierte Wirtschaftsplan 1979–1981, der sogenannte Pandolfi-Plan hatte nämlich die zu hohen Lohnkosten als das Hauptproblem der italienischen Wirtschaft hervorgehoben. Voraussetzung »für ein weiteres Verbleiben Italiens im Rahmen der europäischen Wirtschaftsordnung« war dem Plan zufolge: Senkung der Staatsausgaben, Einfrieren der Reallohnkosten und höhere Arbeitsmobilität.[61] Um solche Ziele zu erreichen, mußte die Regierung die frontale Auseinandersetzung mit den Gewerkschaften wagen.

EUR-Strategie und Gewerkschaftsniederlage

In den frühen siebziger Jahren, in den Jahren nach dem ›heißen Herbst‹, war den Gewerkschaften immer wieder ›Pansyndikalismus‹ vorgeworfen worden, weil sie ihren enorm gewachsenen Einfluß in allen politischen Fragen geltend machten. In der zweiten Hälfte der siebziger Jahre aber hatten die Gewerkschaften auf ihrem ureigensten Gebiet wieder hart zu kämpfen: bei der Verteidigung der Arbeitsplätze und der hohen Löhne. Inflationsraten und steigende Arbeitslosigkeit brachten schon bald alles bisher Erreichte wieder in Gefahr. Auch die neuen betrieblichen und gewerkschaftlichen Organisationsformen, die Fabrikräte und das Delegiertensystem, waren der neuen Situation, in der mehr eine wirtschaftliche Gesamtstrategie als die Sorge um den einzelnen Betrieb gefragt war, nur unzureichend gewachsen. Mit den Worten Giorgio Boccas: die allgemeine Krise brachte die Gewerkschaften in die schwierige Lage »eines Menschen, der mit einem Fuß in zwei Schuhe schlüpfen will, in den der Klasse und in den der Regierung, in den der korporativen Interessen und den der allgemeinen. Und da die wichtigste Partei der Arbeiterklasse, die kommunistische, sich in derselben undankbaren Situation befand, verdoppelten sich die Schwierigkeiten und der Transmissionsriemen zwischen Partei und Gewerkschaften riß.«[62]

Die Vorsitzenden der drei großen Gewerkschaften in den siebziger Jahren; von links: Benvenuto, Macario und Lama

Im Gegensatz zu den meisten anderen europäischen Ländern ist es den Gewerkschaften in Italien gelungen, in den siebziger Jahren das Reallohnniveau der Arbeiter zu halten und Massenentlassungen weitgehend zu verhindern. Das wichtigste Instrument bei der Verteidigung der Reallöhne war die *scala mobile*, die Lohngleitklausel, die, in der unmittelbaren Nachkriegszeit eingerichtet, 1975 eine wichtige Neuformulierung erfuhr. Jede Steigerung des Lebenshaltungskostenindex, der von der Gewerkschaft auf der Basis eines Warenkorbs berechnet wurde (Basis August/Oktober 1974 = 100), ergab, in Prozent-Punkten zu einer festen Summe von 2389 Lire berechnet, für alle Lohn- und Gehaltsstufen gleiche vierteljährliche Lohnsteigerungen. Bei einer rasch steigenden Inflation bedeutete dies eine starke Nivellierung der Lohnunterschiede und starke relative Gewinne der unteren Lohngruppen. Die Tatsache, daß nach diesem Abkommen die Inflationsrate von durchschnittlich 9,9% in der ersten Hälfte der 70er auf 16,5% in der zweiten Hälfte des Jahrzehnts gestiegen ist, schrieben die Unternehmer eben dieser *scala mobile* und der starren Haltung der Gewerkschaften zu.

In den folgenden Jahren beschritten jedoch die Gewerkschaften einen ganz anderen Weg, der sicher nicht zufällig im Einklang mit dem Weg der kommunistischen Partei an die Macht, auf einen Dialog mit der Unternehmerseite und der Regierung zusteuerte. Ihren Namen entlehnte diese sogenannte

EUR-Strategie dem Tagungszentrum im EUR-Viertel Roms, wo 1978 der Gewerkschaftskongreß stattfand. Am Vorabend hatte der CGIL-Führer Luciano Lama mit einem aufsehenerregenden Interview die Wende eingeleitet, als er sagte: »Seit 1969 hat die Gewerkschaft ihre Karten auf die Rigidität der Arbeit gesetzt. Wir sind uns aber darüber klargeworden, daß das ökonomische System keine unabhängigen Variablen verträgt. Die Kapitalisten behaupten, daß der Profit eine unabhängige Variable ist, und gleichsam zur Vergeltung haben die Arbeiter und die Gewerkschaft in diesen Jahren daran festgehalten, daß auch der Lohn eine unabhängige Variable sei. Aber wir müssen intellektuell ehrlich sein: das war eine Dummheit, weil in einer offenen Wirtschaft die Variablen alle untereinander abhängig sind... Wir sind davon überzeugt, daß es eine selbstmörderische Politik ist, den Betrieben überflüssige Arbeitskräfte aufzuzwingen. Die italienische Wirtschaft geht allmählich in die Knie auch aufgrund dieser selbstmörderischen Politik.«[63]

Auf dem Kongreß signalisierte die Gewerkschaft denn auch die Bereitschaft, den Kündigungsschutz zu lockern, sofern die Regierung zu einer umfassenden Wirtschaftspolitik mit dem Schwerpunkt eines Programms für den Süden bereit sei. Dieses Programm war natürlich für eine Regierung »des großen historischen Kompromisses« gedacht. Weil daraus nichts wurde, wurde statt des kohärenten Wirtschaftsprogramms, das die Gewerkschaft als Grundvoraussetzung gefordert hatte, das verwirklicht, was die Unternehmer am meisten interessierte: die Durchsetzung von Massenentlassungen. Die Schlacht wurde wie üblich bei Fiat geschlagen. Im September 1980 begann in Turin einer der härtesten und mit fünfunddreißig Tagen Streikdauer auch längsten Arbeitskämpfe Italiens nach dem Zweiten Weltkrieg, der mit einem Ergebnis endete, das die Gewerkschaften als Sieg verkaufen wollten und das nicht zuletzt deshalb zu ihrer Niederlage wurde.

Der Fiat-Konzern, der nicht nur aufgrund der allgemeinen Wirtschaftssituation, sondern auch aufgrund einer verfehlten Modellpolitik in schwere Bedrängnis gekommen war, versuchte die Entlassung von 24000 Arbeitern, die Metallarbeitergewerkschaft dagegen, die Anwendung der Lohnausfallkasse und damit das grundsätzliche Recht auf Weiterbeschäftigung durchzusetzen. Nach fast einem Monat ergebnisloser Verhandlungen auf allen Ebenen – mit Regierung, Gewerkschaftsdachverbänden usw. – organisierten die Gewerkschaften sogar zum ersten Mal in ihrer Geschichte einen Generalstreik in einer Auseinan-

14. Oktober 1980 in Turin

dersetzung um einen einzelnen Konzern. Obwohl auch dieser
Generalstreik ein Erfolg war, brachte ein für die Gewerkschaften völlig unerwartetes Ereignis alles zum Einsturz. In Turin
demonstrierten im Oktober 1980 zwischen 30 000 und 40 000
sogenannte *capi*, also Vorarbeiter, Meister, Techniker und Angestellte unter der einzigen Forderung, den Streik abzubrechen.
Am nächsten Tag unterzeichneten die Gewerkschaftsvertreter
ein Abkommen, in dem die Entlassungen zwar zurückgenommen und in eine befristete Aufnahme in die Lohnausfallkasse
(cassa integrazione)[64] umgewandelt wurden, gleichzeitig jedoch
das Prinzip der ›Mobilität‹ grundsätzlich die Anerkennung der
Gewerkschaften fand. Zwar flogen den Gewerkschaftsvertretern auf den Versammlungen, wo sie dieses Abkommen den

Arbeitern zur Abstimmung vorlegten, die Fetzen um die Ohren, dennoch fand es eine knappe Zustimmung. Aber auch diejenigen, die zugestimmt hatten, taten dies nur mit zusammengebissenen Zähnen, weil jedermann richtig voraussah, daß aus der befristeten eine unbefristete Aufnahme in die *cassa integrazione* und damit faktisch Massenentlassungen werden würden.

Nun konnte und mußte die heilige Kuh der Gewerkschaften geschlachtet werden, die *scala mobile*. Je länger und je hartnäckiger die Gewerkschaften sie nach außen verteidigten, desto bitterer wurden die Konsequenzen ihres allmählichen Abbaus. Die ersten Stimmen innerhalb der Gewerkschaft, die für die Abschaffung plädierten, kamen von der CISL bzw. ihr nahestehenden Wirtschaftswissenschaftlern wie Ezio Tarantelli, der dafür von den Roten Brigaden erschossen wurde. Weil sich die CGIL jedoch immer noch heftig wehrte, begann jetzt das Gewerkschaftsbündnis auseinanderzubrechen.

Von der Regierung Spadolini vorbereitet, wurde dann unter der kurzen Regierung Fanfani ein kompliziertes Abkommen ausgehandelt − das sogenannte Scotti-Abkommen −, das als historische Wende gefeiert wurde. Es sah zwar die Kürzung der *scala mobile* um 15% und weitere 3−4% aufgrund einer Abrundung bei der Berechnung vor. Dafür aber sollte den Arbeitnehmern ein einmaliger Kaufkraftausgleich in Höhe der geschätzten Inflation gewährt werden. Einen Teil der möglichen Kaufkraftverluste für höhere Lohngruppen gedachte man durch Tarifvereinbarungen, einen Teil durch staatliche Zuschüsse und Steuernachlässe in Höhe von insgesamt 17 Milliarden Lire auszugleichen.

›Historisch‹ war dies Abkommen sicher nicht, wie erwartet, als Bremse für Inflation und Lohnkostensteigerung, wohl aber als eine erste und wirksame Bresche in der Mauer der bis dahin unantastbaren *scala mobile*. Eine Bresche, die der neue Star am politischen Himmel Italiens, der Sozialist Bettino Craxi, ohne Zögern nutzte.

Die Regierung Craxi und die Krise der Kommunistischen Partei

Nachdem die Regierung Fanfani mit dem Abschluß des Scotti-Abkommens ihren Dienst getan hatte, zogen die Sozialisten ihre Minister aus dem Kabinett zurück, und zum vierten Mal hintereinander kam es im Sommer 1983 zu Neuwahlen. Mit nur

32,9% der Stimmen fielen die Christdemokraten auf ein historisches Tief, nur noch zwei Prozentpunkte von den Kommunisten entfernt, während die Sozialisten über die Zehnprozentmarke kletterten. Die Bildung der neuen Regierung vollzog sich deshalb unter dem neuen Motto *Benedetto Bettino* (Gebenedeit seist du, Bettino. Titel eines Buches). Mit Craxi bezog zum ersten Mal in der italienischen Nachkriegsgeschichte ein Sozialist den Palazzo Chigi, den Sitz des Ministerpräsidenten.

Er repräsentierte ein neues Italien, ein Italien, das bis an die Schwelle der achtziger Jahre nahezu unbeachtet heranwuchs, eine neue Generation von Angehörigen der freien Berufe, der öffentlichen Verwaltung und Industrie, die sich nun stark genug fühlten, an die Türen der Macht zu klopfen. Craxi kam aus Mailand, aus der Hauptstadt der Wirtschaft Italiens, mag auch Rom die Hauptstadt der Verwaltung bleiben. Und Craxi stammte nicht aus der *Milano bene*, der feinen Gesellschaft, die in Mailand mit ihren Salons, ihren wenigen großen, jahrhundertealten Namen vielleicht noch exklusiver und altmodischer ist als irgendwo sonst auf der Welt. Wohl aber gehörte Craxi zu denjenigen, die einmal dort Eingang finden wollten, und er war einer der wenigen, die es geschafft hatten. Der Politiker Craxi war in der Politik Italiens ein neuer Typ, ein Mann des Apparates, kein angesehener Wirtschaftswissenschaftler, Jurist oder Philologe wie die alte politische Garde Italiens. Bevor er 1976 an die Spitze einer beinahe totgesagten Partei trat, hatte er zwanzig Jahre lang in der Mailänder Sektion der Sozialisten, seit 1970 als stellvertretender Parteisekretär, auf nationaler Ebene, Kärnerarbeit geleistet. Am 14. Juli 1976 war es dann soweit: In der sogenannten ›Midas-Verschwörung‹ (benannt nach dem römischen Hotel, in dem der sozialistische Parteitag stattfand) übernahm die Mailänder ›Bande‹ die Parteispitze, um aus dieser Partei verknöcherter Notablen, verhärteter Ideologien und politischer Subordination eine effiziente Organisation amerikanischen Stils zu machen. Die Zentrale in Rom wurde computerisiert, von Marketing-Spezialisten eine Medienstrategie entworfen, in den Medien selbst, in der parastaatlichen Industrie und in der öffentlichen Verwaltung zügig Leute plaziert, und – last not least – die innerparteiliche Opposition ausgeschaltet. Craxis Vorgehen bei diesem riskanten Unternehmen trug ihm den Vorwurf ein, er huldige dem ›Führerprinzip‹, und er mußte es sich seitdem gefallen lassen, daß er in Karikaturen nur noch mit schwarzen Stiefeln und schwarzem Hemd dargestellt wurde.

Wichtigster Punkt im neuen Regierungsprogramm war die Kürzung der *scala mobile* als Mittel zur Eindämmung der Inflation. Im Februar des folgenden Jahres erließ Craxi ein Dekret, das bei einer vorgesehenen Inflationsrate von ca. 10% die Reduzierung der *scala mobile* um drei Punkte, von 12% auf 9% vorsah. Mit diesem Dekret riskierten die Sozialisten kaltblütig das Auseinanderbrechen des Bündnisses zwischen den Gewerkschaften, denn CISL und UIL waren für bestimmte Gegenleistungen wie die Aufrechterhaltung des Mietstopps, Verzicht auf Gebührenerhöhungen usw. zur Annahme des Dekrets bereit. Innerhalb der CGIL standen die sozialistischen Gewerkschafter zwischen zwei Feuern, denn die Kommunisten hatten unnachgiebigen Widerstand angekündigt. Mehr als eine Auseinandersetzung mit den Gewerkschaften war das Dekret denn auch eine Herausforderung an die Kommunisten. Und die verspielten in dieser Auseinandersetzung ihre letzten Trümpfe.

Mit der kalkuliert angezettelten Zerreißprobe innerhalb der Gewerkschaften hatte Craxi genau das Feld für seine Auseinandersetzung mit den Kommunisten gefunden, auf dem sie am verwundbarsten und unsichersten waren. Seit es mit dem großen historischen Kompromiß nichts geworden war, schlingerten die Kommunisten gerade auf diesem Gebiet hilflos hin und her. Eben noch hatte der Kommunist Lama die neue EUR-Strategie der CGIL verkündet, da griff einer der einflußreichsten Kommunisten, Giorgio Amendola, mit einem 1979 in der ›Rinascita‹ erschienenen Artikel alle heiligen Kühe der Gewerkschaften auf einmal an. Er polemisierte nicht nur gegen die aus den Kämpfen des ›heißen Herbstes‹ hervorgegangenen Organisationsstrukturen im Betrieb, sondern stellte auch die Unantastbarkeit der *scala mobile* in Frage.

Wie zur öffentlichen Buße erschienen daraufhin während des Fiat-Streiks der Generalsekretär der Partei, Berlinguer, und der Bürgermeister von Turin höchstpersönlich vor den Fabriktoren, um dort ungefragt zu erklären, die Kommunistische Partei werde bei einer möglichen Fabrikbesetzung ganz auf der Seite der Arbeiter stehen. Als dann die Gewerkschaften nach dem Marsch der *capi* über Nacht das Abkommen mit Fiat unterzeichneten, wirkte der Versuch, dieses Abkommen als Erfolg zu verkaufen, eher peinlich.

Gegen die Kürzung der *scala mobile* setzte die Partei nun all die extremen Mittel ein, die sie — wenn diese z. B. von der Radikalen Partei benutzt worden waren — stets heftig gegeißelt hatte. Um zu verhindern, daß das Dekret zum Gesetz wurde,

griffen die Kommunisten im Parlament zum Mittel des sogenannten ›Obstruktionismus‹, d. h. zum Ausnutzen der unbe-
grenzten Redezeit, um die Frist innerhalb derer ein Dekret
Gesetz werden muß, zu überschreiten. In einem zweiten Anlauf
brachte Craxi ein zweites Dekret mit Hilfe der Vertrauensfrage,
bei der die Abstimmung nicht geheim ist, endlich durch.

Nach langem Grübeln entschloß sich die Kommunistische
Partei nun zu einer Volksbefragung. Damit aber erzielte der PCI
ein Eigentor, das in seiner Tragweite ungefähr mit dem für die
Christdemokraten bei der Frage der Ehescheidung 1974 zu vergleichen war, denn auch hier kam wieder einmal zutage, was
sich in den vergangenen Jahren draußen im Lande alles getan
hatte, ohne daß die Herren im Palazzo etwas davon bemerkt
hätten. Nicht nur, daß eine Mehrheit von 54,3% für die Erhaltung des Gesetzes und nur 45,7% dagegen gestimmt hatten, die
Hochburgen der Kommunistischen Partei im Norden hatten in
noch viel ausgeprägterem Maße gegen die Empfehlung der Partei gestimmt als der Süden.

Der Versuch des PCI, den gewandelten politischen und
gesellschaftlichen Verhältnissen Rechnung zu tragen, die Veränderungen in der Arbeitswelt angemessen zu analysieren, Partei-
nachwuchs zu gewinnen und sich programmatisch, praktisch
und personell zu regenerieren, begann sich erst Ende der achtziger Jahre als radikales Bekenntnis zum Reformismus zu kon-
kretisieren. 1981 hatte Enrico Berlinguer nach dem Militärputsch in Polen versucht, mit der endgültigen Lossagung vom
sowjetischen Modell eine programmatische Wende einzuleiten,
indem er erklärte, die Oktoberrevolution habe keine »vorwärts-
treibende Kraft« *(forza propulsiva)* mehr. Die zunächst lebhafte
und in Ansätzen auch fruchtbare Diskussion erstarrte aber in
Flügelkämpfen, deren Unversöhnlichkeit kaum mehr ver-
heimlicht wurde. Neben dem ›philosowjetischen Flügel‹ um
Armando Cossuta gab es bald eine ganze Reihe von Strömungen
von rechts wie die Gruppe um Gianfranco Borghini, die eine
Sozialdemokratisierung anstrebte, über die sogenannten ›Mig-
lioristen‹ (von: *migliorare* = bessern, also statt: Reformisten)
und ein diffuses Zentrum um Alessandro Natta und Achille
Occhetto bis hin zu den Linken um Pietro Ingrao, dessen Sozialismus immer noch keine genaue Formulierung gefunden hatte,
ebensowenig wie der viel beschworene ›dritte Weg‹.

Daß der Kommunistischen Partei keine programmatische
Erneuerung gelungen ist, hängt eng damit zusammen, daß sie
auch im politischen Alltag nicht zu einer wirksamen Opposi-

tionsrolle gefunden hat. Seit den Kommunal- und Regionalwahlen von 1975 waren für zehn Jahre, also bis weit über das
Scheitern des historischen Kompromisses auf Landesebene hinaus, wichtige Großstädte und Regionen in der Hand von Links-
regierungen. Angesehene Persönlichkeiten wie Carlo Argan in
Rom, Diego Novelli in Turin und Maurizio Valenzi in Neapel
traten ihre Ämter mit dem Versprechen an, wenigstens auf
kommunaler Ebene wenn schon keine sozialistische, so doch
wenigstens eine modern-effiziente Politik zu betreiben, vor
allem aber eine Politik der *mani pulite*. Genau dies ist aber nicht
gelungen. Obwohl Männer wie Novelli nach wie vor höchstes
Ansehen genießen, vermochten linke Gemeinderegierungen
nicht zu verhindern, daß »die organisierte Kriminalität in geradezu unvorstellbarem Ausmaß zunehmen konnte, daß *Mafia*,
Camorra und *'ndrangheta* nicht nur in ihren angestammten
Regionen (Westsizilien, Neapel, Kalabrien) ihre Umsätze auf
viele Milliarden Dollar jährlich vervielfachen, sondern sich
auch in den Metropolen des Nordens ausbreiten konnten, daß
die bislang nur für Sizilien typische Verfilzung von Politik und
Untergrundgeschäft nun nahezu überall in Italien ungehemmt
wuchern konnte. Auch wenn in die bis heute bekannten Skandale nur wenige und meist nur örtlich bedeutsame PCI-Politi-
ker und -Geschäftsleute verwickelt sind: das Fehlen der Kontrolle durch eine kräftige Opposition wirkte sich allenthalben
aus.«[65] Durch die Kommunal-, Provinz- und Regionalregie-
rungen wurde die Kommunistische Partei zwangsläufig in das
System der *lottizzazione*, des Parteienproporzes, in wichtigen
enti pubblici hineingezogen. An der Leitung der wegen ihrer
Mißwirtschaft besonders berüchtigten lokalen Gesundheitsein-
richtungen USL *(Unità sanitaria locale)* war der PCI z. B. ebenso
beteiligt wie die Sozialisten, und die kommunistischen USL-
Präsidenten hoben sich nicht aus dem grauen Einerlei von Ver-
schwendung, Korruption und Ignoranz ab, das das italienische
Gesundheitswesen praktisch funktionsuntüchtig gemacht hat.[66]
Das dritte staatliche Fernsehprogramm wurde ebenso selbstverständlich als Domäne der Kommunisten angesehen, wie das
zweite sozialistisch und das erste christdemokratisch war.

Auch auf parlamentarischer Ebene blieb der PCI in trans-
formistische Mechanismen verwickelt. Nachdem Pietro Ingrao
seit 1976 Präsident der Kammer war, übernahm 1979 eine der
wenigen einflußreichen Frauen in der Partei, Nilde Iotti, diesen
Posten, dem aufgrund seiner Rolle bei der Vorbereitung und
Gestaltung der Parlamentsarbeit große Bedeutung zukommt.

Durch die gesetzgeberischen Kompetenzen der parlamentarischen Kommissionen und den – inzwischen abgeschafften – geheimen Abstimmungsmodus nahmen die Kommunisten weiterhin an diesem ›konsoziativen System‹ teil, aus dem heraus eine glaubwürdige und effektive Opposition nicht zu bewerkstelligen war. 1984 rettete sich der damalige Außenminister Andreotti vor der Absetzung, die von den Radikalen wegen seiner Verwicklung in den Sindona-Skandal verlangt worden war, nur durch die Stimmenthaltung der Kommunisten. Und die von Heckenschützen der Regierungskoalition heftig attackierte Steuerreform des republikanischen Finanzministers Visentini nahm ebenfalls nur durch kommunistische Stimmenthaltung im Januar 1985 die parlamentarische Hürde.

Schon bevor er den aufmüpfigen Gewerkschaften wirkungsvoll die Knute gezeigt hatte, konnte Craxi im Februar 1984 einen zweiten historischen Erfolg für die Sozialisten verbuchen. Unter seiner Ägide wurde das seit Jahren verhandelte neue Konkordat, das die leidigen Lateranverträge aus Mussolinis Zeiten ersetzen sollte, unterzeichnet. Damit war die Trennung zwischen Kirche und Staat endlich besiegelt und die letzte Hürde einer Annäherung zwischen pragmatischen Christen und sozialistischen Pragmatikern gefallen. Auf dieser Basis führte Craxi eine der ruhigsten Legislaturperioden in der Nachkriegsgeschichte und trat mit bühnenreifer Geste erst kurz vor ihrem Ende zurück, weil er sich weigerte, die mit der DC vereinbarte turnusmäßige Übergabe der Regierungsspitze an die DC zu vollziehen. Damit bewies er, daß er nicht nur ein neuer Mann mit neuen Methoden war, sondern auch die alten Methoden mindestens genauso, wenn nicht besser beherrschte als die angestammte Regierungspartei selbst. Genüßlich konnte er zusehen, wie das DC-Minderheitskabinett unter Fanfani schon nach nur vier Wochen Opfer eines Mißtrauensvotums wurde. Damit war zum wiederholten Male bestätigt, daß, wie Craxi es formulierte: dieses »Land unregierbar und in der Hand von pressure groups« sei.[67] Als neues großes Thema für die kommende Legislaturperiode stand somit die Reform von Parlament und Wahlmodus auf der Tagesordnung.

Und noch ein zweites großes Thema rissen die Sozialisten an sich, bevor die anderen traditionellen Parteien überhaupt die Tragweite des Problems erkannt hatten: die Ökologie und die Atomproblematik. An der Frage der Zulässigkeit und der Formulierung einer Reihe von Referenden, die von Radikalen und linken Gruppierungen initiiert waren, war die 2. Regierung

Craxi gescheitert. Kern der Referenden war die friedliche Nutzung von Kernenergie nach Tschernobyl. Ohne große Vorbereitung und theoretische Begründung hielten die Sozialisten den Finger an den Puls der Zeit und brachten vom Parteitag der deutschen Sozialdemokraten in Nürnberg 1987 die Neuigkeit mit, daß man gegen die Atomkraft sein müsse. Die Kommunisten dagegen quälten sich mit dem Erhalt der Arbeitsplätze, mit der Energiesicherung und fanden zu überhaupt keiner Entscheidung. Die schließlich im November 1987 abgehaltene Volksbefragung ließ das traditionelle System der Parteien wieder einmal erzittern. Mit Prozentanteilen von über 70% wurde in allen Referenden der Atomenergie eine Abfuhr erteilt, allerdings lag die Wahlbeteiligung mit nur 65,2% für italienische Verhältnisse extrem tief, was sofort zu heftigen Diskussionen führte und ein weiteres Steinchen zum Mosaik einer künftigen ›Reform der Institutionen‹ beitrug.

Daß auch in Italien – an der Schwerfälligkeit der etablierten Parteien vorbei – das Ökologieproblem wachsende Aufmerksamkeit bei den Wählern gewann, hatten im übrigen schon die Wahlen im Juni 1987 bewiesen, bei denen eine noch sehr unorganisierte, aus den verschiedensten Bewegungen, Einzelpersönlichkeiten und Grüppchen zusammengeschlossene Gruppierung von ›Grünen‹ auf Anhieb 2,5% errang.

Das zweite aufsehenerregende Ergebnis dieser Wahlen war der neuerliche starke Verlust der Kommunisten, die von 29,9 auf 26,6% zurückfielen, und der gleichzeitige Gewinn der Sozialisten, die von 11,4 auf 14,3% kletterten. Hatte die zweite Europawahl von 1985 mit dem *sorpasso* der Kommunisten gegenüber den Christdemokraten dem PCI noch einen Hoffnungsschimmer belassen, so war es damit nun endgültig aus. Die Christdemokraten konnten zwar auch nur 34,3% der Stimmen ergattern (1983: 32,9%), aber der Abstand zwischen den beiden Parteien hatte sich wieder vergrößert. Auch der Anspruch des PCI, die führende Kraft der Linken zu sein, verlor nicht nur inhaltlich, sondern auch zahlenmäßig an Glaubwürdigkeit. Dabei war es das paradoxe Ergebnis dieser Wahlen, daß die *alternativa di sinistra* durch die ›Grünen‹ nun zum ersten Male sogar ohne Beteiligung der Republikaner möglich gewesen wäre. Aber da die Kommunisten seit 1968 allen links ihrer eigenen Partei stehenden Ansätzen eine Abfuhr erteilt hatten, war es dafür nun zu spät, zumal für die alte Fünferkoalition eine satte Mehrheit von 57% herausgekommen war.

Der Anfang vom Ende: Vom PCI zum PDS, das Triumvirat
Craxi-Andreotti-Forlani und die ersten Erfolge der Lega

Die Krise der Kommunistischen Partei kommentierte Andreotti mit einer seiner subtilen Bosheiten, die sofort zu einem geflügelten Wort wurden: »*Il potere logora chi non ce l'ha*« (Die Macht verschleißt den, der sie nicht hat). Während sich die Inhaber der Macht in Sicherheit wiegten, suchte der PCI unter Qualen nach einem Neuanfang.

Im Juni 1988 trat der kommunistische Parteivorsitzende Alessandro Natta zurück. Er genoß als Altphilologe großes Ansehen in Fachkreisen, aber als Generalsekretär der größten kommunistischen Partei der westlichen Welt war er glücklos geblieben. An seine Stelle trat ein bis dahin außerhalb der Partei wenig bekannter Funktionär namens Achille Occhetto, der sich in seinem Outfit durch eine Kombination von Stalinbärtchen und der winzigen Brille Gramscis auszeichnete und bald den Spitznamen »*baffino*« hatte (kleiner Schnauzer, im Gegensatz zum *baffone* Stalin). Kaum jemand traute es ihm zu, daß er seiner fast schon tot geglaubten Partei wieder neuen Schwung geben könnte. Aber Occhetto war sich schon vor dem Fall der Berliner Mauer über die weltweiten Auswirkungen des Wandels in der Sowjetunion im klaren, und er ging daran, eine radikale reformistische Wende seiner Partei einzuleiten. In atemberaubendem Tempo und sozusagen aus dem Stand warfen die Kommunisten auf dem Parteitag 1989 in Rom alles ab, was mit dem Begriff Kommunismus in Verbindung zu bringen ist, und bemächtigten sich nahezu aller Themen, die in dem Spektrum zwischen Sozialdemokratie, Umweltschützern, Bürgerinitiativen und linken Grüppchen gerade in Diskussion waren: Umwelt, Frauen, Menschenrechte, Basisdemokratie usw. Im Vorfeld der Zweihundert-Jahr-Feiern der Französischen Revolution erklärte Occhetto kurzerhand, seine Partei knüpfe an die Tradition der Menschenrechtserklärung an, nicht an die der Jakobiner. Auf einem erneuten Parteitag kaum ein Jahr später sollte diese Linie zur tatsächlichen Auflösung des PCI und zum Beginn einer »konstituierenden Phase« für eine neue Partei der Linken führen, die allen, vom linken Katholizismus bis zu den Grünen offenstünde. Vor diesem Kongreß, der im März in Bologna stattfand, kam es zum ersten Mal in der Geschichte des PCI in aller Öffentlichkeit zu erbitterten Debatten über die Vorlage des Vorstandes, und auf dem Parteitag lagen schließlich zwei weitere Vorschläge vor. Der eine trug die Unterschriften des Parteilinken Pietro Ingrao und Alessandro Nattas und forderte, den Ausweg aus der Krise des Kommunismus nach »links« zu suchen, Parteisymbol und Namen aufrechtzuerhalten. Die zweite Vorlage stammte von der Rechten um Armando Cossutta und lehnte überhaupt jede Änderung ab. Auf dem Parteitag setzte sich Occhetto schließlich mit 67 Prozent der Delegiertenstimmen durch, Ingrao aber erhielt 30 Prozent und Cossutta 3. Occhetto hatte am Ende Tränen in den Augen und Ingrao umarmte ihn demonstrativ auf dem Podium. Von nun an nannte sich die Partei etwas hilflos selbst nur noch *la cosa*, die Sache. Im Oktober gab dann Occhetto der Sache endlich Namen und Gesicht: Aus der Kommunistischen Partei wurde die »Partei der Demokratischen Linken« *(Partito democratico della sinistra)*, und Hammer und Sichel rutschten an den Fuß einer grünen Eiche. Doch das, was Occhetto erhofft hatte, kam nicht in Gang. Weder linkskatholische Gruppierungen noch Grüne, Radikale oder gar PSI wollten ihre eifersüchtig gehütete Eigenständigkeit aufgeben und sich der großen linken Sammlungsbewegung anschließen. Stattdessen spaltete sich unter Armando Cossutta als *»Rifondazione comunista«* die Gruppe derjenigen ab, die alles beim Alten lassen wollten. Bei den folgenden Wahlen zeigte sich, daß ihnen auch ein fester Stamm von fünf Prozent der Wählerstimmen gefolgt war. Schmerzlicher noch für das Selbstverständnis all derer, die den Weg der Kommunisten seit Kriegsende mitgegangen waren, war der Austritt Pietro Ingraos nach langen — anders als früher — auch in der Öffentlichkeit geführten Debatten. Ingrao hatte der neuen Führung vorgeworfen, statt Inhalte zu diskutieren, zu sehr auf den Zugang zur Macht zu schielen.

Die Nabelschau des PDS gab den rechten Kräften in DC und PSI Gelegenheit, ungestört auch in den eigenen Reihen aufzuräumen. Mit dem 44-jährigen Giovanni Goria gab man der jüngeren Generation der DC die Gelegenheit, im Kampf der *correnti* (Strömungen) bald ganz alt auszusehen. Im Laufe seiner insgesamt 227 Tage dauernden Regierungszeit reichte Goria dreimal den Rücktritt ein und wurde dreimal vom Staatspräsidenten Cossiga mit der Aufforderung an seinen Posten zurückgeschickt, wenigstens den Haushalt verabschieden zu lassen. Als dies endlich gelungen war, trat er im März 1988 entnervt zurück. Dann war die Reihe am linken Flügel der DC unter der Führung des Vorsitzenden De Mita, der — gegen die innerparteilichen Regeln der DC — auch den Ministerpräsidentensessel einnahm. Auf einem der turbulentesten Parteitage der DC im Februar 1989 verlor er dafür den Vorsitz der Partei an Arnaldo Forlani, und damit ging die seit 1976 dauernde Ära der Führung der Parteilinken zu Ende. Obwohl diese Niederlage für De Mita mit der Präsidentschaft der Partei versüßt wurde, galt sie ganz allgemein als Vorspiel für das Ende seiner Regierung. Deshalb hob sich auch keine rettende Hand, als die Sozialisten den Ausschluß des PSI aus der Anti-Mafia-Koalition des palermitanischen Bürgermeisters Leoluca Orlando zum Anlaß nahmen, De Mita ihre Unterstützung zu entziehen.

In dem nun folgenden Handgemenge um die Regierungsbildung konnte sich Craxi mit seinen Anspüchen zwar nicht durchsetzen, aber das Ergebnis blieb doch ganz im Rahmen des Altbekannten. Kein geringerer als Giulio Andreotti schaffte es schließlich, eine Regierung (seine sechste) zu bilden. Eigentlich hatte Craxi gehofft, daß »auch diesem alten Fuchs einmal das Fell abgezogen« werde, aber das Bündnis zweier alter Füchse schien doch noch das Sicherste. Unter Einbeziehung eines dritten alten Fuchses, des christdemokratischen Parteisekretärs Forlani, nahm das Dreigestirn Craxi – Andreotti – Forlani mit der üblichen Fünferkoalition als Anhang Gestalt an. Bald nur noch unter der Abkürzung »Caf« bekannt, vereinigte es ein Maximum an Sachverstand über die Geheimnisse der römischen Palazzi mit einem Minimum an programmatischer Gemeinsamkeit. Die ehrwürdige Tradition, auf die sich diese 49. Regierung der Nachkriegszeit berufen konnte, charakterisierte der junge radikale Abgeordnete Francesco Rutelli damit, daß er aufzählte, wer in den Ländern der westlichen Welt siebzehn Jahre früher regiert hatte. Alle waren längst abgetreten und fast vergessen, nur in Italien war Andreotti einst und jetzt Ministerpräsident und Forlani Generalsekretär der DC.[68]

Das Caf wurde von seinen Gegnern als »Regime« tituliert und damit in die Nähe eines neuen Faschismus gerückt. Das Caf dagegen sah sich von einem *partito trasversale* verfolgt, einem Bündnis quer zu den bestehenden Parteien unter der Führung des Herausgebers der linksliberalen Tageszeitung *La repubblica*, Eugenio Scalfari. In dem so aufgeheizten Klima wurden erbitterte Grundsatzdebatten mit mageren konkreten Ergebnissen geführt. Immerhin aber schälte sich deutlich heraus, daß der eigentliche starke Mann dieser Regierung nicht der Ministerpräsident, sondern Craxi war, der selbst gar kein Ministeramt innehatte. Den Sozialisten gelang es, ihre Themen und ihre Lösungen durchzusetzen. Dazu gehörte eine publikumswirksame Verschärfung des Drogengesetzes und die Frage der illegalen Einwanderer.

In Italien gibt es zwar mit etwa 900 000 *extracomunitari* vergleichsweise nur wenige Ausländer, sie leben aber in der Regel völlig illegal unter den unwürdigsten Umständen. Am meisten fallen die sogenannten *»vu'comprà«* (willst kaufen?) ins Auge, die afrikanischen ambulanten Verkäufer, die Strände und Bahnhöfe bevölkern. Die große Masse der Ausländer aber sind billige Arbeitskräfte bei der Obst- und Gemüseernte und auf den Fischkuttern des Südens, in den Häfen, im Hotel- und Gaststätten- und Baugewerbe im ganzen Land, ohne deren Beitrag das ›Modell Italien‹ längst nicht mehr funktionieren würde. Angst vor wachsender Kriminalität auf der einen und auf der anderen Seite sich häufende Fälle von brutalen fremdenfeindlichen Übergriffen spalteten die Öffentlichkeit und die Parteien der Koalition in zwei Lager. Das von dem sozialistischen stellvertretenden Ministerpräsidenten Claudio Martelli eingebrachte Gesetz versuchte einen unmöglichen Spagat. Den bereits in Italien lebenden Ausländern wurde eine Aufenthaltserlaubnis versprochen, für die Zukunft eine Quotenregelung der Einwanderung in Aussicht genommen. Die an der Regierung beteiligten Republikaner stimmten gegen das Gesetz, das stattdessen mit Hilfe der Kommunisten durchgebracht wurde. Nur ein verschwindend geringer Prozentsatz der in Italien vermuteten Ausländer nahm jedoch in der gesetzten Frist die Möglichkeit wahr, aus der Illegalität herauszutreten. Wohl einfach deshalb, weil die Ausländer gar nichts davon erfuhren. Nur wenige teils kirchliche, teils linke Organisationen waren in der Lage und willens, sie in ihren Verstecken aufzusuchen, um ihnen die frohe Botschaft zu überbringen. Von der anvisierten grundsätzlichen Regelung des Einwanderungsproblems verlautete kein Wort mehr. Wie wenig vorbereitet, aber auch wie wenig willens Polizei und Behörden waren, mit dem absehbaren Ansturm von Einwanderern umzugehen, zeigte das brutale Vorgehen gegen die mit Flüchtlingen überladenen Schiffe aus Albanien im Spätsommer 1992. Die Bilder, die damals um die Welt gingen, haben den Ruf Italiens als eines Landes der Toleranz und Integrationsfähigkeit nachhaltig geschädigt.

Zur endgültigen Zerreißprobe der Koalition wurde das Gesetz über die Regelung der Fernsehlandschaft, die sich bis dahin völlig wildwüchsig entwickelt hatte. Das Vorhaben aus dem Jahre 1988 trug den Namen des alten und neuen Post- und Telekommunikationsministers, des Republikaners Oskar

Mammì. In den zwei Jahren seines Verweilens in parlamentarischen Kommissionen hatte der Gesetzentwurf aber ganz und gar die Handschrift der Sozialisten angenommen und war dem großen Craxi-Freund Silvio Berlusconi auf den Leib geschneidert. Neben »*Mamma RAI*«, dem staatlichen Fernsehen mit seinen drei Programmen, sollte für die privaten Anbieter, die über ein nationales Programm verfügten, 25 % der Sendefrequenzen vorbehalten sein. In Frage kam dafür nur Silvio Berlusconi, der König des Game-Show- und Seifenopernfernsehens mit seinen drei Programmen *Canale 5*, *Retequattro* und *Italia 1*. Was ihm bisher noch fehlte, wurde ihm nun zu Füßen gelegt, nämlich die Erlaubnis, Live- und Nachrichtensendungen auszustrahlen. Auch die letzte Einschränkung der Medienmacht Berlusconis, nämlich das Verbot, gleichzeitig überlokale Print-Medien zu besitzen, verwässerte sich in den vorbereitenden Ausschußsitzungen bis zur Unkenntlichkeit. Stattdessen wurde die Sendemöglichkeit für lokale Programmanbieter drastisch eingeschränkt. Das Gesetz kam in der Form durch, die Mammì nicht mehr als die seine ansah, war aber trotzdem der Auslöser für das Auseinanderplatzen der Regierung und der Koalition. Die Minister der DC-Linken traten zurück. Sie waren zwar noch zu ersetzen, die Republikaner aber verweigerten sich endgültig, und so dümpelte die siebte Regierung Andreotti ihrem Ende entgegen. Das Ende des Caf, von dem man geglaubt hatte, es sei für die Ewigkeit gemacht, war nach nur zwei Jahren absehbar.

Am 12. April 1991 erhielt die siebte Regierung Andreotti das Vertrauen des Parlaments, ein Jahr später, am 5. April 1992 ließen Neuwahlen die etablierten Parteien erzittern. Schon vorher gab es jedoch längst Zeichen für die Wut der Wähler, denen es nur noch darauf ankam, ›denen da oben‹ eins auszuwischen. Ausgerechnet der Christdemokrat Mario Segni aus dem innersten Zirkel der Macht half dieser Wut zum Ausdruck.

Segnis Rolle innerhalb der DC hatte sich bis zum Ende der achtziger Jahre lediglich auf eine solide, von seinem Vater, dem ehemaligen Staatspräsidenten Antonio Segni, ›ererbte‹ Basis von Wählerstimmen im heimatlichen Sardinien gestützt. Segni junior war fast nur in Sardinien und innerhalb der DC bekannt als strammer Antikommunist und Gegner jeder Form eines »historischen Kompromisses«. Die endgültige Abwendung dieser Gefahr stand denn auch 1990 als Ziel hinter der Vorlage mehrerer Referenden zur Einführung des Mehrheitswahlrechts. War es zunächst eine Sensation und eigentlich eine Absurdität, daß ausgerechnet aus den Reihen der Regierungspartei selbst ein Referendum kam, so schien sich die Sache bald von selbst zu erledigen, weil der Verfassungsgerichtshof zwei der drei vorgeschlagenen Referenden für ungültig erklärte. Übrig blieb nur noch der unwichtigste Teil, nämlich die Reduzierung der sogenannten *voti di preferenza* auf eine einzige. Bis dahin konnte der Wähler für die Abgeordnetenkammer bis zu drei Präferenzen auf seinen Wahlzettel schreiben. Diese Möglichkeit hatte, so die allgemeine Meinung, nach dem System »Ich geb' Dir eine Stimme von mir, Du gibst mir eine Stimme von Dir« zur Wahl von Seilschaften beigetragen. Auf der anderen Seite war es für Kandidaten, die sich besonders für die Interessen ihres Wahlkreises einsetzten, aber nicht die richtigen Beziehungen nach Rom hatten, mit Hilfe der Präferenzstimmen möglich, sich einen Platz im Parlament zu erobern. Obwohl also gerade in diesem Punkt die Folgen einer Abschaffung des Bestehenden keineswegs eindeutig waren, wurde das Referendum zum Sprengsatz für die politische Landschaft Italiens. Von den Regierungsparteien wetterte Craxi am lautesten gegen das Referendum. Für den Tag der Abstimmung, den 9. Juni 1991, forderte er alle Wahlberechtigten zu einem Ausflug ans Meer auf. Er fand einen merkwürdigen Verbündeten im neuen enfant terrible der politischen Szene, Umberto Bossi mit seiner Lega Lombarda. Von den Christdemokraten hatte zunächst der linke Flügel Segni unterstützt, sich dann aber ängstlich zurückgezogen. Die inzwischen als PDS *(Partito Democratico della Sinistra)* gewendeten Kommunisten waren gespalten, aber ihr Generalsekretär Achille Occhetto stand – neben dem ehemaligen Postminister der Republikaner Oskar Mammì – auf der Seite der Befürworter des Referendums. Die herablassende Verachtung der Gegner stützte sich auf die Hoffnung, daß der Volksentscheid – wie 1990 für das Verbot der Jagd und des Einsatzes von Pestiziden – nicht die erforderliche Wahlbeteiligung erreichen würde. Man glaubte, die Italiener seien der außerplanmäßigen Urnengänge müde. Aber sie waren es nicht und gaben eine eindeutige Antwort: 95,6% der 62,5% Wahlberechtigten, die nicht ans Meer gefahren waren, stimmten für die Reduzierung der Präferenzstimmen.

Der Ausgang des Referendums wurde ganz allgemein nicht so sehr als eine Entscheidung in der Sache, sondern vielmehr als eine schallende Ohrfeige für die Gesamtheit der etablierten Parteien gewertet. Zum Sprachrohr der gereizten, aber widersprüchlichen Stimmungslage der Nation machte sich immer unüberhörbarer ein Mann, der wohl am wenigsten dazu berufen schien: der Staatspräsident Francesco Cossiga. Seit seiner Wahl 1985 hatte er sein Amt korrekt und völlig zurückhaltend bekleidet. Urplötzlich begann er seit dem Frühjahr 1990, Politiker fast jeder Couleur – mit Ausnahme von Andreotti und Craxi – auf beleidigendste Weise zu attackieren. Aus seiner ehemals eigenen Partei, der DC, nannte er quer durch die *correnti* De Mita einen »Lügner und Prahlhans, einen ganz gewöhnlichen Provinz-Boss«, den Minister Paolo Cirino Pomicino einen »Analphabeten« und dessen Kollegen Gava gar einen *»camorrista«*. Völlig zügellos ergoß sich Cossigas Gift über die kleineren Regierungsparteien und die Opposition: Giorgio La Malfa von den Republikanern schalt er den »scham- und zügellosen Sohn eines Gentleman«, und Leoluca Orlando, den Bürgermeister von Palermo einen »armen Kerl, der auf die schiefe Bahn geraten ist«. Unübertroffen war Cossigas Charakterisierung des Generalsekretärs des PDS als »Zombie mit Schnauzer«. Dieser Hieb saß, und seine Spuren waren nicht mehr zu beseitigen.

Unter normalen politischen Bedingungen hätte man angesichts solcher Äußerungen eines Staatsoberhaupts rasch nach dem Arzt gerufen, um dem Mann wegen galoppierender Arterienverkalkung den Rücktritt nahezulegen. Aber in Italien war eine solche Form kühler und entschlossener Reaktion längst nicht mehr möglich. Cossiga erhielt zwar schnell das Etikett *»picconatore«* (der Mann mit dem Eispickel) oder *»esternatore«* ([Ent-]Äußerer), aber man nahm seine Äußerungen doch insoweit ernst, als man – nicht zuletzt aufgrund seiner besonders intimen Kenntnis der Geheimdienste – geheime Manöver vermutete.

Ob überhaupt und wenn ja, welche geheimen Ziele Cossiga mit seinen Äußerungen im Auge hatte, wurde nicht deutlich, denn immer mehr mußte er sich auf die Verteidigung seiner selbst konzentrieren. Mit stolzer Borniertheit behauptete er die Rechtmäßigkeit der in Italien als *»Gladio«* bezeichneten geheimen Kommandostruktur der Nato *»Stay Behind«*. Aufgrund der Ermittlungen des venezianischen Staatsanwaltes Felice Casson hatte Andreotti im Sommer 1990 die Existenz dieser Struktur in Europa enthüllen und auch zugeben müssen, daß *»Gladio«* in Italien weiterbestand, obwohl es von der Nato längst aufgelöst war. Der Staatsanwalt ermittelte unter dem Verdacht, daß diese von der Nato nicht mehr gedeckten geheimen Abwehrmechanismen gegen kommunistische Invasionen aller Art zur Destabilisierung des Landes durch Attentate beigetragen habe. Während Andreotti sich beeilte, *»Gladio«* sang- und klanglos aufzulösen, verteidigte Cossiga verbissen dessen Rolle zur Verteidigung des Vaterlandes und verstrickte sich gleichzeitig immer tiefer und erfolgloser in Grabenkämpfe mit dem Selbstverwaltungsorgan der Justiz, dem *»Consiglio Superiore di Magistratura«* (CSM). Ebenso auftrumpfend und nicht minder hohl wie Cossiga selbst war die Reaktion der Opposition. Der Radikale Marco Pannella drohte mit einem – in der italienischen Verfassung überhaupt nicht vorgesehenen – *impeachment.* Der PDS ließ sich sofort vom bedeutungsschwangeren Wohlklang des Englischen begeistern und übernahm die Forderung.

Mit einer wirkungsvollen Geste trat Cossiga am 25. April 1992 drei Monate vor Ablauf seiner Amtszeit freiwillig zurück. In einer dreiviertelstündigen, von allen Fernsehsendern übertragenen Rede schien er beweisen zu wollen, daß er seinen Verstand entweder nie ganz verloren, oder ihn jedenfalls teilweise wiedergefunden hatte. Als Begründung für seinen Rücktritt nannte Cossiga das Bedürfnis nach einem starken, allgemein anerkannten Präsidenten angesichts der schweren politischen und institutionellen Krise des Landes. Cossiga sprach aus, was immer noch nicht alle wahrhaben wollten: *Die* Krise war da; nicht mehr nur eine der gewöhnlichen, unzähligen Krisen, die durch eine neue Regierung mit den alten Ministern kaschiert, die durch Pöstchenverschieben und allerlei Wahlgeschenke schnell beigelegt werden konnte, sondern der drohende Zusammenbruch des ganzen Systems der *partitocrazia.*

Die Wahlen vom 5. April 1992 brachten zum ersten Mal seit dem Zweiten Weltkrieg keine Mehrheit für die Christdemokraten und ihre Regierungsverbündeten, die insgesamt 4,9 Prozente verloren und nur noch über 48,7 Prozent verfügten. Die schlimmsten Verluste erlitt die DC, die unter die 30 Prozent-Grenze absank. Die Wähler wandten sich jedoch nicht der etablierten Opposition und den alten kleinen Parteien zu. Auch der PDS erhielt eine drastische Abfuhr und mußte sich mit mageren 15,9 Prozent in der Abgeordnetenkammer begnügen. Sogar wenn man die 5,4 Prozent der altkommunistischen Abspaltung *Rifondazione Comunista* dazu rechnete, blieb die alte Linke weit unter den damals als Niederlage betrachteten 26,6 Prozent von 1987.

Die längst vorhersehbare und dann tatsächlich eingetretene Sensation der Wahlen war das triumphale Abschneiden der Lega Nord mit landesweit 8,8 Prozent. Im Norden erreichte sie in der Lombardei, in Piemont, Ligurien und Venetien zwischen 13 und 18 Prozent. 1987 hatte die Lega in Parlament und Senat jeweils einen Sitz erringen können, 1992 waren es im Parlament 56 und im Senat 26. Auch jenseits des Po, in der Emilia konnte die Lega Stimmen gewinnen, aber schon in der Toskana blieb sie bei unter drei Prozent hängen. Trotz des Triumphes wurde eines klar: Der Lega war ihr Versuch mißlungen, im Süden Fuß zu fassen. Im Norden verfügte die Regierungskoalition nurmehr über jämmerliche 39,7 Prozent, im Süden dagegen, trotz eines leichten Verlustes immer noch über 63,8 Prozent, die Sozialisten hatten hier sogar um 3,5 auf 18 Prozent zugelegt. Das Land war, und diese Tendenz sollte sich noch verschärfen, nicht klassen- oder schichtspezifisch und ideologisch, sondern geographisch in verschiedene politische Lager gespalten. Als weiteres grundlegendes Ergebnis dieser Wahlen zeichnete sich ab, daß der politische Katholizismus, der sich in der DC wiedererkannte, am Ende war.

Gruppierungen wie die Lega hatte es schon seit den siebziger Jahren in verschiedener Form gegeben, aber sie waren nie über lokale Erfolge hinausgekommen, weil sie sich in inneren Kämpfen zerfleischten. Erst das Charisma des vulgären, trotzigselbstbewußten Kleinbürgers Umberto Bossi hielt die Bewegung zusammen und brachte den Durchbruch. Sein Programm war denkbar einfach, traf aber genau die Interessen der fleißigen, vom Staat frustrierten Arbeiter, Angestellten und Kleinunternehmer des Nordens. Es lautete: Weg von Rom, Auflösung des Zentralstaates und vor allem Selbstverwaltung der Steuergelder, die nicht mehr nach Rom und in den Süden fließen sollten. Der Mann aus Cassano Magnago im Herzen der Lombardei repräsentierte den Gegentypus zu den Politikern in Rom, von denen er bei seinem ersten Einzug als Senator auch nur mitleidig belächelt wurde. Er konnte keine brillante Ausbildung und Karriere als Jurist oder wenigstens Philologe nachweisen, sondern hatte sich mit allerlei Berufen so durchgeschlagen und ein Medizinstudium abgebrochen. Statt subtile messerscharfe Diskurse zu führen, verlor sich Bossi schnell in wüsten Beschimpfungen und Kraftausdrücken. Aus einer seiner schlimmsten Entgleisungen wurde ein treffender Name für das aggressive Macho-Gehabe Bossis und seiner Anhänger geprägt: der »Celodurismo« (von: »Ce l'ho duro«, ich hab' einen Steifen). Die Gefolgschaft der Lega benahm sich wie delirierende Fußballfans, verkleidete sich als Krieger der mittelalterlichen »Lega lombarda«, des Städtebundes gegen die deutschen Kaiser, und ihr »Carroccio«, der Fahnenwagen wurde zum Symbol dieser neuen ungeduldigen politischen Kraft. Der rassistische Antimeridionalismus, die Ausländerfeindlichkeit, Vulgarität und Folklore der Lega und ihres »*senatùr*« machten vor allem die Linke blind dafür, daß ihm genau diejenigen zuströmten, die *sie* hätte gewinnen müssen, daß er genau die Probleme ansprach, für die *sie* eine Lösung hätte anbieten müssen. Schnell war das Etikett ›faschistisch‹ gefunden und damit ein Popanz als Gegner aufgebaut.

Wie wenig die Verlierer in der Lage waren, aus der Schlappe Konsequenzen zu ziehen, zeigte sich bei der Wahl zum neuen Staatspräsidenten. Vom 13. Mai 1992 an wurde zehn Tage lang gewählt und gewählt, Kandidat um Kandidat verschlissen, ohne daß die erforderliche Mehrheit zustande kam. Dann aber passierte etwas, das selbst den hartgesottensten Politikaster aus seinen Machtspielen herausreißen mußte. Am 23. Mai wurden bei Capaci nahe Palermo der Richter Giovanni Falcone, seine Frau und drei Männer seiner Begleitung im fahrenden Auto von einer so gewaltigen Bombe in die Luft gesprengt, daß ein riesiger Trichter die Autobahn völlig verwüstete und in ein Schlachtfeld verwandelte. Angesichts dieses Grauens wurde ganz schnell im sechzehnten Wahlgang Oskar Luigi Scalfaro, ein DC-Politiker von untadeligem Ansehen auch bei seinen politischen Gegnern zum Staatspräsidenten gewählt.

Revolution all' italiana (1992–1997)

Die Erste Republik auf der Anklagebank I:
Mafia und Politik; der Fall Andreotti

Dem Attentat gegen Falcone folgte kaum zwei Monate später die Ermordung eines anderen herausragenden Staatsanwaltes im Kampf gegen die organisierte Kriminalität. Am 19. Juli wurde Paolo Borsellino mit fünf Männern seiner Leibwache vor dem Hause seiner Mutter, die er zum Nachmittagskaffee hatte besuchen wollen, in die Luft gejagt. Mit demonstrativer Brutalität löschte die Mafia damit die beiden Männer aus, die zum Symbol eines erfolgreichen, aber nach wie vor unentschiedenen Kampfes gegen die Mafia geworden waren. Die Morde waren Ausdruck einer gewandelten Situation der Mafia in einem gewandelten nationalen und internationalen politischen Umfeld und zugleich Auftakt einer neuen dramatischen Auseinandersetzung zwischen Staat und organisiertem Verbrechen.

Falcone, gebürtiger Palermitaner, hatte seit 1979 an der Seite des Ermittlungsrichters Rocco Chinnici in Palermo gearbeitet, der sich mit der Verfolgung der Mafia befaßte. Hier erlebte er aus nächster Nähe die Ermordung des neuen Präfekten Carlo Alberto Dalla Chiesa am 3. September 1982, der vergebens Sondervollmachten angemahnt hatte. Daraufhin wurde jedoch das »Hochkommissariat für die Koordinierung des Kampfes gegen die Mafia« eingerichtet, dem der sogenannte »Pool Antimafia« unterstand. Kaum ein Jahr später, am 29. Juli 1983, wurde auch Falcones Vorgesetzter Rocco Chinnici das Opfer eines 100 Kilogramm-Sprengsatzes. Er hatte gerade Haftbefehle gegen die – allesamt flüchtigen – mutmaßlichen Auftraggeber des Mordes an Dalla Chiesa erlassen: sie lauteten auf die Namen Totò Riina, Bernardo Provenzano, Michele und Salvatore Greco, Nitto Santapaola und Pietro Vernengo.

Die Gruppe von Ermittlungsrichtern, Staatsanwälten und Polizisten in Palermo ließ sich trotzdem nicht einschüchtern und im September 1984 wurde sie eines Mannes habhaft, mit dessen Hilfe sie bis zu den innersten Geheimnissen der Mafia vorstieß. In Brasilien als Beteiligter am Heroinschmuggel der »Pizza-Connection« verhaftet, entschloß sich der Mafioso Tommaso Buscetta zur Zusammenarbeit mit dem FBI und der italienischen Polizei. Die Kronzeugenregelung, die ursprünglich im Kampf gegen den linken Terrorismus geschaffen worden war, erwies sich bald als die beste Waffe auch gegen die Mafia.

Die geduldigen Ermittlungen führten am 10. Februar 1986 zur Eröffnung des sogenannten »Maxiprozesses« gegen 456 mutmaßliche führende Bosse. Aufgrund der Aussage Buscettas vertraten die Staatsanwälte Giuseppe Ayala und Domenico Signorino die These, daß die Mafia eine straff hierarchisch aufgebaute Organisation sei, deren Spitze, die *cupola*, Totò Riina, Filippo Marchese, Bernardo Provenzano und die bereits inhaftierten Brüder Michele und Salvatore Greco bildeten. Der Prozeß endete mit der Verhängung von 19 lebenslänglichen Zuchthausstrafen, insgesamt 2665 Jahren Gefängnis, Geldstrafen und 114 Freisprüchen. Und dabei blieb es nicht. Obwohl der Richter Antonio Saetta, der bei der Berufung den Vorsitz führen sollte, kurz vor Beginn der Verhandlung ermordet wurde, bestätigte auch das Berufungsgericht 1988 die Strafen im wesentlichen. Weitere Prozesse und Verurteilungen folgten und 1991 sah sich die Regierung Andreotti durch internationalen Druck gezwungen, per Dekret Mafia-Bosse, die wegen Überschreitung der Fristen aus der Untersuchungshaft entlassen waren, eiligst wieder einzusperren. Seit 1991 bestand eine detaillierte Regelung für den Schutz der pentiti, der Kronzeugen, denen man zu einer neuen Identität verhalf.

Damit war etwas bisher nie Dagewesenes geschehen: Der Mafia war es nicht mehr gelungen, die Prozesse ›hinzubiegen‹ und ihre Mitglieder vor langjährigen Gefängnisstrafen zu schützen. Die Mauer der *omertà* zerbrach, in den nächsten Jahren erklärten sich 250 ehemalige Mitglieder der ›ehrenwerten‹ Gesellschaft zur Zusammenarbeit mit der Polizei bereit und ermöglichten es, einen immer genaueren Einblick in die Machtstrukturen der Mafia zu erhalten. Das führte zu spektakulären Verhaftungen. Im September wurden Giuseppe Madonnia, im Januar 1993 sogar der seit 24 Jahren gesuchte Boss aller Bosse, Totò Riina, und wenige Monate später der Boss von Catania, Nitto Santapaola, verhaftet.

Zerbrochen war aber vor allem die alte Verbindung zwischen Mafia und Politik, die die unbehelligte Herrschaft der organisierten Kriminalität im Austausch mit sicheren Wählerstimmen garantiert hatte. Für den Verrat bestrafte die Mafia in Salvatore Lima demonstrativ denjenigen, der in Sizilien als direkter Vertreter Andreottis und in den achtziger Jahren als unumschränkter Herr der dortigen DC galt. Er wurde am 12. März 1992, auf dem Höhepunkt des Wahlkampfes für den 5. März ermordet. Andreotti mochte noch so sehr seinen Freund als untadeligen Saubermann verteidigen, die Aussagen der *pentiti* deuteten immer unabweisbarer auf ihn selbst als den Allmächtigen, der stets seine schützende Hand über die Mafia Siziliens gehalten hatte. Andreotti verlor seinen Sarkasmus noch nicht und meinte:»Das einzige wofür man mich nicht für verantwortlich hält, sind die Punischen Kriege, weil ich damals noch zu jung war.«[69] Damit war es aber aus, als am 27. März 1993 der frischgebackene Oberstaatsanwalt von Palermo, Giancarlo Caselli, mit einem umfangreichen Dossier den Antrag auf Weiterführung der Ermittlungen *(autorizzazione a procedere)* gegen den gerade auf Lebenszeit ernannten Senator stellte. Drei Monate später verlangten dies auch die römischen Staatsanwälte mit noch gravierenderen Verdachtsmomenten. Andreotti rümpfte zunächst empört die Nase über den *fumus persecutionis* und publizierte einen offenen Brief an den Sohn des alten Cicero über die Gefahr einer neuen »Catilinarischen Verschwörung«. Als man diese verschlüsselte Botschaft aber allgemein nur als endgültigen Beweis seiner Mafiosität aufnahm, merkte der alte Fuchs schnell, daß sich der Wind gedreht hatte, und beantragte selbst, den Ersuchen der Staatsanwälte stattzugeben. Seitdem stehen gegen den Mann, der sieben Mal Ministerpräsident und unzählige Mal Minister war, schwerste Anschuldigungen im Raum.

Nach den Aussagen der *pentiti* ergaben sich folgende komplexe Zusammenhänge. Im Jahre 1976 versuchte Andreotti – allerdings vergebens – mit den Schecks einer von der Mafia betriebenen Finanzierungsgesellschaft den Zusammenbruch des Bauunternehmens seiner Poker-Freunde, der Brüder Caltagirone, zu verhindern, der dann den Skandal um die Italcasse auslöste. Darüber, über die Existenz von »*Gladio*« und über ein Treffen Andreottis mit dem mafiosen Bankrotteur Sindona in New York wußte Aldo Moro Bescheid und schrieb dieses Wissen während seiner Gefangenschaft in der Hand der Roten Brigaden 1978 nieder. Die entsprechenden Passagen ›fehlten‹ in den Papieren, die im Versteck der Roten Brigaden gefunden wurden und tauchten erst 1990 bei Bauarbeiten in dem Appartement in der Via Montenovoso ›zufällig‹ auf. Aller Wahrscheinlichkeit nach waren sie aber dem General Alberto Dalla Chiesa bekannt, und der unterrichtete den mit ihm befreundeten Enthüllungsjournalisten Mino Pecorelli. Pecorelli wiederum ließ in seinem

Skandalblatt »OP« (*Osservatore politico*, Politischer Beobachter) durchblicken, wovon er wußte, und wurde am 20. März 1979 ermordet.

Nach den Aussage der *pentiti* war der Auftraggeber dieses Mordes kein geringerer als Andreotti, der durch seinen Vertrauten in Sizilien, Salvatore Lima, mit der mafia Kontakt aufgenommen hatte. Mittelsmänner sollten die ehemaligen Steuereintreiber Rosatio und Ignazio Salvo gewesen sein, von denen der eine an einem Tumor starb, der andere, Ignazio, wenige Monate nach Lima ermordet wurde. Durch die Hilfe von Salvatore Lijma und der beiden Salvo konnte die mafia jederzeit erreichen, daß juristische Unannehmnlichkeiten aus dem Wege geräumt wurden. Zuständig dafür war der schier allmächtige Vorsitzende der 1. Sektion des Kassationsgerichtshofes, Corrado Carnevale, bekannt als »*amazzasentenze*«, als Urteilskiller. Wie die *pentiti* wußten, konnte man sich darauf verlassen, daß er »das Haar in der Suppe« fand, um die Urteile aufzuheben. Carnevale wurde inzwischen wegen gravierender Fehlentscheidungen zugunsten verschiedener mafiosi selbst unter Anklage gestellt. Als Dritten im Bunde, der dafür sorgte, daß wichtige Operationen der Polizei rechtzeitig der Mafia gemeldet wurden, benannten die *pentiti* den Polizei-Vize von Palermo und Agenten des Geheimdienstes Bruno Contrada, dem daraufhin ebenfalls der Prozeß gemacht wurde. Er sei derjenige gewesen, der die Mafia über Falcones Flug nach Palermo informierte.

Daß Andreotti für diese in ihrer Substanz unbestrittenen Tatsachen verantwortlich war, konnte ihm jedoch – in der ersten Instanz – nicht nachgewiesen werden.[70] In den beiden wichtigsten Verfahren gegen ihn, in Palermo und Perugia, wurde er Ende 1999 freigesprochen.[71] Für Cossiga bedeutete der Freispruch das Ende einer »Ära willkürlicher Verfolgungen« und das »Ende der Staatsanwaltschaft von Palermo« unter der Leitung von Giancarlo Caselli.

Ganz anders als der Ausgang der Verfahren Andreottis war der des Prozesses gegen Adriano Sofri, Ovidio Bompressi und Giorgio Pietrostefani. So wie Andreotti für die jahrzehntelange Herrschaft der DC und ihre Verwicklung in Skandale stand, so standen Sofri und seine Mitangeklagten für den radikalen Widerstand gegen das von Andreotti verkörperte System. Die ehemaligen Mitglieder von *Lotta continua* wurden 1988 von Leonardo Marino, ebenfalls einem ehemaligen Mitglied der linksradikalen Gruppierung, des Mordes an dem Polizeikommissar Calabresi im Jahr 1972 bezichtigt. Obwohl sich die Anklage nur auf die Aussagen Marinos stützen konnte und obwohl im Laufe der Zeit immer mehr Ungereimtheiten auftauchten, wurden die drei Angeklagten nach neun Prozessen Ende 1999 zu je zweiundzwanzig Jahren Haft verurteilt, während Marinos Strafe nur auf elf Jahre bemessen und deshalb ausgesetzt wurde. Trotz in- und ausländischer Appelle angesehener Persönlichkeiten bis hin zu Cossiga erhielt der schwerkranke Bompressi nicht einmal Haftverschonung. Für diese Art von Beschuldigten war die »Ära der willkürlichen Verfolgungen« noch längst nicht zu Ende.[72]

Die Erste Republik auf der Anklagebank II:
Mani pulite gegen Tangentopoli

Der Wandel des politischen Kräftesystems im Weltmaßstab, symbolisiert durch den Fall der Berliner Mauer, muß auch als die Grundvoraussetzung für die Aufdeckung der systematischen Korruption gelten, die unter dem Namen *»Tangentopoli«* bekannt geworden ist. Wohl hatte es in Italien immer schon mutige Richter und Staatsanwälte gegeben, die gravierende Fälle von Korruption und die Verstrickung von Geschäft, Verbrechen und Politik aufgedeckt hatten. Kleinere Fische wie der Sozialdemokrat Tanassi, immerhin einst Verteidigungsminister, wurden schon mal verurteilt, und der Staatspräsident Giovanni Leone mußte wegen desselben Korruptionsfalls, der Lockheed-Affäre, schließlich zurücktreten. Gewöhnlich aber scheiterten die Anträge der Richter am Parlament, das die weiteren Ermillungen blockierte. Siebenundzwanzig mal hatte Andreotti vor dem *»Tribunale dei Ministri«* erscheinen müssen, und siebenundzwanzig mal war er ungeschoren davon gekommen. Bis vor die parlamentarische Kommission zu gelangen, war jedoch schon ein Riesenerfolg für die Ermittelnden. Richter, die brisante Fälle bearbeiteten, wurden versetzt, oder andere, gewöhnlich die römischen Gerichte, zogen in Kompetenzstreitigkeiten die Unterwsuchungen an sich: es verschwanden Akten, Beweisstücke und Zeugen. Eine noch einfachere und meistens bereits wirksame Waffe gegen unliebsame Richter war der Rufmord und die Entfachung von Konkurrenz unter Kollegen. Das prominenteste Beispiel für alle diese machenschaften war Falcone selbst. Nach seiner Ermordung, als jedermann sich als Freund und Bewunderer von »Giovanni« in rührenden Erinnerungen erging, blieb unerwähnt, daß man ihn diese Anerkennung zu Lebzeiten gezielt verweigert hatte. Nach dem großen Erfolg des Maxiprozesses war er vom Obersten Richterrat (CSM) nicht wie erwartet zum Vorsitzenden der Staatsanwaltschaft in Palermo ernannt und auch nicht in den CSM selbst gewählt worden. Stattdessen fand sich ein Bombe vor seinem Ferienhaus in Sizilien, und im Juli 1989 tauchten anonyme Briefe auf, in denen Falcone und seinem Kollegen Giuseppe Ayala vorgeworfen wurde, die *pentiti* zu manipulieren. Diese Briefe des *»corvo«*, der Krähe, führten zur Versetzung Ayalas und eines anderen Richters, den man als Verfasser verdächtigte. Der Justizpalast in Palermo hieß seitdem nur noch *»palazzo dei veleni«* (Gift-Palast), und aus der entgegengesetzten Ecke kam auch noch der Vorwurf Leoluca Orlandos, Falcone habe die Verwicklungen zwischen Mafia und Politik zu verschleiern versucht. Falcone wurde schließlich 1991 nach Rom ins Justizministerium als Direktor der Strafrechtsabteilung weggelobt. Dort hatte er zwar weitreichende Kompetenzen, war aber weit von den konkreten Ermittlungen entfernt, zu weit – oder immer noch nicht weit genug.

Ganz ähnlich wollte man auch mit dem Mann umspringen, der als Held in der Toga sozusagen die Nachfolge Falcones antrat: der Mailänder Staatsanwalt Antonio Di Pietro. Aber diesmal gelang es – bisher – nicht. Die Operation *»Mani pulite«* (Saubere Hände), die er und die Staatsanwälte Saverio Borrelli, Gherardo Colombo, Pier Camillo Davigo und der Ermittlungsrichter Italo Ghitti ins Rollen gebracht haben, begann ziemlich harmlos, aber in perfekter Krimi-Manier. Dem Direktor des Mailänder Altenheimes Pio Albergo Trivulzio, Mario Chiesa, überbrachte am 17. Februar 1992 der Betreiber einer Reinigungsfirma sieben Millionen Lire Schmiergeld. Trotz dieser bescheidenen Summe von nur etwa 8000 Mark, war er ausgerüstet mit einem geheimen Mikrophon und einer versteckten Kamera. Beim Akt der Geldübergabe stürmten Di Pietro und seine Polizisten herein, verhafteten Chiesa und beschlagnahmten das Geld. Die spektakuläre Form der Verhaftung und der folgende Gefängnisaufenthalt hatten bei dem Betroffenen eine Wirkung, die vielleicht nicht einmal Di Pietro so erwartet hatte. Chiesa packte so richtig aus und enthüllte, daß diese sieben Millionen nur ein winziger Teil dessen waren, was schnell den Namen »Zehn-Prozent-System« erhielt: Für alle Aufträge der Öffentlichen Hand vom Klo-Putzen in einem Altenheim bis zum Bau von Mega-Stadien zahlten die Firmen zehn Prozent der Auftragssumme als Schmiergeld, das nach einem bestimmten, genau festgelegten Satz unter den herrschenden Parteien aufgeteilt wurde. Den Löwenanteil steckten DC und PSI ein, die Brosamen wurden unter die kleinen Partner, gelegentlich auch an Außenstehende wie die Republikaner verteilt, wenn diese gerade im Schmollwinkel standen.

Die überraschende Wirkung der Untersuchungshaft auf erfolgsgewohnte Manager und Politiker hat Leonardo Sciascia in seinem Roman *Todo Modo* beschrieben, der sich insgesamt als eine luzide Vision von Tangentopoli erweist. Sciascia läßt seinen Kommissar auf der Suche nach dem Mörder unter den Nadelstreifenträgern sagen:»Wenn einer, der sich für mächtig hält, in Polizeigewahrsam kommt und die Schnürsenkel der Schuhe und seinen Gürtel abgeben muß, dann bricht er zusammen, mein lieber Freund, er bricht so vollständig zusammen, wie Sie sich das gar nicht vorstellen können.« Das Team der Mailänder Korruptionsfahnder nutzte mitleidlos diese potente Waffe, und bald traf sich die bessere Gesellschaft Mailands nicht mehr in der Scala, sondern im Gefängnis San Vittore. Aus herablassenden Herren wurden reuige Sünder, die zu so umfassenden Geständnissen bereit waren, wie sie gar niemand hören wollte. Der Bürgermeister von Mailand mußte zurücktreten, weil die Hälfte seines Stadtrats entweder von einem *avviso di garanzia*, einer Mitteilung über ein Ermittlungsverfahren, oder gleich von Handschellen ereilt worden war. Von Mailand aus führten die Indizien nach Rom, von Rom nach Neapel und von Neapel nach Palermo, von den großen in die kleinen Städte und wieder zurück. Ganze Ämter, Kommunen und Provinzverwaltungen wurden lahmgelegt, weil ein Teil der Beamten hinter Gittern saß, der Rest vor Angst zu keiner Entscheidung mehr fähig war.

Bis zum Frühjahr 1994 stieg die Zahl der Personen, die in Ermittlungen verwickelt waren, auf 6059 an, gegen etwa die Hälfte davon wurde gezielt ermittelt und etwa ebenso viele vorläufig in Haft genommen. Politiker aller alten Parteien mit Ausnahme des MSI, der Radikalen und der Grünen waren betroffen. Die Generalsekretäre *aller* Regierungsparteien mußten als Verdächtige das Handtuch werfen, auch Giorgio La Malfa von den Republikanern, die sich so gern als die »Partei der Ehrenhaften« ausgegeben hatten. Vorbei war es mit der *diversità* der ehemaligen Kommunisten, denn genau so wie bei den anderen entdeckte man bei ihnen ein geheimes Auslandskonto. Anders war höchstens die Bescheidenheit der Summen, die dort eingezahlt wurden. Anders als bei den anderen hielt

auch der ehemalige PCI-Funktionär Primo Greganti den Haft-
bedingungen stand und blieb tapfer bei der Behauptung, das
viele Geld habe man ihm selbst und nicht der Partei geschenkt.
Selbst die neuen Formationen, die Lega und Forza Italia hatten
sich bereits in das Schmiergeldkarusell eingeklinkt und haben
ihren *avviso* erhalten. Nicht nur obskure Unternehmer und bis
dahin unbekannte Geschäftemacher wanderten als Schmier-
geldzahler hinter schwedische Gardinen, sondern die crème de
la crème der italienischen Industrie, Spitzenmanager von Fiat,
von Olivetti, Fininvest, Ferruzzi, von Iri und Eni. Die Anklagen
und Verdachtsmomente lauteten von Verletzung des Parteien-
finanzierungsgesetzes über aktive und passive Korruption,
Erpressung, Amtsmißbrauch, Betrug, Mitgliedschaft in einer
mafiosen Vereinigung bis hin zu Diebstahl und Mord.

Fast ausnahmslos alle Verdächtigten erklärten zunächst
empört und mit bewegenden Worten ihre Unschuld, wurden
aber dann unter dem Druck der an die Öffentlichkeit gelangten
Indizien immer kleinlauter. Als ein kaum zu übertreffendes
Beispiel der Heuchelei und der bodenlosen politischen Dummheit kann das Beispiel des sozialistischen Justizministers Claudio Martelli gelten. Als sein Parteivorsitzender Craxi unter
Beschuß geriet, baute er sich monatelang selbst als Saubermann
auf, der nach einem so verwerflichen Charakter wie Craxi die
Partei wieder auf den rechten Weg führen werde. Seine Liebe zu
Craxi entdeckte er erst wieder, als nicht mehr zu leugnen war,
daß er selbst das Schweizer Schmiergeldkonto unter dem Deck-
namen »Protezione«, für das ein gewisser Larini über die
Grenze hin und her gependelt war, mit eingerichtet hatte. Als
sich Craxi vor dem Parlament verantworten mußte, warteten
die beiden alten Freunde händchenhaltend auf das Abstim-
mungsergebnis.

Am lautesten donnerte Craxi gegen das Team von Mani
Pulite, das gegen ihn ganze neun *avvisi* losschickte. Er führte
damit hinter dem ehemaligen Kassierer der DC mit 12 *avvisi* die
Hit-Liste an. Geradezu prophetisch hatte Craxi schon 1981 vor-
ausgesehen, daß »leichtfertige Verhaftungen und die Verletzung
des Untersuchungsgeheimnisses zum Terrain für politische
Händel« werden könnten.[73] Jetzt warf er den Staatsanwälten
Ungesetzlichkeit, Manipulation und Lügen vor. Er glaubte
immer noch, mit den gewohnten Mitteln solcher Art von Nach-
stellungen Herr werden zu können. So ließ er ein Dossier in
Umlauf bringen, in dem das Privatleben Di Pietros als nicht
ganz einwandfrei dargestellt wurde, und verkündete, bald

werde sich zeigen, daß Di Pietro und Konsorten keineswegs so vertrauenswürdig seien, wie die Öffentlichkeit glaube. Als diese Methode nicht mehr verfangen wollte, wartete Craxi auf die Entscheidung des Parlaments über die Anträge der Staatsanwälte auf Weiterführung der Ermittlungen und hielt eine Rede voller Andeutungen, was er so alles auspacken könne. Wie erhofft, stimmte die Kammer am 29. April 1993 gegen die *autorizzazione* in den vier wichtigsten Fällen, und erlaubte sie nur in zwei minder bedeutenden. Anders als in allen bisherigen Fällen war die Sache damit jedoch keineswegs abgetan. Die Telephon- und Faxleitungen der Zeitungs-, Fernseh- und Radioredaktionen waren blockiert von unzähligen Äußerungen des Protests und der Verachtung. Am eleganten Hotel Raphael, in dem der Sozialistenchef wie gewohnt residierte, empfingen ihn nicht mehr Bewunderer und Autogrammjäger, sondern Steine, Tomaten und Beschimpfungen. Obwohl Craxi es immer noch nicht wahrhaben wollte, war seine eigene politische Karriere und die vieler anderer, ja die der Regierungsparteien in ihrer Gesamtheit beendet.

War der Fall Craxis – abgesehen von dem moralischen und volkswirtschaftlichen Schaden für Italien – eher eine Kommödie, so nahm Tangentopoli auch tragische Züge an, hinter denen sich erst das ganze Ausmaß des Skandals enthüllte. Neun Selbstmorde hängen mit Tangentopoli zusammen. In der Regel waren es die zweitrangigen Akteure, die die Schande und die Vorverurteilung durch den *avviso di garanzia* nicht ertragen konnten. Der sozialistische Abgeordnete Sergio Moroni aus Brescia schrieb, bevor er sich am 2. September 1992 erschoß, einen Brief an den Präsidenten der Abgeordnetenkammer, mit dem er dieses Klima à la McCarthy anprangerte: »Ein dichter Schleier von Heuchelei (von jeglicher Seite) hat lange Jahre das Leben der Parteien und die Art ihrer Finanzierung gedeckt. Es ist mir klar, daß die Unterscheidung zwischen denjenigen, die sich im Rahmen der Parteiräson an nicht legale Praktiken angepaßt haben, und denjenigen, die daraus persönlichen Nutzen zogen, nicht leicht ist. Dennoch halte ich es für falsch, daß eine so wichtige und delikate Materie Tag für Tag in den Medien zur Sensation gemacht wird.«[74]

Zwei der Selbstmörder, der Industrielle Raul Gardini und der Präsident der ENI, Gabriele Cagliari, waren jedoch nicht nur zweitrangige Akteure, sondern Protagonisten des öffentlichen Lebens und der heimlichen Schmiergeldwirtschaft um die gescheiterte Fusion zwischen der halbstaatlichen Enichem und Gardinis Montedison in den Jahren 1989 bis 1990 (vgl. S. 187 ff.). Bei den Untersuchungen über die Umstände des Todes von Gardini und des Spitzenbeamten aus dem Ministerium für Staatsbeteiligungen Sergio Castellari im Februar 1993, verdichteten sich immer mehr die Hinweise, die auf einen Mord schließen ließen. Aber nicht allein deshalb eröffnete sich mit der allmählichen Aufdeckung der Korruption um das gescheiterte Projekt Enimont der Blick in bis dahin unvorstellbare Tiefen, deren Grund noch längst nicht erreicht ist.

Im Juli 1993, einige Monate nach dem Tod Castellaris, wurde der per Interpol gesuchte ehemalige Präsident der Montedison, Giuseppe Garofano, nachdem er sechs Monate untergetaucht war, auf dem Flughafen von Genf – angeblich bei einer Routine-Kontrolle – verhaftet und ließ sich ohne Widerstand nach Italien ausliefern. Auch bei ihm erzielte das Schnürsenkel-Abgeben die erhoffte Wirkung, denn er erklärte sich bedingungslos bereit, alle Geheimnisse um Enimont zu lüften. Schon damals bemerkte der *Corriere*, daß Garofanos Aussagebereitschaft »vielen Angst machen wird« und nannte besonders den inhaftierten Präsidenten der ENI, Giuseppe Cagliari.[75] Wenige Tage später zog sich Cagliari im Gefängnis eine Plastiktüte über den Kopf und erstickte sich. Vorher hatte er in einem letzten Brief an seine Frau geschrieben, »auf diesem Weg wird man unausweichlich einen ›Nürnberger Prozeß‹ gegen viele von uns inszenieren und ich werde dem nicht entgehen können.«[76] Drei Tage später wurde Raul Gardini mit einem Schuß in der Schläfe in seinem Palazzo Belgioioso in Mailand aufgefunden. Das Abschieds-Billet für seine Familie war, so stellte sich bei den Ermittlungen heraus, bereits über ein Jahr alt.

Diese beiden Todesfälle öffneten einem weiteren Inhaftierten den Mund: Carlo Sama, Schwager von Raul Gardini und ebenfalls Spitzenmanager der Montedison sagte aus, daß im Laufe der Verhandlungen um die Bildung des Enimont Schmiergelder in Höhe von 150 Milliarden Lire an die Parteien verteilt worden seien. Die Geschichte des Enimont, die stolz als die Schaffung eines international konkurrenzfähigen Chemiegiganten begonnen hatte, erwies sich als bloße Riesenbetrugsaffäre, bei der am Ende nichts, aber auch gar nichts herausgekommen war. Es war nicht einmal wenigstens wie in den anderen Korruptionsfällen eine U-Bahn oder ein Stadion gebaut, ein Altenheim versorgt oder ein paar Arbeitsplätze geschaffen worden. Am Ende des Deals, bei dem sich Parteien und Einzelpersonen in unvorstellbarem Maße bereichert hatten, war die italienische Chemieindustrie, und vor allem die halbstaatliche Enichem, schwächer als je zuvor und finanziell ausgeblutet.

Im Mittelpunkt des komplizierten Betrugssystems von Auslandskonten und Scheinfirmen hatte als graue Eminenz Sergio Cusani gestanden, der in Wirtschaftskreisen den bezeichnenden Spitznamen »Marquis« trug. Er war einer der wenigen, der sich durch die Haft nicht einschüchtern ließ, verlangte aber, daß ihm, wie es die neue italienische Strafprozeßordnung vorsah, in kürzester Zeit der Prozeß gemacht werde. Aus seiner Sicht erwies sich dieses Verlangen wohl als folgenschwerer strategischer Fehler, denn es erlaubte Di Pietro, das zu inszenieren, was er etwas bombastisch »den Vater aller Prozesse über die Mutter aller Schmiergelder« bezeichnete.[77] In einem mit Computern und Riesenbildschirmen ausstaffierten Gerichtssaal trug Di Pietro seine neuesten Berechnungen vor. Demnach belief sich die Gesamtsumme der von Montedison-Ferruzzi gezahlten Schmiergelder auf die stolze Summe von 250 bis 280 Milliarden Lire, von denen allerdings nur für magere 22 Milliarden die Empfänger namhaft gemacht werden konnten. Allen voran wie immer Craxi mit gut sieben Milliarden, während der Nächstdotierte, der Christdemokrat, Minister und Stellvertreter Andreottis in Neapel, Paolo Cirino Pomicino, bloß mehr fünf Milliarden wert war. Der Prozeß wurde von allen Fernsehanstalten und in allen Kanälen teilweise direkt, immer aber in ausführlichen Zusammenfassungen gesendet. Abend für Abend verfolgte die Fernsehnation einen Di Pietro, der jeden Perry Mason mühelos an die Wand gespielt hätte. Mit Hilfe seiner Computer, eines perfekt eingespielten Mitarbeiterstabes und seines brillanten Gedächtnisses trieb er nahezu alle Zeugen in die Falle. Sein Witz, seine stark dialektgefärbte, bildreiche Sprache und sein ganz unübersehbares Vergnügen an dieser Inszenierung machten ihn zum kostenlosen Einschaltquotenkönig aller Fernsehanstalten. Diesem Staatsanwalt in bester Spiellaune gegenüber konnte sich die Verteidigung nicht in Szene setzen, Cusani wurde immer dünnlippiger, verweigerte die versprochenen Aussagen und wurde im April 1994 in erster Instanz zu den von Di Pietro geforderten acht Jahren Gefängnis verurteilt.

Die Nation hatte damit nicht nur endgültig einen neuen umjubelten Volkshelden, sondern konnte auch angesichts der täglich als Enthüllungen gelieferten Teilchen im großen Puzzle der Korruption leicht verdrängen, daß hier zwar genaue Details ans Licht gebracht wurden, daß der Tatbestand als solcher aber längst bekannt war. Natürlich mußte sich niemand betroffen fühlen, wenn ausgerechnet Craxi als Zeuge die Anklage erhob, alle, aber auch alle hätten die Bestechung sehen können, »außer, wer absichtlich in die andere Richtung geschaut hat«, und alle, aber auch alle hätten anstandslos gezahlt, »ganz ohne daran zugrunde zu gehen«.[78]

In dieses allgegenwärtige Krebsgeschwür der Korruption stießen die Staatsanwälte des Mailänder Pool und bald auch andere Staatsanwaltschaften immer tiefer vor. Bald war nicht mehr nur die politische Elite der »ersten Republik« betroffen, sondern auch die angeblich neuen Gestalten auf der politischen Bühne zeigten das alte Gesicht. Mit »Tangentopoli II«, der Suche nach Bilanzfälschungen und Bestechung von Finanzbeamten, wurde die Liste der Betroffenen länger und aktueller, sie reichte von dem Medienzar und neuen politischen Protagonisten Berlusconi bis zu Agnellis Stellvertreter und späterem Nachfolger als Präsident der Fiat, Cesare Romiti.

Nicht nur wegen seiner besonderen Popularität, sondern auch wegen seines Hanges zu spektakulären Auftritten, wurde Di Pietro zur Zielscheibe einer heimtückischen Strategie, die nicht nur die Person selbst, sondern die Unabhängigkeit der italienischen Staatsanwälte insgesamt im Visier hatte. Der Staatsanwalt ließ sich bereitwillig von den neuen politischen Formationen von rechts und links umwerben, blieb aber zunächst noch auf seinem Posten. Im November 1994 gehörte er noch zu den Unerschrockenen, die dem neuen Ministerpräsidenten Silvio Berlusconi ausgerechnet während einer UNO-Konferenz in Neapel über das organisierte Verbrechen eine Vorladung wegen Beamtenbestechung und Steuerhinterziehung zustellen ließen.[79] Damit aber waren die Staatsanwälte einen Schritt zu weit gegangen, denn von nun an begann ein Kesseltreiben, und Di Pietro wurde bald vom Jäger zum Gejagten. Schon im Dezember legte er aus nie ganz geklärten Gründen sein Amt in der Mailänder Staatsanwaltschaft nieder, wenige Monate später ließ er sich aus der Standesliste streichen. Der Höhepunkt einer Kampagne gegen Di Pietro durch Anzeigen, Drohungen und Verleumdungen, die sich über die nächsten Jahre hinzog, stand unter der Regie einer der gerissensten Gestalten in dem immer undurchdringlicheren Dschungel von Konten und Tarnfirmen im Umkreis der alten und neuen Mächtigen. Pierfrancesco Pacini Battaglia, der Inhaber einer Schweizer Bank, die als Drehscheibe für Schwarzgelder jeglicher Provenienz fungiert hatte, spielte als eine Art Doppelagent souverän Polizei und verschiedene Gerichte gegeneinander aus, und in diesem mörderischen

Spiel war Di Pietro nun plötzlich ganz allein. Pacini Battaglia hatte den Mailänder Staatsanwälten lange Zeit als diskreter Informant gedient. Später, als gegen ihn selbst und gegen Di Pietro ermittelt wurde, schwärzte er diesen in Telefongesprächen, von denen er sich ausrechnen konnte, daß sie abgehört wurden, als bestechlich und korrupt an.[80] Auch diese Vorwürfe konnte Di Pietro zwar entkräften, aber der Held erschien in einem blasseren Licht, auch er war offenbar dem Mammon nicht ganz abhold und tat für gute Freunde alles. Der Kampf der verbliebenen Kollegen Di Pietros und anderer Staatsanwälte gegen die Korruption wurde immer mehr zu einer von allen Seiten angefeindeten und erschwerten Sisyphusarbeit. Kaum beachtete Gesetzesänderungen wie die Erleichterung der Haftverschonung für Strafen bis zu drei Jahren sorgten dafür, daß bald nur noch wenige der einst Mächtigen hinter schwedischen Gardinen sitzen mußte. Nicht zuletzt trug dazu auch der Kassationsgerichtshof bei, der schon immer dafür bekannt war, wegen haarspalterischer Formalien die Ergebnisse jahrelanger Prozesse aufzuheben. 1998 wagte das Parlament wiederum die Aufhebung der Immunität für drei Abgeordnete zu verweigern, darunter für den engen Vertrauten Berlusconis Cesare Previti, gegen den erdrückende Beweise über massive Bestechung der Jusitz vorlagen. Auch die Haftstrafe für Sergio Cusani wurde in der letzten Instanz auf fünf Jahre reduziert, und Ende des Jahres 1998 durch den Kassationsgerichtshof aufgehoben. Die Medien berichteten nun nur noch darüber, wie vorbildlich sich Cusani für die Interessen seiner Mithäftlinge eingesetzt hatte und dies auch in Zukunft tun wollte.

Wie Phönix aus der Asche: Von der *partitocrazia* zur *telecrazia*

Vom Glamour des Mafia-Thrillers um Andreotti und der Endlosserie Mani Pulite manchmal ziemlich in den Hintergrund gedrängt, vollzog sich die Selbstauflösung der Ersten Republik. Die alte *classe politica*, die seit dem Zweiten Weltkrieg alle Fäden der Macht in der Hand gehalten hatte, befand sich, so schien es, auf dem völlig ungeordneten Rückzug. Bedroht von den Tiefschlägen aufeinanderfolgender Urnengänge, verfolgt von den *avvisi di garanzia* traten die Politiker hakenschlagend die Flucht an. Allianzen wurden geschmiedet und fielen wieder auseinander, heilige Eide geschworen und gebrochen, Ideen lanciert und sofort wieder vergessen. Angesichts dieses Durcheinanders wurden auch die Wähler unsicher. Nachdem mit den Wahlen des 5. April 1992 die alte Treue zu einer bestimmten Partei einmal gebrochen war, probierten sie mal diese und mal jene aus, schienen erst jetzt ihre wirkliche Macht kennenzulernen und sie so richtig auszukosten. Aus den treuen Schafen, die seit fast fünfzig Jahren mit minimalsten Veränderungen immer die gleichen Parteien ins Parlament geschickt hatten, waren widerborstige Wechselwähler geworden. Das Ganze wurde — wie konnte es in Italien anders sein — vom Donner explodierender Bomben und von mysteriösen Skandalen begleitet, in die ganz offensichtlich die ›fehlgeleiteten‹ Geheimdienste (*servizi deviati*) verwickelt waren. Trotz des vordergründigen Chaos hielt sich das alte System zwischen den Wahlen vom 5. April 1992 und denen vom 27. März 1994 doch noch gut zwei Jahre, und die beiden Regierungen unter Giuliano Amato und Carlo Azeglio Ciampi arbeiteten intensiver und effizienter als so manche ihrer Vorgängerinnen. Vielleicht wird sich aus der Sicht späterer Jahre feststellen lassen, daß der scheinbar chaotische Krieg aller gegen alle innerhalb der alten *classe politica* in Wirklichkeit ein Meisterstück des *trasformismo* nach dem uritalienischen Motto aus dem »Leoparden« von Giuseppe Tomasi di Lampedusa war: »Alles muß sich ändern, damit alles so bleibt wie es ist.« Auch aus unmittelbarer zeitlicher Nähe ließ sich jedenfalls erkennen, daß in dem, was sich als das ›Neue‹ gerierte, längst Totgeglaubtes fröhliche Urständ feierte.

Nach dem Wahldebakel vom 5. April 1992 hätte unter anderen Umständen noch einmal die Stunde für Craxi geschlagen. Auch seine Partei war zwar in ihrer einstigen Hochburg, der Lombardei, von der Lega geschlagen worden, im Süden aber hatte der PSI sogar zugelegt. Eine kraftvolle Politik, die Bossi den Wind aus den Segeln nehmen und vielleicht einen Keil in die stets zu heftigen persönlichen Fehden aufgelegten Reihen der Lega treiben könnte, hätte, so glaubte man, den negativen Trend umkehren können. Aber der Schatten der Mani Pulite hatte Craxi bereits erreicht. Er erhielt zwar erst im Dezember den ersten *avviso*, doch seine enge persönliche Freundschaft zu dem verhafteten Mario Chiesa, dem ersten Opfer Di Pietros, warf ein allzu schlechtes Licht auf den Sozialistenführer. Neuer Ministerpräsident wurde deshalb Giuliano Amato, ein allgemein angesehener Sozialist, der wegen seines Aussehens und seiner dialektischen Fähigkeiten schnell als *dottor sottile* (Doktor Subtil) tituliert und von den unbarmherzigen politischen Karikaturisten nur als Mickymaus dargestellt wurde. Seine Regierung erhielt das Vertrauen des Parlaments, weil er in seine Viererkoalition (DC, PSI, PSDI, PLI) herausragende Persönlichkeiten wie den Wirtschaftsexperten Piero Barucci im Schatzministerium und den bekannten Publizisten Alberto Ronchey im Ministerium für die Kulturgüter einband.

Ganz ohne Sottilessen führte Amato das Land durch die schweren Turbulenzen der internationalen Finanzmärkte im Herbst 1992 und bereitete die Privatisierung der halbstaatlichen Industrie vor. Damit begann eine erbitterte Auseinandersetzung um das Was, Wie und Wem des Verkaufs des riesigen Staatsvermögens, die den dramatischen Hintergrund der politischen Ereignisse der Revolution all'italiana bildete. Das die Öffentlichkeit beherrschende Thema der Regierungszeit Amatos aber war die Wahlrechtsreform. Dem von Segni beharrlich weiterverfolgten Ziel, durch eine zweite Runde von Referenden das Mehrheitswahlrecht durchzusetzen, wollte die Regierung Amato in mehrfacher Hinsicht entgegen- bzw. zuvorkommen. Sie führte für die Wahlen in Gemeinden über 5000 Einwohnern die Direktwahl des Bürgermeisters mit Stichwahl ein, so daß dieser Teil der von Segni geplanten Referenden hinfällig war. Darüber hinaus wurde eine Kommission beider Kammern eingerichtet, die eine Wahlrechtsreform erarbeiten sollte.

Das von allen erklärte Ziel der Wahlrechtsreform sollte darin bestehen, endlich klare Mehrheiten und stabile Regierungen zu ermöglichen, Italien zu einer »vollständigen Demokratie« werden zu lassen, in der ein Machtwechsel zwischen Regierung und Opposition in geordneten Bahnen möglich und nicht mehr nur als Putsch oder Revolution denkbar war. Segnis Kampagne hatte bereits bewirkt, daß das Verhältnis- und Listenwahlsystem, das seit 1943 als Ausdruck einer »wahren«, d.h. modernen Parteiendemokratie gepriesen und verteidigt worden war, plötzlich keinerlei Befürworter mehr fand, sondern pauschal für alle Entartungen der *partitocrazia* verantwortlich gemacht wurde.[81] Obwohl sich die drei größeren Parteien, DC, PDS, PSI, überwiegend für die Einführung des Mehrheitswahlrechts aussprachen, herrschten erhebliche Meinungsverschiedenheiten, und es kam zu abrupten, meist ziemlich unverständlichen Positionswechseln. Unter dem Namen des DC-Politikers Sergio Mattarella lag jedoch bald ein Kompromißvorschlag vor, der für jeden etwas enthielt. Auf der Grundlage kleiner Wahlkreise für jeweils einen Abgeordneten sollten 60 Prozent der Sitze nach dem einfachen Mehrheitswahlrecht, 40 Prozent nach dem Verhältniswahlrecht vergeben werden. Es wurde aber fröhlich weitergestritten, und ständig wurden neue Begriffe, neue Zahlen und neue Theorien in die Debatte geworfen, man sprach von Panaschieren, Kumulieren, In- und Exkorporieren, bemühte alle Wahlrechtssysteme von Australien bis zu den USA.

Vor dem Hintergrund des unverständlichen Gezänks der Parteien wirkte Segni wie ein einsamer Streiter für politische Klarheit und Geradlinigkeit, einer, der ohne Ansehen des Parteibuches nur im Interesse der guten Sache kämpfte.

Segnis Stern leuchtete noch strahlender nach dem dramatischen Erfolg der Lega Nord und dem gleichzeitigen abgrundtiefen Einbruch der Regierungsparteien bei den Gemeindewahlen in einigen Städten Nord- und Süditaliens im September 1992. In Mantua erreichte die Lega fast 34 Prozent der Stimmen und machte einen Sprung von über 10 Prozent, während die vier Regierungsparteien zusammen nur auf die Hälfte kamen. Diese von den Betroffenen nun selbst als »Drama« oder sogar als »Tragödie« empfundene Wahlschlappe trieb sie an, in letzter Minute auf den fahrenden Zug aufzuspringen. Je näher das für Segnis Referendum angesetzte Datum kam, desto mehr Mitläufer standen an seiner Seite. Bei einem hartnäckigen »Nein« blieben allein Craxi und wenige seiner Getreuen, die Neofaschisten, die Altkommunisten der Rifondazione Comunista und die neue Formation des ehemaligen Bürgermeisters von Palermo, Leoluca Orlando, »Rete«. Er hatte die Komitees für die Wahlrechtsreform mit Segni zusammen aus der Taufe gehoben, sich dann aber urplötzlich und auch für seine Wähler unverständlicherweise zu einem der heftigsten Gegner gewandelt.

Am 18. April 1993 stimmten die Italiener über insgesamt acht von verschiedenen Gruppierungen eingebrachte Referenden ab. Dasjenige Segnis, das in einer geänderten, nun vom Verfassungsgerichtshof genehmigten Form die Durchsetzung des reinen Mehrheitswahlrechts für den Senat anstrebte, war das bei weitem wichtigste. Mit über 80 Prozent stimmten die Wähler dafür. Mit teilweise sogar noch höheren Voten wurde das Gesetz über die Parteienfinanzierung, die Ministerien für Staatsbeteiligungen, für Landwirtschaft und für Tourismus, das bestehende Drogengesetz, die Zuständigkeit der lokalen Gesundheitsämter (USL) für Umweltfragen und die Entscheidung des Schatzministeriums über die Sparkassenpräsidenten abgeschafft.

Alle wollten sich ein bißchen als Sieger fühlen, aber das Bewußtsein, daß jetzt eine Wahlrechtsreform tatsächlich neu formuliert werden mußte und nicht allein auf den Senat beschränkt bleiben konnte, ließ doch Kleinmut aufkommen. Amato trat wie angekündigt zurück, und zum ersten Mal wurde ein Mann Ministerpräsident, der keinerlei Parteibuch in der Tasche hatte. Als Retter in der Not, der sich zutraute, den Übergang von der Ersten zur Zweiten Republik unter Vermeidung allzu schwerer Traumata zu schaffen, bot sich der Gouverneur der Banca d'Italia, Carlo Azeglio Ciampi, an. Er stellte eine Regierungsmannschaft zusammen, an der neben drei Ministern des PDS der Grüne Francesco Rutelli als Umweltminister teilnahmen. Kaum hatten sie vor dem Staatspräsidenten ihren Eid geleistet, da traten sie schon wieder unter Protest zurück, denn am selben Tag rettete das Parlament durch sein Nein zur *autorizzazione a procedere* Craxi vorläufig vor weiteren Ermittlungen der Staatsanwaltschaft. Ciampi besetzte die vakanten Posten in seinem Kabinett, das ohnehin fast ausschließlich aus Professoren bestand, mit weiteren Fachleuten.

Der neue Ministerpräsident ging lautlos und unprätentiös an die Arbeit. Er setzte als erster die Privatisierung der Staatsindustrie mit dem Verkauf der zwei größten Banken wirklich in Gang. Ciampi konnte außerdem ein Arbeitsabkommen von weitreichender Bedeutung zum Abschluß bringen. Zwischen Regierung, Arbeitgebern und Gewerkschaften wurde im Juli 1993 ein Vertrag geschlossen, der auch die letzten Reste der *scala mobile* zu Grabe trug. An die Stelle der Lohnindexierung trat ein zweistufiges Lohnfindungssystem und die Einführung von Rahmenverträgen. Wichtiger vielleicht für die Zukunft war es, daß das Dokument als »vorrangige Ziele der Wirtschaftspolitik die Inflationsbekämpfung, die Reduzierung der öffentlichen Defizite und die Wechselkursstabilität«[82] nannte. Auch in dieser Regierung blieb die Wahlrechtsreform und dann das Datum der Wahlen das beherrschende Thema. Am 6. August 1993 wurde vom Parlament eine Wahlrechtsreform für beide Kammern verabschiedet, die im wesentlichen dem bereits ein Jahr früher erarbeiteten Vorschlag Sergio Mattarellas folgte, das heißt, es gab von allem etwas: das Mehrheitswahlrecht, aber auch ein bißchen Verhältniswahlrecht. Anders als bei Mattarella waren nun 75 Prozent der Sitze für die einfache Mehrheitswahl, der Rest für die Verhältniswahl mit eingebauter 4-Prozent-Hürde vorgesehen. Die Forderung des PDS nach einem zweiten Urnengang mit Stichwahl, zu der sich auch Mario Segni durchgerungen hatte, blieb auf der Strecke. Obwohl Einigkeit darüber zu bestehen schien, daß in Italien durch das Entstehen zweier großer Blöcke endlich klare Verhältnisse und die Möglichkeit eines demokratischen Machtwechsels geschaffen werden müsse, blieb man doch lieber auf halbem Wege stehen und rettete so noch etwas von dem lieb gewordenen Alten.

Einen Vorgeschmack auf kommende Überraschungen mit dem Mehrheitswahlrecht gaben die Bürgermeisterwahlen in vielen großen Städten im Juni und November 1993. Das vernichtende Ergebnis der alten Regierungsparteien und dagegen das gute Abschneiden der Lega waren eigentlich schon keine Überraschung mehr.

Die Lega aber hatte den »Durchbruch zum Meer« wieder nicht geschafft: in Venedig war der Philosoph Massimo Cacciari und in Genua der Richter Adriano Sansa deutlich den Lega-Kandidaten überlegen. Obwohl auch in Rom mit dem Grünen Francesco Rutelli und in Neapel mit dem Demokratischen Linken Antonio Bassolino die Linke die Bürgermeister stellte, war dort der nur um Haaresbreite verfehlte Erfolg der Kandidaten des neofaschistischen MSI die eigentliche Sensation dieser Wahlen. In Neapel war die Enkelin Mussolinis angetreten, die außer ihrer illustren Verwandtschaft, einem gefälschten Medizin-Examen und einem attraktiven Schmollmund samt passender Löwenmähne wenige Argumente anzubieten hatte. Sie wollte nicht trotz, sondern wegen ihres Großvaters gewählt werden, auf dessen große staatsmännische Leistungen sie immer wieder Bezug nahm. Die Neapolitaner kauften also keineswegs eine Katze im Sack, wenn sie Alessandra Mussolini bei der Stichwahl 46 Prozent ihrer Stimmen gaben. In ganz anderer Weise präsentierte sich der MSI-Parteivorsitzende Gianfranco Fini in Rom, und auch er verlor nur knapp. Der nur fünfunddreißigjährige politische Ziehsohn des MSI-Gründers Giorgio Almirante gab sich ganz zurückhaltend und bezeichnete sich selbst als »Postfaschisten«, wählbar für alle diejenigen, denen es um die Abwendung der »linken Gefahr« ging. Er war ein Liebling aller Fernsehdebatten, weil er sich als telegen und schlagfertig, aber trotzdem immer höflich erwies. Er hielt zwar daran fest, daß »Mussolini der größte Staatsmann des Jahrhunderts« sei, denn der Faschismus habe eine »Tradition von Ehrlichkeit, Korrektheit und guter Regierung«. Einige Äußerlichkeiten wie den römischen Gruß und die Schwarzhemden sah er jedoch als »nicht mehr gültig« an.[85] Und so geschah das für die meisten bis dahin absolut Unvorstellbare: Piazza del Duomo in Mailand und Piazza Maggiore in Bologna, wo alljährlich Tausende der faschistischen Attentate gedachten, füllten sich mit jubelnden Anhängern des »Postfaschisten« Fini. Er war so sanft, so liberal, so smart, daß man glauben konnte, er ernähre sich ausschließlich von Kreide.

In den Ergebnissen der Kommunalwahlen des Jahres 1993 schienen sich die Grundlinien der politischen Landschaft Italiens für die allgemeinen Wahlen abzuzeichnen, die nach langem Tauziehen auf den 27. März 1994 festgelegt wurden: Die Linke unter Führung des PDS durfte sich mit einigem Recht einen durchschlagenden Erfolg ausmalen. Triumphierend verkündete Occhetto unmittelbar nach der Wahl Rutellis in Rom: »Die Linke wird auch die allgemeinen Wahlen gewinnen.«[84]

Als Gegner der schon allzu siegessicheren Linken trat plötzlich ein Mann auf, mit dem kaum jemand gerechnet hatte, der aber die gesamte politische Landschaft mit einem Schlag verändern sollte. Silvio Berlusconi, der Medienzar und Großunternehmer, hatte aus seiner engen Freundschaft mit dem inzwischen endlich abgetretenen Sozialistenführer Craxi nie ein Hehl gemacht. Noch für die Wahlen am 5. April 1992 war er in einem Werbespot für die Sozialisten aufgetreten und hatte emphatisch die besondere »Glaubwürdigkeit« der Regierung Craxi »im internationalen Maßstab« gerühmt.[85] Vor seiner folgenschweren Entscheidung, Politiker zu werden, war Berlusconi vor allem deshalb in die Schlagzeilen geraten, weil sein Firmenimperium von Schulden erdrückt zu werden schien, so daß Rechnungen der etwa 300 in der Holding Fininvest zusammengefaßten Konzerngesellschaften mit bis zu 300 Tagen Verzug gezahlt wurden.[86] Den Hauptnutznießer des von Craxi durchgeboxten Mediengesetzes mußten unter diesen Umständen bei der Aussicht auf einen Wahlsieg der Linken schlimmste Alpträume heimsuchen. Oder sollte er sich einfach gedacht haben: Wenn der italienische Staat schon pleite ist, und in der Krise nicht mehr wie früher in der Lage, seiner Industrie unter die Arme zu greifen, warum soll dann nicht einfach ein pleite gegangener Unternehmer für seine letzten Lire den Staat übernehmen?

Berlusconi verkaufte seinen Eintritt in die Politik als Opfergang, als »bitteren Kelch«, den er jedoch im Interesse des Vaterlandes zu trinken bereit sei, wenn die gemäßigten, d. h. konservativen Kräfte ohne seine Hilfe nicht zu einer gemeinsamen Front gegen die Linke zusammenfänden. Als die Bündnisverhandlungen zwischen Lega und dem Führer der Referendumsbewegung, Segni, in unversöhnlichem Gezänk endeten, verkündete Berlusconi am 26. Januar 1994, er werde nun »das Spielfeld betreten«, und machte damit nicht nur sich, sondern auch Sprache und Stil des Massensports zu einem festen Bestandteil der Politik der kommenden Jahre. [87] Alles war bereits bestens vorbereitet, die neue Bewegung okkupierte einfach den Schlachtruf für italienische Nationalmannschaften, »Forza Italia«, und die von den Strategen der Fininvest Berlusconis geleitete Organisation klappte wie am Schnürchen.

Unter einem einprägsamen, an die italienische Fahne erinnernden Logo wurden nach dem Vorbild der Milan-Fan-Clubs in kürzester Zeit im ganzen Land nach eigenem Bekunden 13000 Forza-Italia-Clubs ins Leben gerufen. Statt langweiliger Wahlversammlungen mit Bürgerbeteiligung eilte der Konzernherr von *convention* zu *convention* vor geladenen Gästen. Auf einer in diskretem Blau gehaltenen Bühne tänzelte ein gutgelaunter Berlusconi umher und stellte seine ebenso gut gelaunten Freunde vor. Die Milliarden, die er für Werbespots ausgab, kamen bei seinen Marketingfirmen als Einnahmen wieder herein, und zusätzlich machten seine Medien natürlich auch unter der Hand Werbung. Manchmal grob und direkt wie der devote Nachrichtenredakteur von *Retequattro*, Emilio Fede, der sich gar nicht fassen konnte vor Lobhudeleien und die erste *convention* in voller Länge ins Programm einrückte. Wesentlich besser wirkten Bemerkungen am Rande, wenn beispielsweise der dienstälteste italienische Showmaster, Mike Bongiorno, seinen Chef mit der gleichen Wärme empfahl wie die Nudeln der Nonna Amelia. Statt trockene Programme zu formulieren und den Leuten aufzudrängen, lagen an jedem Kiosk reich bebilderte Publikationen »unabhängiger« Verlage zum Kauf aus mit vielversprechenden Titeln wie »Berlusconi-Story. Leben und Arbeit, Freunde und Feinde, Liebe und Leidenschaften, Sport und Politik«. Die richtigen Informationen lieferte das Meinungsforschungsinstitut »Diakron« des Jungunternehmers Gianni Pilo, der Anfang März für Forza Italia 37 Prozent der Stimmen prognostizierte und damit das tatsächliche Ergebnis um 70 Prozent überschätzte. Seriöser arbeitete er offensichtlich für den internen Gebrauch, wo er zu allen Tagesereignissen mit Hilfe einer »focus group« ständig die Publikumsmeinung sondierte, um danach Auftreten, Aussehen und Aussagen des Chefs zu korrigieren. Pilo erzählte nach der Wahl schadenfroh, wie sich dabei zur Verwunderung selbst der Interviewer herausgestellt habe, daß Berlusconis Freundschaft mit Craxi, seine Zugehörigkeit zur Geheimloge P2 und die negativen Äußerungen über die Anti-Mafia-Kommission niemand mehr interessierten, während die Linke daraus einen großen Fall machen zu können glaubte.[88]

Trotz der phantastischen Prognosen der »Diakron« war sich Berlusconi im klaren darüber, daß Forza Italia die Wahlen allein nicht gewinnen konnte. Aber in seinem »Kampf für Freiheit und Kultur« fand er mit der von den Neofaschisten gegründeten »Alleanza Nazionale« (AN) und der Lega zwei starke Verbündete, die niemand außer ihm zusammengebracht hätte, denn nur ein Medienmann wie Berlusconi konnte auf die Idee kommen, ein Wahlbündnis unter ausdrücklichem Verzicht auf jegliche programmatische Gemeinsamkeit ins Auge zu fassen. Der »Polo delle libertà« [wörtlich: Pol der Freiheiten] bestand außer in der Floskel der Freiheit von vorneherein nur im Ziel der Auswahl der mehrheitsfähigen Kandidaten, die von den Marketingexperten der Publitalia Berlusconis gekürt wurden. Bossi und seine Mannen forderten weiterhin in Norditalien die Auflösung des Einheitsstaates, dazu als ersten Schritt die Steuerautonomie des Nordens und eine weitgehende Deregulierung; Fini warb im Süden für einen starken Zentralstaat, der endlich mehr tun solle, als den Süden als Land der Mafia abzustempeln, denn das eigentliche Problem sei nicht die Mafia, »sondern die Anti-Mafia«.[89] Zwischen diesen beiden gänzlich konträren Positionen plazierte sich lächelnd Berlusconi und gab immer wieder drei Sprechblasen von sich, die auch seine Verbündeten übernahmen: Er werde Arbeitsplätze schaffen, und zwar genau eine Million, er werde die Steuern radikal senken und er werde die Bürokratie abbauen. Über die Realisierbarkeit dieser großartigen Versprechungen brauchte man sich bei einem Mann so sicheren Auftretens und so angenehmer Manieren keine Sorgen zu machen. Berlusconi gab sich ganz als *elder statesman*, stets über den Dingen stehend, verbindlich, aber ohne je konkret zu werden. Statt wie früher spöttisch *Sua Emmittenza* oder *dottore* wurde er nur noch *cavaliere* (Ritter, nach dem in Italien häufig verliehenen Orden *Cavaliere del lavoro*) genannt und sein Firmenimperium mit dem Markenzeichen *il Biscione*, die Natter, nach dem Wappentier der Visconti, der einstigen Herzöge von Mailand.

Gegenüber so viel Strahleglanz des Pols der Freiheit nahm sich der Pol des Fortschritts (»Polo progressista«) immer dürftiger aus. Was nach den Kommunalwahlen als eine starke Bewegung unter eindeutiger Führung des PDS ausgesehen hatte, erwies sich als ein zänkischer Haufen älterer, abgekämpfter Herren mit Schmerbauch und verbrauchten Ideen. Das Programm des Pols des Fortschritts sprach in umständlichen Worten von der Schaffung einer multikulturellen Gesellschaft, von der Abkehr vom individuellen Konsumismus, von der gerechten Verteilung der Opfer, der Rücksicht auf die Umwelt und forderte von einem verunsicherten und krisengeschüttelten Land »Denk nach, Italien!«.[90] Der Linken gelang es nicht einmal, zum Thema zu machen, daß sich mit Berlusconi der Bock für die Stelle des Gärtners bewarb, der als Dienstherr der Guardia di Finanza bei der Steuerfahndung beispielsweise sich selbst am meisten würde kontrollieren müssen.

Die Wahlen vom 27. März 1994 besiegelten das Ende der Ersten Republik. Die alte *classe politica* wurde hinweggefegt. Fast die Hälfte der Volksvertreter zog zum ersten Mal ins Parlament ein, berücksichtigt man die Senatoren auf Lebenszeit, so konnten 70 Prozent der Parlamentarier der 11. Legislaturperiode keinen Sitz mehr erringen. Nicht nur andere, sondern auch jüngere Gesichter und aus einem anderen sozialen Milieu waren nun in den heiligen Hallen von Palazzo Montecitorio und Palazzo Madama zu sehen. An die Stelle der Juristen, Gelehrten und Professoren der Humanwissenschaften, die mit ihrer sprachlichen Eleganz und dialektischen Spitzfindigkeit den Stil der Ersten Republik geprägt hatten, traten Unternehmer, Angehörige freier Berufe, Funktionäre, Ökonomen und nicht zuletzt der Chauffeur von Umberto Bossi. Die kleinen traditionellen Parteien, die Republikaner, die Liberalen und die Sozialdemokraten verschwanden, die ehemals allmächtigen Christdemokraten und Sozialisten wurden auf eine Statistenrolle reduziert. Der »Pol der Freiheit« errang einen durchschlagenden Erfolg und der »Pol des Fortschritts« erlitt eine niederschmetternde Niederlage. In der Kammer konnte der Pol der Freiheit auf 366 der 630 Sitze zählen, die Linke dagegen nur auf 215. Im Senat verfehlte Berlusconi die Mehrheit mit 155 von 315 Sitzen nur knapp, die Linke erreichte nur 122. Jetzt war man auch bei Fiat davon überzeugt, wie vorteilhaft »die Dynamik, die Innovationskraft und Klarheit« eines Unternehmers an der Spitze der Regierung sein könne.[91]

Schien dieses Ergebnis zunächst wenigstens die von allen gewünschten klaren Verhältnisse geschaffen zu haben, so erwies es sich gerade in dieser Hinsicht als Mogelpackung. Die Tücken der Wahlrechtsreform und der nur für die Kandidatenkür geschmiedeten Zweckbündnisse traten unbarmherzig ans Licht. Es war eine Situation entstanden, die – sofern dies möglich ist — noch unübersichtlicher war als unter dem alten Wahlrecht. In der Kammer verfügte die Lega mit 118 (1992: 55) über die meisten Abgeordneten, gefolgt von PDS mit 115 (1992: 107). Deshalb erhob Bossi keck das Haupt, wollte Ministerpräsident werden oder wenigstens die wichtigsten Posten besetzen. Da mußte er sich aber sagen lassen, daß er die meisten Stimmen nur mit Hilfe seiner Bündnispartner bekommen hatte, die mit 105 Abgeordneten der Neofaschisten (1992: 34!) und 101 von Forza Italia auf dem Fuße folgten. Nach dem Verhältniswahlrecht sah die Sache nämlich für Bossi gar nicht gut aus. Er war nicht über 8,4 Prozent hinausgekommen, und die Lega war überhaupt nur in seinem Stammland, der nördlichen Lombardei, stärkste Partei. Schon in der lombardischen Ebene lag Forza Italia vorn, das landesweit mit 21,5 Prozent vor dem PDS mit 20 Prozent führte. Finis Alleanza Nazionale hatte mit 13,5 Prozent die Lega weit überholt. Mehr denn je und stärker denn je, war Italien politisch tief gespalten. Im Norden war Forza Italia stärkste Partei, in ganz Mittelitalien dagegen nach wie vor der PDS. Der Süden, und das war eine der großen Überraschungen der Wahlen, war geteilt unter der neofaschistischen AN, Forza Italia und PDS.

Das paradoxeste Ergebnis war jedoch die Zu- statt der erhofften Abnahme der im Parlament vertretenen Parteien. Die *traditionellen* Kleinparteien waren zwar verschwunden, dafür aber sogar noch mehr neue entstanden, denn die meisten alten hatten sich in einen linken und einen rechten Flügel aufgelöst. Auch sie kamen *als Parteien* nicht über die Vier-Prozent-Hürde, konnten aber durch das Mehrheitswahlrecht im Schutz der beiden Pole dennoch Kandidaten ins Parlament durchbringen.

Schon bei den Diskussionen um die Änderung des Wahlgesetzes war man daran gescheitert, daß die »Dynamik der Desintegration des Parteiensystems, vor allem der DC und des PSI« allen computergestützen Versuchen der Voraussage über die Wirkungen verschiedener Modelle einen Strich durch die Rechnung gemacht hatte.[92] Die schließlich erzielte komplizierte und widersprüchliche Wahlrechtsreform setzte dieser Dynamik jedoch, wie sich nun zeigte, kein Ende, sondern brachte sie im Gegenteil erst richtig in Schwung. Im letzten Parlament der Ersten Republik waren dreizehn Parteien vertreten, im ersten der Zweiten Republik saßen bereits Abgeordnete aus 15 Parteien und noch einige Einzelkämpfer. Aber das war nur der Anfang. Kaum gewählt, zerstritten sich die Abgeordneten mit ihren Fraktionen, gründeten Ein-Mann-/Ein-Frau-Formationen, taten sich mit anderen zusammen, zerstritten sich wieder usw. Ein circulus vitiosus war in Gang gesetzt, da die profilierungssüchtigen Parlamentarier sicher sein konnten, bei der nächsten Abstimmung oder Wahl unter dem Dach eines der Pole Unterschlupf zu finden. Weil sich außer wirklich spezialisierten Partitologen bald keiner mehr auskannte, wurden auch in ernstzunehmenden Publikationen diese Splittergruppen einfach unter dem Sammelbegriff *cespugli* (Gebüsch) zusammengefaßt.[93] Die exponentiell zunehmende Fragmentierung verhinderte ihrerseits jede mögliche Reform des Systems, weil einigermaßen verläßliche Voraussagen über die Wirkungen einer Reform der Reform nun erst recht unmöglich wurden.[94]

Unter diesen Umständen war eine rasche Regierungsbildung, wie sie der *elder statesman* dem Wähler in die Hand versprochen hatte, unmöglich. Bossi eröffnete ein wildes Sperrfeuer, denn er hatte bereits im Wahlkampf begriffen, daß für ihn das Bündnis mit Berlusconi zu einer tödlichen Gefahr zu werden drohte, während der Kreide fressende Wolf auf leisen Pfoten sein Territorium ständig erweiterte. Doch trotz seiner wüsten Tiraden gegen Berlusconi erwies sich Bossi als tollkühner Taktiker, denn es gelang ihm in den dreiwöchigen Verhandlungen sein Hauptziel durchzusetzen: die Besetzung des Innenministeriums mit seinem Stellvertreter Roberto Maroni und weiterer drei erstrangiger Ministerien für die Lega. Dafür verzichtete er auf die Forderung nach sofortiger Umwandlung Italiens in einen Bundesstaat, und prompt verließ sein Chefideologe Gianfranco Miglio zornig die Partei. Ansonsten präsentierte Berlusconi schließlich eine Regierung nicht nur aus vier Parteien, wie man das von früher gewohnt war, sondern aus Mitgliedern von sieben Parteien plus zwei ›Unabhängigen‹.

Neben der Lega schmückte Berlusconi sein Kabinett mit Angehörigen seines Firmenimperiums, so mit seinem Anwalt Cesare Previti in der Rolle des Verteidigungsministers, und — wenn auch in untergeordneten Ministerien — den ersten Faschisten seit dem Sturz Mussolinis im Jahre 1943. Der empörte Aufschrei des demokratischen Auslandes über diese Tatsache, den sich die Linke erhofft hatte, blieb eher verhalten.[95] Einzig Staatspräsident Scalfaro hatte in zähen Verhandlungen vergeblich versucht, seinem Veto gegen eine Ministerliste Geltung zu verschaffen, auf der neben erklärten Nostalgikern der Monarchie und des »großen Staatsmannes Mussolini« und den Befürwortern einer Spaltung des Landes aus der Lega 23 Neulinge ohne jede Regierungserfahrung standen.[96] Der Konflikt um Person und institutionelle Rolle des Staatspräsidenten wurde zu einer Dauerbelastung der kommenden Monate.

Die ersten konkreten Maßnahmen der Regierung Berlusconi galten keineswegs der Schaffung von Arbeitsplätzen, der Straffung der Bürokratie und der Sanierung der Staatsfinanzen, sondern der Säuberung der RAI und der Zähmung der Justiz. Gestärkt durch einen weiteren glänzenden Erfolg von Forza Italia bei den Europawahlen (30,6 %) und einem entsprechenden Mißerfolg der Lega (6,6 %) griff Berlusconi zu einer Methode, die schon in der Ersten Republik berüchtigt war. Immer, wenn es darum gegangen war, Öffentlichkeit und Parlament zu überrumpeln, hatten frühere Regierungen ihre Pläne als Dekrete durchgesetzt, die vollendete Tatsachen schufen und erst nach Monaten vom Parlament bestätigt werden mußten. Als erstes zwang Berlusconi mit einem Dekret, das als »Rettung der RAI« deklariert wurde, die Professoren des Verwaltungsrates, die erst vor einem halben Jahr zur Sanierung der RAI angetreten waren, zum Rücktritt, obwohl ihre Be- und Abberufung eigentlich nur den Präsidenten von Parlament und Senat zustand. Die neuen Verwaltungsräte wurden zwar als *amici degli amici* (Freunde der Freunde) aus der Mailänder Industrie- und Finanzwelt verspottet, dennoch blieb die Kritik verhalten. Weil alles so gut geklappt hatte, glaubte Berlusconi offenbar, nun gleich zu einem zweiten, noch viel tiefer zielenden Schlag ausholen zu können. Durch ein Dekret, das die Unterschrift des Justizministers Biondi trug, sollte die Möglichkeit der Verhängung der Untersuchungshaft drastisch eingeschränkt und unter anderem für Bestechung und Bestechlichkeit von Staatsbediensteten abgeschafft werden. Ganz nebenbei war auch vorgesehen, die Zeit für staatsanwaltliche Ermittlungen ohne Information des Betroffenen auf drei Monate zu verkürzen. Zuerst schien alles wie bei dem Dekret über die RAI zu verlaufen. Doch als sich die Gefängnistore öffneten und die Hauptverantwortlichen für die Milliardenbetrügereien entließen, als die Mailänder Staatsanwälte vor die Kameras traten und ihren Rücktritt ankündigten, als der Staatsanwalt von Palermo erklärte, daß mit der Verkürzung der Zeit für verdeckte Ermittlungen jeder Kampf gegen die Mafia unmöglich werde, brach ein Sturm der Entrüstung los. Berlusconi mußte schließlich nachgeben und das Dekret zurückziehen, der Lack des *elder statesman* war ab.

Es konnte kaum als Zufall erscheinen, daß unmittelbar

nachdem die Regierung die Rücknahme des Dekrets bekanntgegeben hatte, Paolo Berlusconi, der Bruder des Ministerpräsidenten, dem Silvio seine Anteile der Unternehmen abgetreten
hatte, per Haftbefehl gesucht wurde. Dem tagelang Unauffind-
baren wurde Bestechung der Finanzpolizei in Milliardenhöhe
zur Last gelegt. Neben den Dauerkonflikt mit Staatspräsident
Scalfaro trat der mit allen aus der Ersten Republik sattsam bekannten Methoden geführte Kampf gegen »Mani Pulite«. Da es
mit dem Scheitern des Biondi-Dekrets nicht gelungen war, die
Schnüffelnasen in Mailand und anderswo politisch mundtot zu
machen, griff man nun die Gallionsfigur Di Pietro gezielt per-
sönlich an. Im Wahlkampf und bei der Zusammenstellung seiner Ministerliste hatte Berlusconi Di Pietro noch umworben,
nun lancierte sein Anwalt Previti, der ja eigentlich Verteidigungsminister sein sollte, heftige Presseattacken und überhäufte Di
Pietro mit gerichtlichen Anzeigen.

Die eigentliche Feuerprobe erwartete die Regierung mit
der Debatte der Finanzplanung und des Haushaltsentwurfs für
1995, die laut Gesetz bis Ende September verabschiedet werden mußten. Da Berlusconi im Wahlkampf versprochen hatte,
keine neuen Steuern zu erheben, waren drastische Streichun-
gen unausweichlich. Schatzminister Lamberto Dini, vor seinem
Eintritt in die Regierung Generaldirektor der Italienischen
Staatsbank, legte einen Entwurf vor, in dem die Deckungslücke
von fast 50 Billionen Lire für 1995 zu weit über die Hälfte
durch drastische Kürzungen vor allem im Renten- und Gesund-
heitsbereich ausgeglichen werden sollte. Dinis Plan bestand
aber vor allem darin, mit den Kürzungen zugleich strukturelle
Eingriffe in das Rentensystem zu verbinden und so — nach dem
Fall der *scala mobile* — die zweite »heilige Kuh« der Gewerkschaften zu Fall zu bringen. Trotz der immer zuversichtlichen
Verlautbarungen Berlusconis formierte sich innerhalb und
außerhalb der Regierungskoalition erbitterter Widerstand, der
die fristgerechte Verabschiedung der Finanzplanung unmöglich
machte und die ohnehin schwache Lira an den internationalen
Finanzmärkten weiter in den Keller rutschen ließ.

Innerhalb der Regierungskoalition übernahmen parado-
xerweise nicht Fini und seine AN, sondern Bossi und die Lega
die Rolle der Bremser bei den Rentenkürzungen, aber Bossis
Taktieren nach allen Seiten wurde immer panischer und inkon-
sequenter. Die Gewerkschaften organisierten am 15. Oktober
einen Generalstreik, der an Größe und Geschlossenheit an die
besten Zeiten der Arbeiterbewegung erinnerte, wenige Wo-

chen später sammelten sich noch einmal über eine Million Menschen in Rom, um gegen das Finanzgesetz zu demonstrieren. Als die Gewerkschaften für den 2. Dezember einen weiteren Generalstreik ankündigten, erklärte sich die Regierung endlich bereit, die Rentenreform aus dem Finanzgesetz auszuklammern, so daß der Haushalt 1995 verabschiedet werden konnte.

Obwohl Berlusconi weiterhin versicherte, *la gente* (die Leute) stünde immer noch geschlossen hinter ihm, bewiesen die Erfolge der mit dem Zentrum verbündeten Linken bei den Kommunalwahlen Ende November das Gegenteil. Angesichts dieser Situation war das Auseinanderbrechen der Regierungskoalition nur noch eine Frage der Zeit. Die Lega stimmte in der Frage der Einrichtung einer Sonderkommission für das Fernsehen mit der Opposition und brachte neben dem der Opposition einen Mißtrauensantrag gegen die eigene Regierung ein. Als sich für diese Mißtrauensanträge eine Mehrheit im Parlament abzeichnete, war der *ribaltone* (das Umstoßen) perfekt, und Berlusconi erklärte am 22. Dezember seinen Rücktritt. Ganz ohne Schadenfreude kommentierte der Philosoph Norberto Bobbio: »Das alte Jahr hatte mit dem ›Neuen, das unaufhaltsam vorwärtsschreitet‹ begonnen, das neue beginnt mit dem Alten, das zurückkehrt. Nichts gehört mehr zum Alten als eine Regierung, deren Amtsdauer unter dem Durchschnitt der Regierungen der Ersten Republik liegt und kürzer ist als die der vorhergehenden Regierungen Amato und Ciampi, die von vorneherein als Übergangsregierungen angetreten waren. Die Regierung Berlusconi dagegen wollte, und wir haben es geglaubt – endlich! –, die erste Regierung sein, die eine ganze Legislaturperiode lang im Amt bleibt.«[97]

Die Regierung Berlusconi endete zur Jahreswende 94/95 wie sie begonnen hatte: mit dem ungebrochenen Optimismus des Ministerpräsidenten und mit erbitterten Angriffen gegen den Staatspräsidenten. Da alle Versuche, vor allem von Alleanza Nazionale, Scalfaros Amtsführung politisch oder gar verfassungsrechtlich zu Fall zu bringen, gescheitert waren, hatte man zu dem bewährten Mittel der persönlichen Verunglimpfung und schwer nachprüfbarer Verdächtigungen gegriffen. Mehrere ehemalige hohe Beamte der Geheimdienste, darunter der selbst unter Anklage stehende Roberto Malpica, munkelten von der Existenz geheimer Fonds, über die alle Innenminister der Ersten Republik, und damit auch Scalfaro während seiner Zeit als Innenminister (1983–1986), ohne jede Kontrolle verfügt hätten. Obwohl diese und ähnliche Vorwürfe ungeklärt blieben, konnte sich Scalfaro im Amt halten. Er fühlte sich auch stark genug, Ende des Jahres auf Berlusconis ultimative Forderung nicht einzugehen, entweder ihn selbst wiederum mit der Regierungsbildung zu beauftragen oder Neuwahlen auszuschreiben. Die Angriffe gegen Scalfaro steigerten sich bis zum Vorwurf des »Staatsstreichs«.[98]

Konzertierte Aussetzung der Demokratie und Links Mitte

Die zügellose Kampagne der »verratenen« abgetretenen Regierung schien den Staatspräsidenten in seiner etwas pompös zur Schau getragenen Rolle als Hüter der verfassungsmäßigen Ordnung und Fährmann durch die Untiefen auf dem Wege zur Zweiten Republik zu stärken, und er begann umfangreiche Konsultationen, um einen Ausweg aus der Krise zu finden. Immer neue Formeln und Konstellationen wurden ins Spiel gebracht, von Übergangsregierung und Regierung zur Vorbereitung von Wahlen bis »Regierung, die über die Einhaltung der Regeln wacht« *(governo delle regole)*, und Regierung des Präsi-

Silvio Berlusconi

denten war die Rede. Scalfaro traf schließlich eine Wahl, die auf den ersten Blick und für jeden Nichtitaliener als absurd erscheinen mußte, die sich aber dennoch als kluger Schachzug bewährte: Mit Lamberto Dini, dem Schatzminister der Regierung Berlusconi, trat ein Mann an die Spitze der Regierung, dessen einziges politisches Charisma in seiner immer mürrischen Miene und dem Ruf eines international renommierten Spezialisten in Finanzfragen bestand. Mit seiner unbarmherzigen und unnachgiebigen Sparpolitik hatte er nicht wenig zum Scheitern Berlusconis beigetragen, aber zugleich den Finger auf das Problem gelegt, ohne dessen Lösung Italiens Weg in das Europa von Maastricht versperrt bleiben mußte. Die Regierungsmannschaft, die er zusammenstellte, bestand aus lauter fachlich hochqualifizierten Nichtpolitikern, von denen die Öffentlichkeit bisher höchstens den Namen kannte. Eine Ausnahme bildete als Außenministerin die Vorzeigefrau des Kabinetts, Susanna Agnelli, die Schwester des Fiatchefs. Sie konnte bereits auf eine erfolgreiche politische Karriere als Bürgermeisterin und Staatssekretärin im Außenministerium zurückblicken. Wie fremdartig Dinis Regierung besonders im Ausland wirkte, wurde u. a. dadurch deutlich, daß man den Ausdruck *governo dei tecnici* häufig als »Regierung der Techniker« übernahm, so als gingen nun Elektriker und Ingenieure im Palazzo Chigi ein und aus.[99] Als Bild war diese Übersetzung jedoch gar nicht so abwegig, denn die neuen Minister krempelten unverzüglich die Ärmel hoch und machten sich an die Durchpeitschung jenes Sparkurses, von dem jedermann wußte, daß er unumgänglich, aber eben schmerzhaft und unpopulär war. Bereits das erste Experiment dieser Art, die Regierung des »Technikers« Ciampi, hatte sich in dieser Hinsicht bewährt. Die Parteien des *ribaltone*, das heißt die Linke, die Mitte und die auseinanderbröckelnde Lega gaben ihre Stimme im Parlament dafür, daß Fachleute, die nicht auf eine mögliche Wiederwahl Rücksicht nehmen mußten, einschneidende Maßnahmen durchzogen. Auch Berlusconi und Fini ließen sich schließlich trotz ihrer wütenden Kampagne zu dieser Lösung herbei und akzeptierten – unter dem Vorbehalt baldiger Neuwahlen – eine »Denkpause«.[100] Nur die Stimmenthaltung von Forza Italia, MSI-Alleanza Nazionale, ihren kleineren Bündnispartnern und den Dissidenten der Lega sicherte Dini nämlich die notwendige Mehrheit im Parlament.

Dinis Regierungserklärung formulierte ein knappes Vier-Punkte-Programm: die Verabschiedung eines Nachtragshaushalts, die Reform des Regionalwahlgesetzes, die Ausformulierung der sogenannten *par condicio*, d. h. der Regeln für die Chancengleichheit der Parteien in den Medien während des Wahlkampfes, und als letzten und härtesten Brocken die Rentenreform. Bereits Ende April, also nach nur drei Monaten, waren bis auf die Rentenreform alle Punkte abgehakt. Allerdings erwiesen sich das neue Wahlgesetz und auch die *par condicio* bei den Regionalwahlen im April als gleich wieder verbesserungsbedürftig. Die Regional- und Kommunalwahlen brachten der Linken in ihrem neuen Bündnis mit dem PPI, einer der drei Nachfolgeparteien der ehemaligen Christdemokraten, eine hauchdünne Mehrheit, die durch die Stichwahlen Anfang Mai verstärkt wurde. Aber diesen Erfolg konterkarierte der Ausgang einer neuen Runde von zwölf Referenden im Juni. Die politisch wichtigsten und mit höchster Spannung erwarteten Abstimmungen betrafen die Zulässigkeit des Besitzes mehrerer Fernsehanstalten, die Werbeeinblendungen und die Konzentration von Werbeeinnahmen. In allen drei Fällen erzielte die von Berlusconis Fernsehsendern in Gang gesetzte Kampagne für ein »Nein« zur Abschaffung der entsprechenden Gesetze einen durchschlagenden Erfolg und bewies zugleich, daß die *telecrazia* noch längst nicht an Einfluß verloren hatte. Mehr denn je erschien das Land politisch gespalten und desorientiert.

Die politische Patt-Situation nutzte Dinis Arbeitsminister Tiziano Treu dazu, in einem Kraftakt ohnegleichen die Axt an die »Anomalien« des italienischen Rentensystems zu legen. Das italienische Rentenwesen aus der Zeit des »Massenklientelismus« der Christdemokraten, das Staatshaushalte und Versicherungsträger in den Ruin trieb, krankte an seiner totalen Unübersichtlichkeit und im Kern an der sogenannten *pensione di anzianità* (Berufs- oder Dienstaltersrente), d. h. der Tatsache, daß auch bei normalen Versicherten nach 35 Beitragsjahren die volle Rente erreicht wurde, die sich nach den letzten Einkommen errechnete und außerdem an die Lohnsteigerungen gekoppelt war. Das bedeutet, daß – ganz abgesehen von den berüchtigten »Baby-Renten«, den ungerechtfertigten Invalidenrenten und unzähligen Sonderkassen – das durchschnittliche Rentenalter in Italien unter 60 Jahren lag.[101] Demgegenüber stand die Tatsache, daß ein Großteil der Renten unter dem Existenzminimum lag, und daß die Frühverrentung bewußt zur sozialen Abfederung von Rationalisierungsmaßnahmen eingesetzt worden war. Schon die Regierung Amato hatte eine vorsichtige Reform in die Wege geleitet, und Arbeitsminister Treu erreichte nun in zähen Verhandlungen, in die auch die Gewerkschaften miteinbezogen waren, daß sein Gesetzentwurf eine grundsätzliche Trendwende einleitete, eine allmähliche Heraufsetzung des Rentenalters vorsah, die Rentensteigerungen an die Preissteigerungen koppelte und die Berechnungsgrundlagen änderte. Die Gewerkschaften hielten still, und Dini erzwang von den Parlamentariern im Juli und August, während die Nation in Urlaub war, durch mehrmaligen Rekurs auf die Vertrauensfrage die Zustimmung zu der Reform.

Je länger und erfolgreicher Dini regierte, desto mehr verblaßte die Mitte-Rechts-Koalition, die seit dem Nachtragshaushalt ihre Duldung durch Enthaltung aufgegeben hatte und in die Opposition gegangen war. Gegen den Haushaltsentwurf für 1996 fuhren Berlusconi und Fini im September mit einem Mißtrauensantrag massive Geschütze auf. Ungerührt riskierten sie, das Land ohne Haushaltsgesetz in eine völlig unübersichtliche politische Krise mit unabsehbaren Folgen stürzen zu lassen. Aber Dini überstand auch diese Feuerprobe mit dem gar nicht so knappen Ergebnis von 310 zu 291 Stimmen.[102] Das Finanzgesetz wurde verabschiedet, Dini kündigte seinen Rücktritt an, Scalfaro war nun doch zur Auflösung des Parlaments gezwungen, und Italien begann sein Halbjahr der EU-Präsidentschaft mit einer demissionierten Regierung. Die Wahlen fanden am 21. April statt.

Im Vergleich zu den Wahlen zwei Jahre zuvor hatte sich die politische Landschaft Italiens ein weiteres Mal grundlegend und weitgehend unvorhersehbar gewandelt. Durch den Dauerstreit und den schließlichen »Verrat« der Lega war zwar die programmatische und soziale Heterogenität des Pols der Freiheit deutlich geworden, dennoch bildete lange der fast reibungslose Zusammenhalt von Forza Italia und MSI-Alleanza Nazionale einen eindrucksvollen Gegensatz zu der heillosen Zersplitterung der Linken. Die Attraktivität des Pols der Freiheit nahm noch zu, als es Gianfranco Fini nach intensiver interner Vorarbeit gelang, den 17. Parteitag des MSI (17 ist in Italien die Unglückszahl!) in Fiuggi im Januar 1995 zum letzten zu erklären und Alleanza Nazionale als neue Partei aus der Taufe zu heben. Mit der Begründung, daß sich die »historische Rolle des MSI erschöpft« habe[103], präsentierte Fini Alleanza Nazionale als stromlinienförmige Partei der rechten Zukunft, die den Wirtschaftsliberalismus, ein starkes Italien in einem starken Europa und das Festhalten an den Werten Nation, Familie und Ordnung auf ihre Fahnen schrieb. Wie dies Renzo de Felice als international angesehener Historiker vorexerziert hatte, wurde der Faschismus als längst vergangene Epoche »historisiert«. Allerdings wurde in einem einstimmig angenommenen Zusatzantrag der Antisemitismus mit folgenden Worten klar verurteilt: »Die unermeßliche Schande der Rassengesetze wird für immer in unseren Gewissen als Menschen und als Italiener brennen.«[104] Zu ihren geistigen Vätern zählte die neue Partei Dante Alighieri, Carl Schmitt, Gabriele d'Annunzio und den Futuristen F. T. Marinetti, ja sogar Antonio Gramsci, den Führer der kommunistischen Partei Italiens, der jahrelang in den faschistischen Kerkern eingesperrt war.[105] Trotz dieser smarten, alles vereinnahmenden Strategie trat eine kleine Gruppe »aufrechter« Faschisten unter der Führung Pino Rautis aus und gründete eine altneue Partei unter dem traditionellen Symbol der Flamme des MSI. Der Kongreß in Fiuggi fand sicher zufällig, aber dennoch symbolträchtig zeitgleich mit dem Regierungsantritt Dinis statt.

Sicher nicht zufällig, aber außer für wenige Eingeweihte völlig unerwartet, betrat kurz nach Dinis Amtsantritt eine Art Anti-Berlusconi das Spielfeld. Romano Prodi war der politisch intessierten Öffentlichkeit bis dahin hauptsächlich bekannt als den Christdemokraten nahestehender international anerkannter Wirtschaftswissenschaftler und als Leiter der Staatsholding IRI (1982 bis 1989, und 1993/94). Besonders in seiner ersten Amtszeit beim IRI hatte er bewiesen, daß er seine wissenschaftliche Kompetenz auch in die Tat umzusetzen wußte und hatte den scheinbar hoffnungslos verschuldeten Koloß aus den roten Zahlen geholt. Beim zweiten Mal hatte er das Handtuch geworfen, weil er sich mit seinen Vorstellungen der Privatisierung nicht durchsetzen konnte (Vgl. S. 196). Er lehrte an der Universität Bologna Industriepolitik, unterhielt das Wirtschaftsforschungsinstitut Nomisma und gehörte — wie beispielsweise auch Umberto Eco — zu dem lockeren Kreis von »Eierköpfen« um die Zeitschrift und das bekannte Verlagshaus »Il Mulino«. Zu seinen Vertrauten, Freunden und Ratgebern gehörten Persönlichkeiten wie Giuseppe Dossetti, der Vertreter des linken Flügels der Gründergeneration der DC, der sich seit Jahrzehnten in ein Kloster auf den Höhen des Appennin zurückgezogen hatte, und Beniamino Andreatta, Minister und graue Eminenz in vielen DC-Regierungen, oder auch Paolo Flores d'Arcais, Gründer der linksliberalen Zeitschrift *Micromega*.[106]

Daß Prodi sofort als »Anti-Berlusconi« tituliert wurde, lag nicht nur an der Art, wie er sich selbst als Kandidat für die Führung eines Mitte-Links-Bündnisses anbot. Gerade in der

Gegensätzlichkeit ihres Auftretens und Anspruchs waren sich Berlusconi und Prodi auf frappante Weise ähnlich. Wie hinter Berlusconi standen auch hinter Prodi im Augenblick seiner öffentlichen Kandidatur eine fertige Mannschaft und ein fertiges Konzept bereit. Bei Prodi war es allerdings kein milliardenschwerer Medienkonzern, sondern sein Wirtschaftsinstitut Nomisma. Auch Prodi ließ ein bestimmtes Image seiner Person und seines Privatlebens verbreiten, inklusive seiner sportlichen Präferenzen, denn auch er ist Anhänger eines italienischen Lieblingssports, nämlich des Radfahrens. Prodi radelte jedoch selbst und besaß dennoch nicht das superfitte Aussehen des Präsidenten des Fußballklubs *Milan*. Bologna, wo sich Prodi nach wie vor ohne Bodyguards frei bewegen konnte, heißt eben nicht umsonst *la grassa*, die Fette. Prodi begann sein politisches Abenteuer auch nicht mit Hubschrauber und Privatflugzeug zwischen Mailand und Rom, sondern brach am 13. März 1995 im Bus zu einer Propaganda- und Informationsreise durch »100 Städte« von Lecce im äußersten Süden nach Norden auf.

Prodis Autokandidatur konnte freilich nur Erfolg haben, wenn außer den Nachfolgesplittern der ehemaligen DC auch die zahlenmäßig viel stärkere Linke seine Führung anerkannte. Massimo d'Alema, der nach dem Wahldesaster 1994 die Nachfolge Achille Occhettos als Generalsekretär des PDS angetreten hatte, akzeptierte diese scheinbar paradoxe Konstruktion, und es ist gar nicht ausgeschlossen, daß er sie selbst schon lange mit Prodi geplant hatte. Auch weiterhin nämlich zeigte er sich als ein mit allen Wassern gewaschener Taktiker, der es dennoch an medienwirksamer Entschiedenheit und Omnipräsenz mit seinen politischen Gegnern durchaus aufnehmen konnte. Zum Symbol des neuen Bündnisses wurde der Olivenbaum, *l'ulivo*, erkoren, denn »der Olivenbaum ist stark, widerstandsfähig und gut in der Erde verwurzelt. Er ist ein Baum des mediterranen Europa, der am Meer, in den Bergen und im Flachland, an Seen und im Hügelland wächst. Er liebt die Sonne und ist unempfindlich gegen die Kälte.«[107] Inhaltlich präsentierte sich Prodi höchst ausgewogen als Verfechter eines »schlanken«, aber sozialen Staates, der den Abbau von Ungerechtigkeiten und bürokratischen Hemmnissen versprach, und als eines der wichtigsten Ziele die Sanierung des Staatshaushalts vorsah. Schien vielen Beobachtern dies alles zu vage, Prodi selbst zu hausbacken und zu wenig medienwirksam, so zeigten schon die Regionalwahlen im Spätherbst 1995, daß das Bündnis der Linken-Mitte gegenüber der Rechten-Mitte aufholen konnte. Allerdings stellte sich auch heraus, daß *Rifondazione comunista*, die altkommunistische Abspaltung des PDS, unter ihrem populistischen neuen Generalsekretär Fausto Bertinotti ihre Wählerbasis über fünf Prozent erweitern konnte und damit zu einem schwer kontrollierbaren Zünglein an der Waage zu werden drohte.

Nach seinem Rücktritt gründete der scheidende Ministerpräsident Dini noch schnell eine eigene Partei mit dem Namen *Rinnovamento Italiano* oder einfacher *Lista Dini*, schloß sich aber ausdrücklich dem *Ulivo* an. Zwei Jahre, nachdem Berlusconi mit seinem unerwarteten Sieg eine neue politische Perspektive eröffnet hatte, brachten die Wahlen des 21. April wiederum eine für Italien völlig neue Lage: Der *Ulivo* verfügte zusammen mit *Rifondazione* in beiden Häusern des Parlaments über eine Mehrheit. Zum ersten Mal in seiner Geschichte würde Italien von — ehemaligen — Kommunisten regiert. Der empörte Aufschrei des Auslandes, den sich diesmal die Rechte erhoffte, blieb auch nur verhalten.[108] In Rekordzeit präsentierte Prodi sein Kabinett als eine Art Fortsetzung der »Techniker«-Regierungen Ciampi (Schatz- und Haushaltsminister) und Dini (Außenminister, Treu weiterhin als Arbeitsminister) unter Einschluß angesehener Persönlichkeiten der Linken (z. B. Giorgio Napolitano als Innenminister) und linken Mitgliedern der ehemaligen DC. Populäres Aushängeschild des neuen Kurses war in der Rolle des Bauministers Antonio Di Pietro. Gegen diesen neuerlichen »Verrat« richtete nun die Rechte ein Trommelfeuer von Intrigen und Angriffen, und Di Pietro trat nach wenigen Monaten voller hitziger Polemiken zurück.

Mit dem geballten Sachverstand an Wirtschaftsfachleuten in seinem Kabinett ging Prodi zielstrebig daran, dem Land auf dem Weg nach Maastricht eine beinharte Finanz- und Haushaltspolitik zu verpassen. Der Kurs der Lira stabilisierte sich, die Zinsen — und damit die Staatsverschuldung — sanken, und es gelang, was niemand Italien mehr zugetraut hätte: Das Land konnte im Rahmen der Maastricht-Verträge fristgerecht Ende 1996 in die Währungsunion zurückkehren und peilte auch die anderen Konvergenzkriterien an, die Italien schließlich auch erreichte (vgl. dazu S. 205). Im Parlament unternahm der Taktiker D'Alema immer neue Anläufe, die Mitte-Rechts-Koalition so weich zu klopfen, daß sie sich zu einer Zusammenarbeit in den Fragen der institutionellen Reformen bereit fand. Ein neues Wort für diese uritalienische Taktik machte bald die Runde: *l'inciucio*. Während sich Sprachforscher und Politologen über dieses in den Wörterbüchern nicht zu findende Wort weiterhin die Köpfe zerbrachen, existierte mit dem Neologismus »Schmusekurs« längst eine zutreffende Entsprechung im Deutschen — ein weiterer Beweis für die »Italianisierung« auch der deutschen Politik. D'Alema gelang — gegen den zähen Widerstand von Alleanza Nazionale — die Einrichtung einer (der dritten) Kommission aus beiden Parlamentskammern zur Erarbeitung von Verfassungsänderungen.

Während die bisherigen Parlamentskommissionen trotz mehrjähriger Arbeit keine Lösungen gefunden hatten, gelang es der dritten sogenannten *Bicamerale* unter Vorsitz D'Alemas, trotz einiger sehr fauler Kompromisse, ihre Arbeiten Anfang November 1997 zum Abschluß zu bringen und ans Parlament weiterzuleiten. Vorgesehen waren im wesentlichen eine Umgestaltung der Staatsform in ein Präsidialsystem nach französischem Muster. Den Ausschlag in diese Richtung hatte die Lega gegeben, deren Kommissionsmitglieder urplötzlich bei der Abstimmung zu dieser Frage erschienen waren und gegen die von der Regierungsmehrheit favorisierte Stärkung der Regierungsgewalt durch einen Premier gestimmt hatten. Weitere herausragende Änderungen sahen die Ausgestaltung des Mehrheitswahlrechts, die Umwandlung Italiens in einen föderalen Staat und weitreichende Änderungen im Justizwesen vor, die darauf hinausliefen, die Unabhängigkeit der Staatsanwälte zu beschneiden. Etwas voreilig bezeichnete D'Alema den Abschluß der Kommissionsarbeit als ein »historisches Ereignis«. Ohne Umschweife nämlich präsentierte Berlusconi die Rechnung für den *inciucio*: Plötzlich forderte er – gegen den Willen von AN – die Neuverhandlung einiger zentraler Punkte. Im Laufe der nun folgenden Streitereien schälte sich unmißverständlich als Berlusconis eigentliches Anliegen heraus, die drei gegen ihn laufenden Verfahren, in denen er in erster Instanz zu insgesamt sechs Jahren und fünf Monaten verurteilt wurde, durch eine gesetzliche Regelung zu stoppen. Dieser Dreistigkeit konnte selbst der gewiefte D'Alema nichts entgegensetzen, und so mußten die Aktenberge der *Bicamerale* sang und klanglos zu Makulatur eingestampft werden.

Das klägliche Ende des ehrgeizigen Projekts der *Bicamerale* war ein Eigentor des Parlaments, aber auch ein Schlag für die Regierung Prodi. Deren eigentlicher Gegner saß jedoch nicht auf den Bänken der Opposition, sondern stimmte für die Regierung. Von Anfang an hatte der Führer von *Rifondazione*, Fausto Bertinotti, kein Hehl daraus gemacht, daß er seine Rolle als Zünglein an der Waage vol auszureizen gewillt war. Drei Mal brachte er die Regierung Prodi an den Rand des Scheiterns, beim viertel Mal schaffte er es schließlich, und hat damit nicht zuletzt seiner eigenen Partei schwer geschadet. Im Frühjahr 1997 verweigerten die Altkommunisten der Regierung die Zustimmung zur Entsendung einer Schutztruppe der UNO für die humanitäre Hilfe in Albanien, im Herbst zwangen sie Prodi während der Haushaltsberatungen zu einem kurzfristigen Rücktritt, im Juni des darauffolgendes Jahres stimmten sie gegen die Pläne für die Nato-Osterweiterung. Während in der Albanienkrise die Opposition noch »patriotische Hilfe« für die Regierung leistete, konnte sich Prodi bei der Frage der Nato-Osterweiterung nur mit den Stimmen einiger Abweichler unter Führung des ehemaligen Staatspräsidenten Francesco Cossiga retten. Als Bertinotti für die nächsten Haushaltsberatungen erneut sein kategorisches »Nein« ankündigte und sich auch durch die Einstellung von jungen Arbeitslosen nicht besänftigen ließ, trat Prodi mit seinem Haushaltsentwurf vor das parlament, stellte zum dreißigsten Mal in seiner 28-monatigen Amtszeit die Vertrauensfrage – und stürzte mit 313 zu 312 Stimmen. Zum ersten Mal in der Geschichte der italienischen Republik kam damit eine Regierung über die Vertrauensfrage zu Fall. Mit 875 Tagen hatte Prodi bei weitem nicht sein ehrgeziges Ziel einer regulären fünfjährigen Legislaturperiode erreicht, immerhin aber die zweitlängste Regierung nach Craxis 1058 Tagen. Daß man mit solchen Rechenkünsten die Hoffnung der Wähler auf Stabilität allerdings nicht erfüllen konnte, erkannte Armando Cossutta, der Vize Berrinottis, erst nach dem Desaster und zog daraus den Schluß, mit einem Teil von *Rifondazione* eine neue Partei unter dem alten Namen *Partito dei Comunisti Italiani* (PCI) zu gründen.

Zum sechsten Mal sah sich Präsident Scalfaro gezwungen, nach der Zauberformel für eine neue Regierung zu suchen. Neuwahlen waren so gut wie ausgeschlossen, weil nur sechs Wochen nach Prodis Sturz am 9. Oktober 1998 das sogenannte *semestre bianco*, das letzte Halbjahr der siebenjährigen Amtszeit des Staatspräsidenten anbrach, in dem das Parlament nicht aufgelöst werden darf. Längst war die Parteienszene wieder in Bewegung geraten und unübersichtlicher denn je. Zu Beginn des Jahres 1998 hatte sich der aus der ehemaligen kommunistischen Partei hervorgegengene PDS einer erneuten Häutung unterzogen, nannte sich *Democratici di Sinistra* (DS) und ersetzte das an den Fuß einer Eiche gerückte Emblem von Hammer und Sichel durch eine Rose. Fast gleichzeitig rückte auch Alleanza Nazionale mit einem »zweiten Parteitag von Fiuggi«, der diesmal in Verona stattfand, noch weiter von seiner faschistischen Vergangenheit ab. Größere Sprengkraft als diese Versuche der Linken und Rechten, sich für die Mitte attraktiv zu machen, hatten die Veränderungen in der Mitte selbst. Unter Führung von Francesco Cossiga entstand aus den kleinen Nachfolgeparteien der Christdemokraten, die 1996 unter dem Dach des Polo gewählt worden waren, ein Gebilde namens *Unione democratica della Repubblica* (UDR). Die neue Formation sagte sich vom Polo los, wurde erst zum Retter Prodis, und dann zum Geburtshelfer der neuen Regierung.

Cossiga lehnte die Teilnahme an einer Neuauflage der Regierung Prodi ab, und machte damit deutlich, daß sein Hauptinteresse der Zerstörung des Bündnisses des *Ulivo* galt. Stattdessen stimmte er der Bildung einer neuen Regierung unter Massimo D'Alema zu, ja noch mehr, er akzeptierte sogar die Teilnahme des Altstalinisten Cossutta. Die aus neun Parteien gebildete Regierung D'Alema umfaßte damit ein Spektrum, das von der äußersten Rechten der ehemaligen Christdemokraten über neue Formationen wie Di Pietros Minipartei *L'Italia dei Valori* bis zur äußersten Rechten der ehemaligen Kommunisten reichte. Nicht ohne Ironie bemerkte D'Alema, Cossiga habe dem Land beweisen wollten, daß der Kalte Krieg wirklich zu Ende sei. Die neue Regierung wahrte auch eine Kontinuität in ganz anderer Richtung. In dem neuen Kabinett saßen mit Carlo Azeglio Ciampi als Haushalts- und Schatzminister und mit Lamberto Dini als Außenminister weiterhin zwei ehemalige hohe Funktionäre der Banca d'Italia im Kabinett. Auch Vincenzo Visco hatte als Wirtschaftsfachmann bereits unter Ciampi und Prodi das Finanzministerium innegehabt.

D'Alemas Regierung schaffte einen erfolgreichen Start mit der reibunslosen Verabschiedung des Haushalts und dem Abschluß eines »Beschäftigungspakts« mit Arbeitgebern und Gewerkschaften, der Steuererleichterungen für die Industrie und Investitionsprogramme für mehr Beschäftigung vorsah. Als hätte die erste Regierung unter Führung eines ehemaligen Kommunisten eine Art Reifeprüfung für ihre Treue zum Westen zu bestehen, setzte D'Alema mit eiserner Entschlossenheit die Beteiligung Italiens am Kosovo-Einsatz der Nato durch. Norditalien mit seinem Militärflughafen Aviano wurde zur Basis für die Luftangriffe gegen Serbien. Der Protest innerhalb und außerhalb der DS blieb vergleichsweise schwach, als Tausende von

Militärflugzeugen über die Poebene rasten und auf dem Rückweg ihre unverbrauchten Bomben in die Adria fallen ließen.

Auch in zwei weiteren schwierigen Fragen schien D'Alema zunächst rasch vorwärtszukommen. Das für den 18. April angesetzte Referendum, mit dem Segni die gänzliche Abschaffung des Verhältniswahlrechts im sogenannten *Mattarellum* von 1993 durchsetzen wollte, scheiterte knapp an zu geringer Beteiligung. Zum ersten Mal war damit ein Referendum gescheitert. Daran war abzulesen, daß diese Waffe, die die Regierenden so oft das Fürchten gelehrt hatte, überstrapaziert und stumpf geworden war. Wider Erwarten gelang auch die Wahl des neuen Staatspräsidenten am 13. Mai bereits im ersten Wahlgang, denn D'Alema hatte sich über die Wünsche seiner Koalitionspartner hinweg mit der Opposition verständigt. Mit Carlo Azeglio Ciampi wurde ein allgemein als integer anerkannter »Techniker« ins Amt des Staatspräsidenten gewählt, der in der Rolle des Ministerpräsidenten 1993/94 und dann des Wirtschaftsministers dem Land als Retter in der Not gedient hatte.

Mit dem Versuch einer Neuauflage des Schmusekurses gegenüber Berlusconi seit der Wahl des Staatspräsidenten fuhr D'Alema bei den Wahlen zum Europaparlament am 13. Juni gegen die Wand. Die DS D'Alemas wurden mit einem historisch niedrigen Ergebnis von nur 16,3 Prozent der Stimmen von den Wählern heftig abgestraft, während Berlusconis FI 25,1 Prozent der Stimmen erhielt. Auch wenn die Regierung noch tapfer versuchte, durch einen »Pakt für die 500 Tage« (bis zum Ende der Legislaturperiode) mit seinen Koalitionspartnern Willenskraft zu demonstrieren, war jedermann klar, daß ihre Tage gezählt waren. Sie strauchelte schließlich über die Veröffentlichung des sogenannten »Dossier Mitrokin«, d.h. über die Enthüllungen eines ehemaligen KGB Funktionärs über die jahrzehntelange Finanzierung des PCI durch Moskau.

D'Alema stellte zwar noch ein zweites Kabinett ohne Cossiga und die Sozialisten zusammen, doch die Regionalwahlen im April 2000, die den Trend der Europawahl bestätigten, bedeuteten für ihn das Ende. Der gesamte Norden vom Piemont bis Venetien ging an Mitte-Rechts. Am 19. April, drei Tage nach der erst 1999 eingeführten Direktwahl der Präsidenten der Regionen, trat D'Alema zurück. Um doch noch das Ende der Legislaturperiode zu erreichen, wurde noch einmal eine Regierung unter dem Sozialisten Giuliano Amato aus der Taufe gehoben, eine offensichtliche Notlösung, die den traurigen Eindruck erweckte, als sei man wieder da angelangt, wo die Erste Republik

1992 aufgehört hatte. Damals schon war Amato eher als – durchaus fähiger – regierender Verwaltungsbeamter denn als Politiker mit Zukunftsvisionen angetreten.

Ein weiteres von Segni und Pannella initiiertes Referendum wurde nicht nur für die Initiatoren, sondern auch für die DS und ihre Koalitionspartner zum endgültigen Debakel. Am 21. Mai 2000 standen erneut sieben Referenden zur Wahl, im Mittelpunkt wiederum die Forderung nach Abschaffung des Verhältniswahlrechts. Außerdem ging es ein zweites Mal nach 1995 um die Abschaffung der Parteienfinanzierung; zur Abschaffung wurde auch der im Arbeiterstatut von 1970 verankerte Kündigungsschutz, der Paragraph 18, vorgeschlagen und die Trennung der Karrieren von Richtern und Staatsanwälten. Diese beiden Themen waren eigentlich zentrale Anliegen der Mitte-Rechts-Opposition. Am Streit um die Rolle von Richtern und Staatsanwälten hatte Berlusconi die Bicamerale scheitern lassen, denn hinter dieser Forderung stand sein Bestreben, die starke Autonomie der italienischen Justiz als dritte Kraft zu untergraben. Dennoch forderte Berlusconi die Wähler erfolgreich dazu auf, »zu Hause zu bleiben, um die Regierung nach Hause zu schicken.« War ein Jahr zuvor das Quorum nur knapp verfehlt worden, so lag diesmal die Wählerbeteiligung bei nur 32,8 Prozent, eine spektakuläre Niederlage für die Befürworter und ein spektakulärer Sieg für Berlusconi.

Die Linksdemokraten unter dem neuen Parteivorsitzenden Walter Veltroni und dem nun zum Präsidenten der Partei gewählten Massimo D'Alema dagegen standen vor dem Scherbenhaufen ihrer Politik. Das ehrgeizige Projekt D'Alemas, die Opposition zu umgarnen, um eine umfassende Reform der Institutionen zu realisieren, war endgültig gescheitert. Es blieb ein Torso von undeutlichen Umrissen und gefährlicher Unausgewogenheit zurück.

Berlusconi 2: Vollendung oder Ende der Demokratie?

Unter diesen Umständen wurden die Wahlen, die nach allerlei Gerangel am 13. Mai 2001 stattfanden, zur Geschichte der angekündigten bitteren Niederlage von Mitte-Links und des triumphalen Sieges von Mitte-Rechts.

Die regierende Koalition versuchte im Wahlkampf verzweifelt den Eindruck vollkommener Zerstrittenheit zu übertünchen. Amatos wichtigste Amtshandlung war vielleicht sein Verzicht darauf, als Spitzenkandidat des als vages Bündnis überlebenden Ulivo aufzutreten. Stattdessen wurde Ende 2000 Roms smarter Bürgermeister Francesco Rutelli zur Gallionsfigur gekürt. Er gewann in kurzer Zeit große Sympathien, ließ sich aber damit auf die Strategie seines Gegners ein, den Wahlkampf zu einem Wettstreit zwischen Personen statt Programmen zu machen. In aller Hast schlossen sich die kleineren Parteien des Regierungsbündnisses unter Blumennamen wie *Margherita* (Udeur, Rinnovamento italiano, PPI und Democratici) und *Girasole* (Sonnenblume: Verdi und SDI) zusammen, die nicht nur zufällig in ihrer Phantasielosigkeit an die Straßennamen deutscher Vorstädte erinnern. Die hübschen Namen konnten nicht verdecken, daß der Koalition wichtige Partner und Personen, die ihr fünf Jahre zuvor zum Sieg verholfen hatten, verlorengegangen waren. Fausto Bertinottis Rifondazione comunista zeigte keinerlei Reue darüber, die erfolgreiche Regierung Prodis gestürzt zu haben, und ließ sich auf keine Wahlvereinbarung ein. Auf eigene Faust wollte auch der ehemalige Held von *Mani Pulite*, Antonio di Pietro, mit seiner *Italia dei Valori* antreten. Eigensinnig und hartnäckig glaubten beide, der durch das Mehrheitswahlrecht des *Mattarellum* erzwungenen Tendenz zur Koalitionsbildung die Stirn bieten zu können.

Auf der anderen Seite holte Berlusconi ohne Ansehen von Programmen und Personen unter dem neuen Namen *Casa delle libertà* (Haus der Freiheiten) jeden in sein Bündnis, der ihm Stimmen versprach. Schon für die Europawahlen 1999 hatte er erneut die Lega an seine Forza Italia und die Postfaschisten von Alleanza Nazionale gebunden, die nach den Stimmenverlusten bei den Europawahlen ebenfalls erkannt hatte, daß sie allein nicht vorankam: Drei politische Kräfte, die nach wie vor außer dem Willen zur Macht nichts zusammenhielt. Auch sonst holte sich Berlusconi Verbündete, wo er sie kriegen konnte: In Sizilien scheute er auch Absprachen mit der kleinen Partei der bekennenden Faschisten (Fiamma tricolore) nicht und holte auch die »neuen« Sozialisten mit Craxis Sohn Bobo wieder ins Boot. Rechts der Mitte außerdem eine weitere Splittergruppe der ehemaligen Christdemokraten, den erst 2000 aus der Taufe gehobenen *Partito democratico cristiano* (PDC) des DC-Urgesteins Flaminio Piccoli. Mit dieser Koalition, die genauso wie das Mitte-Links-Bündnis in sich eine Art große Koalition von ganz rechts bis gemäßigt links bildete, hätte Berlusconi auch die Wahlen von 1996 gewonnen und zwar wesentlich deutlicher als 2001.

Das Überraschende und Neue der Wahl 2001 war deshalb nicht der Sieg der Mitte-Rechts-Koalition an sich, sondern der Erfolg von Berlusconis Forza Italia innerhalb seines eigenen Bündnisses und gegenüber allen anderen Parteien. Der strahlende Sieger behauptete ohne jede Bescheidenheit: »Der 13. Mai ist der Tag der Befreiung und der Rückkehr der Demokratie in unserem Land.« Mit fast 30 Prozent der Stimmen hatte FI die Linksdemokraten weit abgeschlagen auf Platz zwei verbannt (16,6 %), und dieser zweite Platz wurde den DS fast noch von Rutellis Margherita streitig gemacht (14,5%). Der Aufwärtstrend der postfaschistischen AN war gestoppt, die Lega unter die Vierprozentmarke gedrückt und damit für Berlusconi ungefährlich geworden.

Die beiden stärksten Parteien – FI auf der einen und die DS auf der anderen – erzielten somit fast exakt das gleiche Ergebnis wie die ehemaligen Christdemokraten und die Partei der Demokratischen Linken in den letzten Wahlen der Ersten Republik 1992. Daß es sich hier nicht um zufällige Ähnlichkeiten handelte, zeigten Umfragen und Untersuchungen nach der Wahl. Die starken Verluste der Lega Nord kamen im wesentlichen Berlusconi zugute. Mit seinen drei »I«: »Internet, inglese, impresa« (Internet, Englisch, Unternehmen) sprach FI die Klein- und Mittelunternehmer im Norden an, die Anfang der neunziger Jahre im bis dahin traditionell christdemokratischen Nordosten Italiens aus Protest Lega gewählt hatten. Der harte Kern, die überwiegende Mehrheit der Wähler von FI bestand jedoch aus Menschen über 65 und vor allem aus Frauen. Die renommierte Wahlforschungsgruppe Itanes sprach deshalb ohne jede Ironie von »Berlusconis Hausfrauen«. Diese Zielgruppe war haargenau dieselbe, die bis in die neunziger Jahre den Christdemokraten die Treue gehalten hatte, trotz aller Skandale, trotz Korruption, trotz Mafiaverdacht. Nach ein paar Jahren der Verwirrung und des Herumirrens zwischen den neuen Gruppierungen hatte sie endlich wieder ihren sicheren Hafen gefunden. Das Stichwort »Kommunismus« genügte immer noch. Berlusconi, der sich gern als Vertreter einer neuen, dynamischen Generation präsentierte, mobiliserte in Wirklichkeit bewußt und gezielt die Wähler des Uralten. Die Warnung vor einem »kommunistischen Komplott« und die Verunglimpfung von Richtern und Staatsanwälten als »rote Roben« ging eindeutig in diese Richtung und hatte genau da Erfolg.

Man hätte also meinen können, daß sich für Italien wieder einmal der berühmte Satz aus Lampedusas »Leopard« bewahrheite: »Alles muß sich ändern, damit alles so bleibt, wie es ist.« Doch das Gegenteil war der Fall. Niemals zuvor in der Nachkriegsgeschichte Italiens hatte eine Partei und eine Koalition eine solche Machtfülle besessen. Aus einer Stimmenmehrheit von wenigen Prozent gegenüber dem Olivenbaumbündnis in seiner ehemaligen Zusammensetzung machte das Mehrheitswahlrecht dank Berlusconis meisterhafter »ingegneria delle coalizioni« (Technik der Koalitionen), so der Politologe Gianfranco Pasquino,[109] eine erdrückende Mehrheit von 368 der insgesamt 630 im Abgeordnetenhaus und 176 zu 134 Stimmen im Senat.

Aus dieser Überlegenheit leitete Berlusconi sein Recht ab, wie in den angelsächsischen Ländern, in denen das Mehrheitswahlrecht gilt, nach dem Grundsatz »the winner takes it all« zu handeln. Genau darin lag jedoch ein grundlegendes Mißverständnis und der eigentliche Beweis für Berlusconis zutiefst antidemokratisches Denken. Anders als in den Vereinigten Staaten, wo George W. Bush sogar mit weniger Stimmen als sein Gegner Al Gore gewonnen hatte, war das *Mattarellum* nach wie vor ein Fremdkörper im Rahmen der italienischen Institutionen ohne die entsprechenden – in den angelsächsischen Ländern vorhandenen – *checks and balances*, die eine funktionierende Demokratie braucht.

Diese Schwäche der demokratischen Institutionen äußerte sich schnell, sobald Berlusconi sein Kabinett nach einem Monat beisammen hatte. Einen ersten Vorgeschmack vermittelten die Ereignisse um den G8-Gipfel in Genua am 20. Juli des Jahres. Nachdem es bereits mehrmals zuvor bei internationalen Treffen zu heftigen Auseinandersetzungen mit Globalisierungsgegnern gekommen war, beschloß das Innenministerium unter Führung des ehemaligen Christdemokraten Claudio Scajola, Genua in eine Festung zu verwandeln. Die gesamte Innenstadt, die sogenannte »rote Zone« wurde mit hohen Stahlzäunen abgeriegelt. Bereits Tage vorher wurden alle Zufahrtswege nach Genua kontrolliert, und dennoch gelang es erstaunlicherweise den autonomen Gruppen des sogenannten »Black Block«, bis in die

Stadt zu kommen. Im Laufe der dramatischen Auseinandersetzungen wurde der junge Demonstrant Carlo Giuliani bei
dem Versuch, einen Feuerlöscher gegen ein Polizeiauto zu schleu-
dern, erschossen. Zwei Tage später überfiel die Polizei den Sitz
des Organisationsbüros der Globalisierungsgegner, des Genoa
Social Forum in einem Schulgebäude mitten in der Nacht und
prügelte wahllos auf die schlafenden Menschen ein. Wegen des
brutalen Vorgehens der Polizei mußten zwar einige höhere Beamte bei Polizei und Antiterrorismuseinheiten ihren Platz räumen – und erhielten später sang- und klanglos wieder entsprechende Posten –, auch mußte ein parlamentarischer Untersu-
chungsausschuß eingerichtet werden, denn sogar andere europäische Regierungen protestierten. Die Ergebnisse gingen
aber nach der Sommerpause im weltweiten Nachbeben des Attentats vom 11. September auf das World Trade Center in New
York unter.

Die bisher nie dagewesene Machtfülle der Regierung – ge-
paart mit der vollkommenen Orientierungslosigkeit der Opposition – erlaubte es der neuen Mehrheit, eine Reihe von Gesetzen
durchzuboxen, die man nicht anders als Fortsetzung illegaler
Geschäfte mit anderen Mitteln oder als Privatisierung der Politik
bezeichnen kann. Im Wahlkampf hatte das Haus der Freiheiten
die Herabsetzung der Steuern, die Erhöhung der Mindestrenten,
Verbesserung der öffentlichen Sicherheit und gewaltige öffentliche Arbeiten versprochen. Nach einem Jahr war davon noch
kaum etwas geschehen, vor allem nicht die versprochenen Steuer-
senkungen. Die Erklärung dafür war einfach: »Unsere Absicht
war es, sofort mit der Steuerreform zu beginnen. Aber Europa,
das unseren Haushaltsplan gebilligt hat, hat uns richtigerweise
auferlegt, zuerst das Haushaltsloch von 37.000 Milliarden Lire
zu stopfen, das wir von der Vorgängerregierung als Ergebnis
ihrer Politik der leichten Hand geerbt haben.« Rasch und ohne
den Einspruch Europas dagegen ließen sich durchsetzen: die
drastische Reduzierung der Erbschafts- und Schenkungssteuer,
die Wiedereinführung der *legge Tremonti* aus der ersten Regierung Berlusconi, d.h. die Steuerbefreiung von Unternehmens-
gewinnen, sofern sie reinvestiert wurden, die Legalisierung illegal exportierten Kapitals im Rahmen der Euroeinführung, die
Entkriminalisierung von Bilanzfälschung und die Erschwerung
von Rechtshilfeersuchen im Ausland.

Am deutlichsten und vielleicht gefährlichsten äußerte sich
die rücksichtslose Ausnutzung der bewußt herbeigeführten Ungleichgewichtigkeit der demokratischen Institutionen Italiens

bei den Medien, dem eigentlichen Schwerpunkt von Berlusconis Wirtschaftsimperium. Der Verwaltungsrat des öffentlichen italienischen Rundfunk und Fernsehens RAI wird von den Vorsitzenden der beiden Kammern bestimmt. Diese gesetzliche Regelung war sicher nie eine besonders glückliche Lösung und immer ein Anlaß für heftiges Parteiengerangel um Posten und Pöstchen, aber sie läßt sich rechtfertigen bei einem Parlament, in dem durch einfaches Verhältniswahlrecht auch Minderheiten vertreten sind. Unter der Wirkung des *Mattarellum* dagegen mußte aus dem öffentlichen Fernsehen ein Staatsfernsehen wie in totalitären Regimen werden, auch wenn der Ministerpräsident nicht zufällig auch noch Eigentümer der wichtigsten landesweiten Privatsender war. Das zentrale Problem des Interessenkonflikts war von der Mitte-Links-Regierung nicht gelöst worden war, weil man Berlusconi nicht »dämonisieren« wollte. Auch in diesem Punkt hatte D'Alemas Schmusekurs verheerende Folgen. Der Entwurf des neuen Ministers für öffentliche Aufgaben (Funzione pubblica), Franco Frattini, war reine Augenwischerei. Nicht aus dem Besitz, sondern allein aus der Leitung von Wirtschaftsunternehmen sollte der Interessenkonflikt beteilhen. Das bedeutete, daß die »Unvereinbarkeit« von Berlusconis Wirtschaftsimperium mit seiner institutionellen Rolle lediglich in seiner Funktion als Präsident des AC Milan bestand.

Eine mit der inneritalienischen Situation vergleichbare Schwäche der europäischen Institutionen erlaubte es Berlusconi darüber hinaus, die Europäische Union rücksichtslos im Sinne ganz persönlicher und nationaler Interessen auszunützen. Die Einführung der europäischen Einheitswährung zum ersten Januar 2002, für die sich Italien dank der konsequenten Sparpolitik der Mitte-Links-Regierung qualifiziert hatte, war ein großes Risiko, die EU-Erweiterung stand bevor, aber nach wie vor konnten Beschlüsse der Kommission nur einstimmig gefaßt werden. Mit beschämender Feigheit reagierten die EU-Partner und verantwortlichen Politiker deshalb auf die antieuropäischen Töne der Lega, deren Führer Umberto Bossi die Europäische Union als »Forcolandia« (Galgenland) beschimpfte, und auf die unverhohlenen Egoismen der Regierung. Ein erster Eklat waren die verächtlichen Äußerungen der Minister der Lega bei der Einführung des Euro Anfang 2002, die schließlich zum Rücktritt des europafreundlichen, parteilosen Außenministers Renato Ruggiero führten. Berlusconi übernahm kurzerhand selbst diesen Bereich, wobei sein Stellvertreter Fini insgeheim als künftiger Außenminister gehandelt wurde.

Konnte die EU zunächst noch behaupten, hier handle es sich um inneritalienische Angelegenheiten, so wurde es schon kritischer, als Italien die Einführung des europäischen Haftbefehls ablehnte. Justizminister Castelli erklärte sein Rechtsverständnis in dieser Frage vor Anhängern der Lega: »Wenn ich mich nicht dagegengestellt hätte, wäret ihr alle in Gefahr, von irgendeinem linken Staatsanwalt in Europa verhaftet zu werden, und ich versichere euch, davon gibt es viele, allein schon, weil ihr hier gegen illegale Einwanderer demonstriert.« Die EU schien auf den plumpen Trick Berlusconis hereinzufallen, daß er seine Lega-Minister als wilde Kläffer vorschickte, um dann umso wirksamer als gemäßigter Politiker und weiser Staatsmann ausgleichend und verbindlich alles zurechtzurücken. Der Konflikt wurde von Seiten der EU mit einem derart faulen Kompromiß beigelegt, daß die Verwirklichung der Regelung in Italien praktisch ins Belieben der Regierung gestellt blieb. Einzig die deutsche Justizministerin wagte zu sagen, daß hier wohl sehr persönliche Interessen des italienischen Ministerpräsidenten im Spiel seien. Ohne mit der Wimper zu zucken, akzeptierte die EU, daß Italien neben dem ehemaligen Ministerpräsidenten Amato als Vizepräsidenten einen zweiten Repräsentanten und zwar Gianfranco Fini im europäischen Verfassungkonvent beanspruchte. Wie innerhalb Italiens eine Privatisierung der Politik bereits im Gange war, so beschwor das hilflose Schweigen der europäischen Politiker angesichts derartiger Handstreiche die Gefahr einer »Balkanisierung« Europas herauf, bei der es nur noch darum ging, die europäischen Institutionen im nationalen und persönlichen Interesse auszuschlachten.

Die Opposition war viel länger als die berühmten ersten »hundert Tage« der neuen Regierung wie gelähmt. Zwischen den Parteien von Mitte bis Links schob man sich die Schuld für die Niederlage zu, man diskutierte über die Wiederbelebung des Ulivo als Bündnis oder Partei, über die Umwandlung der Margherita in eine Partei und den Führungsanspruch Rutellis. Nach dem Attentat auf die Twin Towers in New York am 11. September 2001 ging ein tiefer Riß durch die Opposition. Die Kommunisten Cossuttas und die Grünen sprachen sich zusammen mit Rifondazione comunista gegen jede Beteiligung Italiens am Afghanistan-Krieg aus, während die Mehrheit von DS und Margherita an der Seite der Amerikaner stehen wollte.

Die DS zogen sich vollständig auf sich selbst zurück, diskutierten über langatmige Programme und schienen mit der Herausbildung von verschiedenen Strömungen an die alte DC anknüpfen zu wollen. Auf dem Parteitag im November standen sich schließlich drei umfangreiche Entwürfe und drei Kandidaten für den Parteivorsitz gegenüber. Schließlich wurde der blasse, noch aus dem PCI stammende Piero Fassino und sein Programm gewählt. Worin es sich von den anderen unterschied, war für Außenstehende schwer zu verstehen. Angesichts dieser Verknöcherung der Opposition wirkte es wie ein Fanal, als der Regisseur Nanni Moretti auf einer Demonstrationsveranstaltung zur Unterstützung der Mailänder Richter auf dem Podium erklärte: »Dieser Abend war sinnlos. Das Problem der Mitte-Links-Koalition ist es, daß sie zwei oder drei Generationen überspringen muß.« Francesco Rutelli meinte, diese Kritik verächtlich abtun zu können, wenn er sagte: »Nanni Moretti ist ein großer Intellektueller, aber es ist nicht gesagt, daß ein großer Intellektueller auch etwas von Politik versteht.« Da täuschte sich Rutelli und mit ihm das gesamte Establishment der Linken. Es waren die Intellektuellen, die wieder Hoffnung auf wirkungsvolle Opposition entstehen ließen, sie brachten eine Bewegung in Gang, die man als die drei »I« des Protests bezeichnen könnte: »Intellettuali, inglese, internet«.

»Inglese« deshalb, weil Paul Ginsborg, ein englischer Historiker, der seit Jahren in Florenz lehrte, einer der Initiatoren des ersten großen Protests der Zivilgesellschaft, des sogenannten »Marsches der Professoren« war. Am 24. Januar folgten – auch für die Organisatoren völlig überraschend – 12.000 Menschen dem Aufruf. Damit war die Bewegung der sogenannten *autoconvocati* (der selbst Zusammengerufenen) geboren, die bald in allen großen Städten in phantasievollen Formen wie den *girotondi* (Ringelreihen) um die Justizpaläste Nachahmer fanden. Ein vorläufiger Höhepunkt dieser Bewegung war die von der Zeitschrift *Micromega* von Paolo Flores d'Arcais und einer Gruppe von Frauen über Internet organisierte Veranstaltung am 23. Februar 2002 zu zehn Jahren *Mani Pulite*, als statt der erwarteten 4.000 über 40.000 Menschen erschienen.

Der Widerstand richtete sich vor allem gegen die Eingriffe der Regierung in die Unabhängigkeit der Justiz. Berlusconi und seine Regierung führten eine beispiellose Hetzkampagne gegen Richter und Staatsanwälte als »rote Roben«, die in Italien einen »Bürgerkrieg« geführt hätten. Berlusconi konnte für sich nutzen, daß die Begeisterung für *Mani Pulite* längst geschwunden war, um die etwa ein dutzend Verfahren gegen sich und engste Mitarbeiter als *fumus persecutionis* abzutun. Im schwerwiegendsten Verfahren, das bei seinem zweiten Regierungsantritt noch in der Schwebe war, ging es um die Bestechung eines Richters. Im Zuge anderer Ermittlungen gegen zwei Rechtsanwälte Berlusconis (von denen der eine, Cesare Previti, in der ersten Regierung seines Mandanten 1994 Verteidigungsminister war), entdeckten die Staatsanwälte auf Schweizer Konten eindeutige Hinweise darauf, daß Berlusconi selbst etwa eine halbe Million Dollar an den Richter Renato Squillante gezahlt hatte, um ein günstiges Urteil im Streit um die Übernahme des Lebensmittelkonzerns SME zu erhalten.

Der Mann fürs Grobe war diesmal der Staatssekretär des Inneren, Carlo Taormina, einer der Rechtsanwälte Berlusconis und auch in seiner Funktion als Staatssekretär noch Verteidiger von Mafiabossen. Taormina, der eine richterliche Entscheidung in dem SME-Prozeß zu maßregeln versuchte, mußte zwar zurücktreten, setzte aber eine Entscheidung des Senats durch, in dem diese Maßregelung wiederholt wurde. Luigi Ferrajolo, Professor für Allgemeines Recht, beurteilte dieses Vorgehen so: »Zum ersten Mal in der Geschichte unseres Landes wurde damit, wie mehr als zweihundert Dozenten der juristischen Fakultäten des Landes angeprangert haben, eine fundamentale Regel des parlamentarischen Systems und des Rechtsstaats verletzt: Das Verbot, daß das Parlament den Ausgang von Prozessen durch Bewertungen oder Zensur von richterlichen Aussagen beeinflußt.«[110]

Nicht nur die hier genannten zweihundert Dozenten, sondern auch Richter und Staatsanwälte protestierten, als sie bei der alljährlichen feierlichen Eröffnung des »juristischen Jahres« in schwarzen, statt in den sonst üblichen roten Roben erschienen. Besonders dramatisch war die Rede des scheidenden Mailänder Generalstaatsanwalts Francesco Saverio Borrelli, der nicht nur seine Kollegen aufforderte, »Widerstand« zu leisten, »Widerstand, Widerstand wie an der Piave-Linie«, womit er an die verzweifelte Verteidigung Italiens am Ende des ersten Weltkriegs erinnerte.

Der Aufschrei der »*autoconvocati*« wurde weitergetragen und verstärkt von einer unerwarteten Wiederauferstehung der Gewerkschaftsbewegung. Wie schon mit seiner ersten Regierung versuchte Berlusconi, sich direkt mit den Gewerkschaften anzulegen. Damals hatte die von dem gerade erst gewählten Führer der größten Gewerkschaft CGIL Sergio Cofferati entfachte Portestbewegung gegen die geplante Änderung des Rentensystems den Sturz Berlusconis ausgelöst. Als wollte er diese Schlappe unbedingt wettmachen, legte es Berlusconi erneut auf eine Kraftprobe mit Cofferati an. Diesmal ging es um eine Aufweichung des Paragraphen 18 des Arbeiterstatuts von 1970, das heißt um den Kündigungsschutz. Als Kläffer schickte Berlusconi einen weiteren Lega-Minister vor, Arbeitsminister Roberto Maroni, dem es zunächst gelang, die Gewerkschaften gegeneinander auszuspielen. Doch als der Konflikt eskalierte, stellten sich die anderen Gewerkschaftsführer auf die Seite Cofferatis. Am 23. März demonstrierten drei Millionen Menschen, mehr als jemals zuvor, in Rom gegen die Pläne der Regierung und gegen die Regierung überhaupt. Wenige Tage zuvor war der Arbeitsrechtler und Berater der Regierung, Marco Biagi, von den Roten Brigaden ermordet worden. Die Ruhe und Geschlossenheit der Demonstration in Rom vereitelte alle Versuche von Regierungsvertretern, diesen Mord mit der Protestbewegung in Verbindung zu bringen. Am 16. April wurde Italien erstmals seit zwanzig Jahren von einem Generalstreik lahmgelegt. Auch wenn die Regierung versuchte, mit Zahlenangaben über den angeblich kaum gesunkenen Energiekonsum den Streik kleinzureden, war doch klargeworden, daß der Regierungschef nun alles daran setzen mußte, sein Gesicht nicht zu verlieren und zum Dialog zurückzukehren.

Epilog: Wirtschaft und Staat
Modell Italien oder Europa von der Stange?

Grundzüge der wirtschaftlichen Entwicklung seit den fünfziger Jahren

In italienischen Wirtschaftszeitungen erscheinen in regelmäßigen Abständen Interviews mit ausländischen Ökonomen, die den Italienern versichern, daß es um ihre Wirtschaft gar nicht so schlecht bestellt sei, wie sie selbst glauben. So erklärte beispielsweise John Kenneth Galbraith 1996 der Zeitschrift *Class*: »Ich komme seit 60 Jahren, seit meiner Hochzeitsreise 1938, nach Italien. Jedes Mal höre ich von einer politischen Katastrophe, und doch sehe ich, daß das Land jedes Mal wohlhabender ist. Es gibt keine Nation auf der Welt, die politische Probleme und Krisen besser überstehen kann als Italien.«[111] Das Urteil über Italien schwankte auch auf wirtschaftlichem Gebiet zwischen Mitleid über den »Fall Italien« und Bewunderung für das »Modell Italien« hin und her.

Nach dem Ende des Wirtschaftswunders der fünfziger Jahre (vgl. S. 51 ff.) wurde Italien in den sechziger und siebziger Jahren von einer wirtschaftlichen Dauerkrise geschüttelt. In- und ausländische Beobachter diagnostizierten einmütig, daß kein Ausweg möglich sei, wenn nicht radikale strukturelle Veränderungen durch radikale Maßnahmen eintreten würden. Als die Grundprobleme, die, wenn überhaupt, nur langfristig zu beseitigen wären, wurden unisono Strukturschwäche und Gewicht der Landwirtschaft, der überproportionale Anteil traditioneller Branchen in der Industrie, das Nord-Süd-Gefälle und die Staatsverschuldung benannt.

Doch entgegen all diesen pessimistischen Voraussagen wandelte sich das Bild der italienischen Wirtschaft schon in der ersten Hälfte der achtziger Jahre völlig. Italien erlebte nach einem erneuten Einbruch als Folge der zweiten Erdölkrise 1979 seit 1984 wieder einen Wirtschaftsaufschwung, der schon als ›zweites Wirtschaftswunder‹ apostrophiert wurde. Auch wenn die Wachstumsraten der fünfziger Jahre nun bei weitem nicht mehr erreicht wurden, stand Italiens Wirtschaft im europäischen und internationalen Vergleich zweifellos sehr gut da.

Exakte Zahlenvergleiche sind allerdings nicht ganz problemlos, weil das italienische Statistikamt ISTAT das Bruttosozialprodukt eigenwillig korrigiert hat. Obwohl in der übrigen europäischen Gemeinschaft ein Anteil von mindestens 10% als Beitrag der sogenannten ›Schattenwirtschaft‹ angenommen, aber *nicht* berechnet wird, erhöhte Italien die nach den üblichen Kriterien gewonnenen Daten um 17,4%. Gemessen eben am Bruttosozialprodukt ist Italien seit 1985 die fünftgrößte Wirtschaftsmacht der Welt *vor* Großbritannien. Doch solche Berechnungen und Schätzungen fallen bekanntlich sehr unterschiedlich aus, je nachdem wie im internationalen Vergleich die Inflation zu Buche schlägt, und Italien lag mit seiner Inflationsrate nach wie vor an der Spitze der ›großen Sieben‹ der Weltwirtschaft, obwohl sie von einer Durchschnittsrate von 16,5% in den Jahren 1974–84 auf ca. 5% im Jahre 1988 gesunken, dann aber wieder leicht gestiegen ist (1991: 6,4%). So sah der internationale Währungsfonds Italien mit einem Bruttoinlandprodukt (= BSP minus Waren- und Dienstleistungsimporte) von 758 Mrd. Dollar gegenüber Großbritannien mit 669 Mrd. Dollar hinter den USA, Japan, BRD und Frankreich an fünfter Stelle (1987), während die Zahlen des ISTAT, gemessen am ›Kaufkraftstandard‹, Italien für 1986 nur an sechster Stelle plazierten (in laufenden Preisen: Großbritannien 803,7 Mrd., Italien 803,6 Mrd.).[112]

Mehr als von Zahlen und Daten wurde das zweite italienische Wirtschaftswunder von einer allgemeinen Euphorie charakterisiert, wobei sich die großen Industriekapitäne in ihrem Kampf um einen der vordersten Plätze im wirtschaftlichen Wettbewerb Europas und der Welt von den Medien feiern ließen wie Sportkanonen. In der Öffentlichkeit, in der sich nur gelegentlich einige ökologische Störenfriede bemerkbar machen, herrschte eine industrie- und unternehmerfreundliche Atmosphäre, die an das erste italienische Wirtschaftswunder erinnert, wo viel von einem *neocapitalismo* die Rede war, der durch Rationalität und Effektivität krisenfest geworden sei. Dabei waren die Schattenseiten des zweiten Wirtschaftswunders nicht zu übersehen und immer noch weitgehend dieselben, die schon seit den fünfziger Jahren diagnostiziert wurden. Die Arbeitslosigkeit war damals trotz der Emigration von 1,7 Millionen Menschen von 7,8% (1950) nur auf 7,3% (1960) zurückgegangen, während im übrigen Europa die Arbeitslosenrate im Durchschnitt bei 1,9% lag. Zu Beginn der neunziger Jahre wurden alle Industriestaaten von Dauerarbeitslosigkeit geplagt, aber in Italien lag sie besonders hoch. Die offizielle Statistik gab z. B. für 1996 12,2% Arbeitslose an.[113] Die Tatsache ferner, daß die Arbeitslosigkeit im Süden weit über dem Durchschnitt liegt (in Sizilien z. B. 23,6 %), zeigt, wie schwach der Süden wirtschaftlich nach wie vor ist. Daß endlich die Staatsverschuldung Italiens die Höhe des Bruttosozialprodukts überschritten hatte, drängt die Schlußfolgerung auf, dies alles sei für die italienische Wirtschaftsentwicklung schlechthin konstitutiv, d. h. Italien habe sein zweites Wirtschaftswunder nicht *trotz*, sondern *wegen* dieser Probleme erreicht. Einer detaillierten Erklärung, die ein solches scheinbares Paradox erfordert, seien als Einsicht zwei Thesen vorangestellt: In Italien haben sich Elemente eines hochentwickelten, ›postindustriellen‹ Wirtschaftssystems am Ende des 20. Jahrhunderts unter Aufrechterhaltung und Integrierung typischer Merkmale eines industriellen *late comers* zu einem sehr spezifischen Ganzen geformt.

Das »Modell Italien« bestand grob skizziert darin, daß der Staat große Teile der Wirtschaft direkt und indirekt kontrollierte. In enger Beziehung zur staatlichen und halbstaatlichen Industrie standen wenige, von großen Familien kontrollierte Großunternehmen, umgeben von Myriaden von Klein- und Kleinstbetrieben. In Zeiten der Krise kaufte der Staat der privaten Großindustrie marode Betriebe ab und griff ihr auch sonst mit Steuergeldern kräftig unter die Arme. Wenn die Wirtschaft wieder florierte, kaufte die Privatindustrie alles Verlorene und noch mehr zurück. Gleichzeitig finanzierte der Staat die vielen Klein- und wenigen Mittelbetriebe mit der Duldung der Steuerhinterziehung, der Übernahme von Sozialleistungen und einer äußerst laschen Umweltgesetzgebung. Diese dankten dem Staat damit, daß sie ihr erspartes Geld in hochverzinslichen Staatsanleihen investierten, mit denen die Regierungen die wachsenden Haushaltslöcher zu stopfen versuchten.

Die sozialen, kulturellen und nicht zuletzt ökologischen Kosten für die Aufrechterhaltung dieses Systems waren extrem hoch, es war aber vor allem im Rahmen der europäischen Integration und der Krise zu Beginn der neunziger Jahre nicht mehr aufrechtzuerhalten. Die politische »Revolution all'italiana« seit 1992 war *auch* Ausdruck der unausweichlichen Veränderung der ökonomischen Grundlagen.

Das Nachkriegsitalien hatte das Problem des Südens (*mezzo-giorno*) als eine Erblast übernommen, deren Entstehung Jahrhunderte zurückreicht. Seit sich dann in der zweiten Hälfte des neunzehnten Jahrhunderts einzelne Persönlichkeiten zum Anwalt seiner Rechte machten und den Namen »Meridionalisten« (von *meridione* – ein anderes Wort für Süden) erhielten, stehen sich in dieser Frage immer wieder zwei entgegengesetzte Haltungen starr gegenüber. Die Meridionalisten leugnen keineswegs das Entwicklungsgefälle zwischen Süden und Norden, doch das Ausmaß und die Fortdauer des Entwicklungsgefälles rühren ihrer Meinung nach daher, daß der Norden den Süden stets ausgebeutet und seinen egoistischen Entwicklungsstrategien unterworfen hat. Im Gegensatz dazu sprechen die ›Nordisten‹ von der »Last des Südens«, die Italiens Wirtschaft daran hinderte, ihre ganze Kraft zu entfalten. Zwischen diesen Extremen gab und gibt es manche differenziertere Positionen, wie z.B. die von A. Graziani, der davon ausgeht, daß der Süden kurzfristig immer wieder eine dynamische Rolle für die Wirtschaftsentwicklung gespielt hat, daß er aber langfristig zu der entscheidenden Belastung wird, »die sich der Entwicklung des ganzen Landes entgegenstellt«.[114]

Die Zahlen über das Nord-Süd-Gefälle sprechen eine unmißverständliche Sprache. In der Phase des ersten Wirtschaftswunders konnte der Süden mit der allgemeinen Entwicklung einigermaßen Schritt halten, obwohl sein Anteil an der wirtschaftlichen Gesamtproduktion weit hinter seinem Bevölkerungsanteil zurückblieb: Während zu Beginn der fünfziger Jahre 37,5% der Gesamtbevölkerung im Gebiet südlich von Rom und auf den Inseln lebten (Flächenanteil: 42%), erwirtschaftete der Süden nur 24,02% des Nationaleinkommens. Diesen Anteil konnte der Süden in den Jahren des großen Booms 1958 bis 1963 minimal verbessern (1965: 24,4%). Bis zum Ende der siebziger Jahre kam seine Wirtschaftskraft dann zwar nicht mehr an diesen Prozentsatz heran, sank sogar (1979: 23,7%) unter den Stand von 1950, doch war unterdessen der Anteil der Südbevölkerung an der Gesamtbevölkerung Italiens drastisch auf 33% gesunken. In den achtziger Jahren dagegen, der Zeit des zweiten Wirtschaftswunders, blieb die Wirtschaftskraft des Südens dramatisch hinter der Gesamtentwicklung zurück: Gegenüber einem Gesamtwachstum des Nationaleinkommens von 3,1% im Jahr 1987 z.B., erreichte der Süden nur 1,6%.[115] 1990 lag das BSP pro Kopf der Bevölkerung im Süden bei 55,5%, und damit nur um 0,5% über dem Anteil von 1951. Diese wenigen Zahlen belegen eindrucksvoll, daß das Entwicklungsgefälle in den Jahrzehnten der Nachkriegszeit nicht abgebaut, sondern verschärft worden ist.

Dies ist zu konstatieren und darf doch nicht dahin interpretiert werden, daß die Wirtschaft des Südens stagniert. Die Unbeweglichkeit, *l'immobilismo*, galt ja immer als eine der Hauptsünden des Südens, wie noch Mitte der sechziger Jahre der Historiker Giampiero Carocci beklagte: »Das alte Übel des Südens, die Landarmut der Bauern, ist beseitigt, aber die Folge dieses Übels ist geblieben: die Unbeweglichkeit. Heute handelt es sich nicht mehr um die Unbeweglichkeit einer patriarchalischen, rückständigen Gesellschaft, sondern um die Unbeweglichkeit in einer Wüste, wo es nur hier und dort einige Oasen der Entwicklung gibt...«[116]

Doch wer in jüngerer Zeit, und sei es auch nur als Tourist, im Abstand von zehn, fünfzehn Jahren Vergleiche zwischen der Entwicklung Nord-, Mittel- und Süditaliens anstellen konnte, wird nicht übersehen haben, daß es der Süden ist, der sich am meisten verändert hat und nach wie vor in einem rasanten Entwicklungsprozeß begriffen ist. Die demgegenüber scheinbar paradoxe Vergrößerung des Entwicklungsgefälles zuungunsten des Südens ist nur aus der landwirtschaftlichen Situation des ganzen Landes und den wirtschaftspolitischen Entscheidungen für den Süden seit den sechziger Jahren zu verstehen.

Die Problematik der italienischen Landwirtschaft läßt sich in Zahlen andeuten. Ihr Anteil am Bruttosozialprodukt ist in den letzten Jahrzehnten rapide gesunken. Hatte er zu Beginn der fünfziger Jahre noch 27% betragen (BRD: 8,7%), so lag dieser Wert zu Beginn der achtziger Jahre bei 5,8% (BRD: 2,2%). Neben den fruchtbaren Ebenen in Kampanien, Apulien und Sizilien besitzt Italien in der Poebene ein landwirtschaftliches Zentrum, das klimatisch und strukturell völlig anders geartet ist und seit Jahrhunderten zu den höchstentwickelten Agrarzonen Europas gehört. Über Dreiviertel des Landes dagegen sind Hügel- und Gebirgszonen und auch unter Einsatz von Maschinen und Düngemitteln kaum gewinnbringend zu nutzen. Die Klein- und Mittelbetriebe bis zehn Hektar, die diese Zonen kennzeichnen, machen noch über 85% der bäuerlichen Betriebe Italiens aus (1977), und sie sind in eine unwiderrufliche Krise geraten.

Schon seit dem großen Industrialisierungsschub Ende des letzten Jahrhunderts war Italiens landwirtschaftliche Handelsbilanz — mit Ausnahme der Jahre faschistischer Zwangsautarkie — immer negativ gewesen. Die Importabhängigkeit hat sich aber in der Nachkriegszeit dramatisch vergrößert. Allein im Nahrungsmittelbereich, also ohne Berechnung von Futter- und Düngemitteln, hat sie sich zwischen 1970 und 1980 um 50% erhöht. Der EG-Beitritt Italiens hatte seinen Produkten zwar zunächst eine privilegierte Stellung auf den Märkten nördlich der Alpen eingeräumt, aber die Richtpreis- und Subventionspolitik der EG begünstigte letztlich doch diejenigen Produkte, auf deren Einfuhr Italien selbst wiederum angewiesen ist (Getreide, Milch, Fleisch z.B.), und durch den Beitritt Griechenlands, Spaniens und Portugals gerieten die spezifisch mediterranen Produkte des Landes unter scharfen Konkurrenzdruck. Als Italien 1957 die Römischen Verträge mit unterschrieb, war der Süden Italiens die einzig unterentwickelte Region der EG. Von den seitdem dazu gekommenen Ländern erhoben Irland, Griechenland, Portugal, Spanien und zuletzt auch Ostdeutschland Anspruch auf den Entwicklungsfonds. Man muß deshalb nach wie vor von einem »alarmierenden Niedergang der Landwirtschaft« sprechen[117], obwohl sie in den fruchtbaren Niederungen des Nordens und des Südens blüht, nach modernsten technischen und wirtschaftlichen Gesichtspunkten arbeitet und auch die entsprechenden ökologischen Schäden an Mensch und Natur hervorbringt. Dabei hat Italien gleichzeitig mit der Verödung und Verkarstung ganzer Landstriche zu kämpfen, vor allem in den Hügel- und Gebirgszonen, wo nicht nur einzelne Höfe, sondern ganze Dörfer verlassen sind; und dieser Prozeß ist noch lange nicht zu Ende. Aber für die ›frei‹ werdenden Arbeitskräfte ist der Weg der Emigration inzwischen versperrt, weil in den jeweiligen »Gastländern« schon längst noch billigere und noch bescheidenere Arbeiter Schlange stehen. In Mittel- und Norditalien konnte die Industrie wenigstens einen Teil der Menschen aufnehmen, kaum dagegen im Süden.

Die Industrialisierung des Südens selbst war als wirtschaftspolitische Perspektive erst in den sechziger Jahren ins Auge gefaßt worden. In den Zeiten der Mitte-Links-Regierung bekamen die staatlichen Holdinggesellschaften IRI *(Istituto per la ricostruzione industriale)* und ENI *(Ente nazionale idrocarburi)* die Auflage, vierzig, später sechzig und schließlich sogar achtzig Prozent ihrer Investitionen im Süden zu tätigen. Gigantische Industrieprojekte wurden geplant und zum Teil auch verwirklicht, wie Stahlwerke in Taranto und Gioia Tauro, petrochemische Betriebe in den Abruzzen und Sardinien und das Werk, das den unvergessenen Alfa Sud in Pomigliano bei Neapel produzierte. Daß man von den meisten dieser Projekte bald nur noch als von ›Kathedralen in der Wüste‹ sprach, hatte mehr als einen Grund.

Waren zum einen die Projekte mit der Stahl- und petrochemischen Industrie auf wirtschaftliche Bereiche konzentriert, deren schwere internationale Krise seinerzeit noch nicht voll voraussehbar war, so entbrannte zum anderen ein erbitterter Kampf um die riesigen, in den Süden gepumpten Summen zwischen alteingesessenen und neuen, d. h. politischen »Notabeln«. In diesem Kampf setzten sich die neuen Notabeln mit den guten Beziehungen nach Rom durch, aber in vielen Fällen gelang ihnen das freilich nur mit Hilfe eines gefährlichen Partners. Die durch Faschismus und Krieg einigermaßen geschwächten Strukturen der *Mafia* in Sizilien, der *Camorra* in Neapel und der *'ndrangheta* in Kalabrien profitierten von den verschiedensten Formen mehr oder weniger verdeckter Kooperation mit den neuen Mächtigen, denen man ebenfalls das ehrfürchtige ›don‹ als Ehrentitel gab. Experten schätzen den Anteil der organisierten Kriminalität am BSP des Südens auf 25 bis 40%. Palermo stand 1989 beim Pro-Kopf-Einkommen an 70. Stelle in Italien, beim Konsum jedoch an 7.[118] Alteingesessene Notabeln, lokale Industrielle und Kaufleute, konnten sich teilweise integrieren, wurden aber doch meist beiseite gedrängt von der neu entstehenden Schicht der *imprenditori d'assalto* (Unternehmer im Sturmangriff), die die Tausende von Millarden, die in den Süden gepumpt wurden, an sich rissen. Die sechziger und frühen siebziger Jahre waren die Epoche des DC-Bürgermeisters Vito Ciancimino in Palermo, der später wegen Zugehörigkeit zur Mafia angeklagt wurde, der absoluten Herrschaft des DC-Bosses Gava in Neapel, das in Bauspekulation und Korruption versank, die Jahre der aus dem Nichts aufgestiegenen Industriellen vom Schlage eines Raffaele Ursini, der seine mit staatlichen Geldern aufgebaute Liquigas in Sardinien zielsicher in den Bankrott führte, die Jahre des Baulöwen Gaetano Caltagirone in Rom, der viel Geld beim Poker, u. a. mit Andreotti, gewann, noch mehr verlor und die Löcher in seiner Bilanz von der staatlichen *Italcasse* gestopft bekam. Seine Begrüßungsformel für den Vertrauten und Minister unter Andreotti (in dessen zwei Regierungen des ›Nichtmißtrauens‹ 1976—79), Franco Evangelisti, ist zu einem geflügelten Wort geworden: *A Fra', che te serve?* (im römischen Dialekt; etwa: »He Franz, was kannste brauchen?«). Diese Form des Wildwestkapitalismus mit staatlichen Subventionen hat das Gesicht nicht nur des Südens, sondern ganz Italiens verändert, denn es wäre ein arges Mißverständnis, sie nur für ein Problem des Mezzogiorno zu halten.

Staat und Wirtschaft

Die wirtschaftspolitischen Weichenstellungen der Nachkriegszeit haben, wie bereits erwähnt, in der Devisen- und Außenhandelspolitik mit dem traditionellen Prinzip des Protektionismus gebrochen. Das zweite Standbein der italienischen Industriepolitik aber, das direkte staatliche Engagement in der Wirtschaft, blieb mit der Erhaltung des faschistischen IRI nicht nur bestehen, sondern wurde enorm gefestigt. Das IRI war bis in die achtziger Jahre mit ca. 350 000 Beschäftigten der größte Arbeitgeber nicht nur Italiens, sondern der gesamten EG, erst in geziemendem Abstand gefolgt von *Fiat*. Die wechselvolle Geschichte von Konkurrenz und Kooperation zwischen der parastaatlichen und der privaten Industrie aber hängt aufs engste zusammen mit der Struktur der privaten Industrie selbst.

Italien hatte in die Nachkriegszeit eine höchst ungleichgewichtige Betriebsgrößenstruktur der verarbeitenden Industrie mitgebracht, die sich im Laufe der Zeit noch stärker ausprägte. 1961 arbeiteten 56,9% der Beschäftigten in Betrieben mit bis zu hundert Beschäftigten. (In der Bundesrepublik zum gleichen Zeitpunkt 35,8%.) In mittleren Betrieben mit bis zu 500 Beschäftigten waren es 21,6% und in Betrieben darüber 21,5% (BRD: 25,4 bzw. 38,8%). Zu Beginn der achtziger Jahre arbeiteten nur noch 16,6% der Beschäftigten in Betrieben mit über fünfhundert Mitarbeitern und 64,4% in Betrieben mit bis zu hundert Beschäftigten.[119] Was sich in diesen Zahlen spiegelt, sind sowohl langfristige Entwicklungstrends der italienischen Industrie wie auch spezifische Veränderungen in jüngster Zeit. Bis zur Zeit zwischen den beiden Weltkriegen hatte sich in diesem Lande eine starke Unternehmens- und Finanzkonzentration auf wenige, meist direkt von staatlichen Aufträgen und Subventionen abhängige Industriezweige, speziell der Elektro-, Chemie-, Schwer- und Maschinenbauindustrie, herausgebildet. Die übrige Industrie, die zersplittert war und blieb, arbeitete weitgehend noch auf fast handwerklichem Niveau.[120] Unter dem Faschismus wurde das System der staatsabhängigen Großindustrie ergänzt durch die Errichtung des IRI, also einer Großindustrie unter direkter staatlicher Leitung. Durch faschistische Autarkiepolitik und Kriegswirtschaft wurde die heimische Großindustrie weiterhin gestärkt, und in den ersten Nachkriegsjahren konnte sie, die damalige liberale Devisen- und Finanzpolitik nutzend, nicht nur schnell auf Export umstellen, sondern sich auch aus der starken Abhängigkeit von den Großbanken lösen. Neben *Fiat* waren es die traditionsreichen Namen wie *Pirelli* (Gummi), *Bastogi* (Maschinenbau), *Edison* (Elektro), *Montecatini* (Chemie, Elektro), *Falck* (Schwerindustrie), die sich mit dieser Starthilfe und den billigen Arbeitskräften, die aus dem Süden zuströmten, in der Zeit des Wirtschaftswunders international konkurrenzfähige Positionen eroberten.

Von diesen Größen sind heute nur noch Fiat und Pirelli übriggeblieben. Von den übrigen bestehen zwar einige noch dem Namen nach, sind aber in Wirklichkeit ganz oder teilweise entweder in staatlicher Hand oder neu entstandenen Industrie- und Finanzimperien angegliedert. Dieser Prozeß vollzog sich in zwei Phasen: nach dem Ende des ersten Wirtschaftswunders und dann nach der Überwindung des ersten Ölschocks in der zweiten Hälfte der siebziger, verstärkt aber zu Beginn der achtziger

Jahre. In dieser Zeit hat sich im Gesamtbild der italienischen Wirtschaft auch das Gewichtsverhältnis zwischen halbstaatlicher und privater Industrie grundlegend gewandelt.

In den sechziger Jahren wurde die halbstaatliche Industrie gegenüber der privaten aus einer bloß lästigen zu einer wirklich ernsthaften Konkurrenz. Die Konfrontation war schon durch die Gründung einer eigenen Unternehmerorganisation der halbstaatlichen Industrie im Jahre 1957 zum Ausdruck gekommen *(Intersind = Associazione sindacale imprese a partecipazione statale)*. Die bei der Bildung der ersten Mitte-Links-Regierung vereinbarte Nationalisierung der Elektroindustrie seit Dezember 1962 ebenso wie die Wirtschaftskrise der folgenden Jahre führten dazu, daß wichtige industrielle Großbetriebe mehr und mehr unter staatliche Kontrolle gerieten. Eine entscheidende Rolle spielte dabei auch der Nachfolger Matteis als Präsident des ENI, Eugenio Cefis, der mit einer abenteuerlichen Expansionspolitik den ENI zu einem Industriegiganten ausbaute. Unter seiner Ägide kamen Männer zu leitenden Positionen, die sich hauptsächlich durch ihre guten Beziehungen zur Democrazia cristiana auszeichneten, den ENI aber bald zu einem unübersichtlichen Koloß machten, der schnell in roten Zahlen war. Beispielhaft für diese Vorgänge ist die Geschichte der Elektro- und Chemiebetriebe Edison und Montecatini. Zur Überwindung ihrer Krise nach der Nationalisierung der Elektroindustrie hatten die beiden privaten Firmen 1965 zur Aktiengesellschaft *Montedison* fusioniert. Gegenüber diesem direkten Konkurrenten begann Cefis eine Aufkaufstrategie von dessen Aktien, die so weit erfolgreich war, daß der ENI schon 1968 bei Montedison paritätisch neben den anderen Großaktionären, darunter Fiat und Pirelli, vertreten war. Lautstark wurde damals »der Verlust unternehmerischer Fähigkeiten in weiten Bereichen der klassischen Bourgeoisie« beklagt, »die den Aufstieg einer neuen Form von Staatsbourgeoisie erleichterte, die sich auf ihre engen politischen Beziehungen stützt«.[121]

Es bildete sich auf diese Weise ein neues Gefüge der italienischen Großindustrie um die Pole IRI, ENI und Fiat heraus, in dem schon Ende der sechziger Jahre, nach einem Bericht von »Fortune«, IRI das drittgrößte Unternehmen Europas mit 4,1 Milliarden Dollar Umsatz war, Montedison stand an neunter (2,3 Mrd.), Fiat an zwölfter (2,1 Mrd.) und ENI an zweiundzwanzigster Stelle (1,4 Mrd.).[122] Auf der Seite von IRI und ENI waren es freilich weniger überragende unternehmerische Fähigkeiten als vielmehr die Verfügungsgewalt über die wichtigsten Banken und die Möglichkeit des Griffs in den Steuer-säckel, die die Expansionsstrategie der parastaatlichen Indu-strie so erfolgreich machte. Unmittelbar zum IRI gehörten die großen Drei des italienischen Bankenwesens: *Banca Commer-ciale Italiana*, *Credito Italiano* und *Banco di Roma*. Staatlich kontrolliert waren darüber hinaus fast alle großen Geschäfts-banken, das Sparkassenwesen und die für Industriekredite äußerst wichtige *Mediobanca*. Obwohl die unternehmerischen Entscheidungen der parastaatlichen Industrien der Entschei-dungsgewalt des Parlaments völlig entzogen sind, mußte der Staatshaushalt aber letzten Endes immer für ihre Verluste gera-destehen. Als im Verlauf der siebziger Jahre die parastaatlichen Industrien zu einem Intrigendschungel im Kampf um die Ver-teilung von Posten und Pöstchen zwischen den Regierungspar-teien und zwischen den verschiedenen Strömungen innerhalb der Parteien verkommen waren, kamen IRI und ENI immer tiefer in die roten Zahlen, und nur Tausende von Lire-Milliar-den haben ihren totalen Zusammenbruch verhindert.

Der Expansionsdrang und die daraus resultierende Dau-erkrise der parastaatlichen Industrie war dann in den siebziger und beginnenden achtziger Jahren auch die Voraussetzung für die Sanierung bestehender und für den Aufbau neuer privater Industrie- und Finanzimperien. Dabei hat sich allmählich zur allseitigen Zufriedenheit ein schön abwechselndes Verhältnis von Geben und Nehmen herausgebildet. Gegeben bzw. herum-gereicht wurden dabei letztlich immer die Steuergelder, wie sich besonders anschaulich am Beispiel Fiat illustrieren läßt.

Die Folgen der allgemeinen italienischen Wirtschaftskri-se, der Krise auf dem internationalen Automobilmarkt nach dem Ölschock 1973, die Auswirkungen einer verfehlten Mo-dellpolitik und enorm gestiegene Lohnkosten bekämpfte Fiat eine Zeitlang durch Abstoßung unrentabler Konzernteile, z.B. der Kaufhauskette *La Rinascente* und der Versicherungsgesell-schaft SAI an die parastaatliche Industrie, während ein Teil der Fiat-Aktien unter Vermittlung der Mediobanca sogar an Liby-ens Gaddafi ging. In den verbliebenen Konzernteilen wurde rationalisiert und roboterisiert. Zu Beginn der achtziger Jahre war Fiat dann wieder so weit gesundet, daß es die Gelegenheit, einen Teil der Betriebe, die inzwischen mit staatlichen Geldern saniert worden waren, wieder zurückzukaufen, wahrnehmen konnte, als mit dem Regierungsantritt des Sozialisten Craxi 1983 eine neue Ära bester Beziehungen zwischen Privat- und halbstaatlicher Industrie eingeleitet wurde.

In diesem Jahr übernahmen mit dem Christdemokraten Romano Prodi an der Spitze des IRI und dem Sozialisten Franco Reviglio im ENI zwei Männer die Leitung der halbstaatlichen Industrie, die sich durch ihre fachliche Qualifikation mindestens ebenso auszeichneten wie durch ihre guten Verbindungen in Politik und Industrie. Innerhalb weniger Jahre konnten sie ihre Institute aus dem Bereich der roten Zahlen herausführen, wobei ein wesentliches Element der Verkauf von Aktienpaketen war. Aus ihrer Hand konnte Fiat nicht nur sein altes Rinascente zurückholen und wieder eine Versicherungsfirma erwerben, auch die traditionsreiche Automarke Alfa Romeo ging aus staatlicher Hand an Fiat über. Das Verdienst, im Kampf um Alfa Romeo, um das sich auch die amerikanische Firma Ford bemüht hatte, das Aktienpaket Agnelli zu Füßen gelegt zu haben, machten später Christdemokraten und Sozialisten einander streitig. Schließlich wurde 1988 auch der Verkauf von *Alfa Avio* an Fiat vereinbart, das erst 1987 ganz in staatliche Hand gekommen und mit einer jungen Managergarde in Schwung gebracht worden war. Mit der Übernahme dieser Flugmotorenbaufirma konnte Fiat seine Produktion im Hochtechnologiebereich erheblich ausbauen. Der Umsatz der Fiat-Gruppe verdoppelte sich von rund 20 000 Milliarden Lire (1980) im Lauf von nur acht Jahren, und das Unternehmen rühmte sich, eines der besten Managements und im Motorenbau die modernsten Fertigungsanlagen Europas zu besitzen.[123]

In den achtziger Jahren traten auf der Bühne der italienischen Wirtschaft neben die Imperien Agnellis und Pirellis drei ganz neue Protagonisten: Der *ingegnere* (Ingenieur), wie Carlo De Benedetti im Gegensatz zum *avvocato* (Anwalt) Agnelli gern tituliert wurde, der *contadino* (Bauer) Raul Gardini und der *dottore* Silvio Berlusconi. De Benedetti, der als Manager bei Fiat und bei Olivetti tätig gewesen war, hat als Präsident, geschäftsführender Vorsitzender und Aktionär der Olivetti dieses Kernstück seines Machtbereichs hinter IBM und neben Siemens zum zweitstärksten Computerhersteller Europas gemacht (IBM 18,3 Mrd. $ Umsatz 1987/88, Olivetti 4,8 Mrd., Siemens 4,8 Mrd).[124] Seine ineinanderverschachtelten Holdings *Cofide* und *Cir* umfassen Industrieunternehmen, Verlage, Versicherungen und Finanzierungsgesellschaften. Benedettis nicht gescheiterter, aber in seinem Umfang sehr reduzierter Einstieg in die große belgische Versicherungsgruppe *Société générale de Belgique* (SGB) im Sommer 1988 wurde im ganzen Land mit Spannung verfolgt. Aufsehenerregender noch als der

Carlo De Benedetti und Giovanni Agnelli

Aufstieg De Benedettis war der des *contadino* Raul Gardini. Aus einem mit landwirtschaftlichen Produkten handelnden Familienunternehmen kommend, hatte Gardini, von der Öffentlichkeit zunächst fast unbemerkt, die Erstürmung (*scalata*) von Montedison in den ›heißen‹ Jahren 1985/86 geschafft und ist vom heimatlichen Ravenna aufs Foro Bonaparte, den Sitz der Montedison in Mailand, übergewechselt. Nachdem er sich mit dieser Finanzoperation doch erheblich übernommen hatte und sein ganzes Imperium ins Wanken geriet, ging es seit dem Kauf von 4% der Montedison-Aktien durch die amerikanische Dow Chemical wieder aufwärts. Der Einstieg von Dow Chemical diente vor allem als Drohgebärde an die parastaatliche *Enichem* (chemischer Bereich des ENI), daß man mit dem amerikanischen Giganten eventuell noch enger zusammenarbeiten und Enichem ernsthaft in Bedrängnis bringen könnte. Der Wink wurde verstanden, denn schon im Sommer 1988, kaum ein Jahr nach dem Dow-Einstieg, schien ein joint-venture-Vertrag zwischen Montedison und Enichem perfekt, durch den die neue Gruppe *Enimont* das zehnt- oder sogar achtgrößte Chemieunternehmen der Welt werden sollte.[125]

Doch der Herr von Foro Buonaparte wollte noch höher hinaus, denn er behauptete stolz von sich: »Die Chemie, das bin ich«.[126] Entgegen den Vereinbarungen mit Enichem verschaffte er sich über Verbündete zusätzlich zu seinen 40% noch 11% der Aktien von Enimont und konnte damit im Aufsichtsrat seine Leute durchsetzen. Durch mehrere Kapitalerhöhungen, mit denen er seinen Einfluß innerhalb des Enimont noch weiter auszudehnen suchte, trieb er die Schulden des Chemiegiganten auf 18 000 Mrd. Lire. Zu den heftigsten Gegnern Gardinis in der Öffentlichkeit gehörten Andreotti, Craxi und De Michelis. Nach mehreren gerichtlichen Auseinandersetzungen kaufte schließlich die staatliche Enichem Ende 1990 die 40% der Aktien von Montedison und die Aktien der Freunde Gardinis zu einem stark überhöhten Preis auf. Der schlaue Bauer und seine Verbündeten strichen 4200 Mrd. Lire ein. Erschien schon dieses Ergebnis als ein gigantischer Fehlschlag und ein Desaster für die chemische Industrie Italiens, so kam im Laufe der Ermittlungen der Operation »Mani Pulite« zwei Jahre später ans Tageslicht, daß der eigentliche Erfolg von Enimont einzig und allein in der unvorstellbaren Bereicherung von Politikern, Bankern und Geschäftemachern durch die Zahlung von Schmiergeldern in Höhe von ungefähr 250 Mrd. Lire bestanden hatte. Längst aber konnten noch nicht alle Geheimnisse wirklich gelüftet werden. Kurz nach dem Scheitern von Enimont starb der damalige Minister für Staatsbeteiligungen, Franco Piga, an Herzversagen, später nahmen sich drei Beteiligte, darunter Gardini selbst, das Leben, wobei erhebliche Zweifel aufkamen, ob es sich nicht wenigstens in zwei der Fälle um Mord handelte. Nie verstummten die Gerüchte, daß auf den Öltankern des Enimont ein schwunghafter Handel mit Waffen getrieben wurde.[127]

Geschmeidiger und risikoloser hat der vierte im Bunde der privaten Großunternehmer das Fehlen einer Anti-Trust-Gesetzgebung und das Fehlen einer eindeutigen Regelung der Medienlandschaft für sich genutzt. *Dottore* Silvio Berlusconi hat mit seinen großen Fernsehsendern *Canale 5*, *Retequattro* und *Italia 1* und mit einigen kleineren das private Fernsehen völlig für sich monopolisiert und machte der staatlichen RAI harte Konkurrenz, die es ihrerseits Berlusconis Seifenopern- und Game-show-Programmen gleichzutun versuchte. Durch sein Fernsehen war der Anteil der Presse an den Werbeausgaben der Industrie mit nur noch 41,7% (1988) so tief gesunken wie in kaum einem anderen Land der Welt. Von den 58,3% fürs Fernsehen aber kontrollierte Berlusconi allein 30%. Für *Sua Emittenza* (Ihro Ausstrahlung) Berlusconi, der sich bester Beziehungen zu den italienischen Sozialisten rühmen konnte, wurde die Mediengesetzgebung nachträglich maßgeschneidert. Wie erwähnt erhielt er 25% der nationalen Frequenzen und das bis dahin verweigerte Recht, Nachrichten- und Live-Sendungen auszustrahlen. Einziger Wermutstropfen in diesem Gesetz sollte das Verbot sein, gleichzeitig bei den Printmedien mitzumischen. Aber auch dieser Punkt wurde während der Bearbeitung in den Kommissionen so verwässert, daß Berlusconi selbst auf diesem Sektor nur geringfügig zurückstecken mußte.

Allgegenwärtiger Partner ist die Politik in der italienischen Wirtschaft nach wie vor auch Jenseits der großen Konzerne. Der starken Konzentration in wenigen industriellen Sparten steht, wie erwähnt, die Unmenge von Klein- und Kleinstbetrieben gegenüber, in einer Zersplitterung, die über den Industriebereich weit in den Handels- und Dienstleistungssektor reicht. Sie stehen nicht nur durch das Banken- und Sparkassenwesen in direkter Verbindung zur parastaatlichen Wirtschaft, sondern auch durch die öffentlichen Körperschaften, die *enti pubblici*, die Wirtschaft und Gesellschaft vor allem im Dienstleistungs- und Sozialbereich als ein feinmaschiges Netz umfassen. Zusammen mit der Verwaltung und den Dienstleistungsbetrieben wie Post, Telekommunikation und Bahn bilden sie ein gigantisches System, in dem der staatliche Einfluß bislang weit über den Bereich hinausging, den der etwa 40%ige Anteil des Staatshaushalts am Bruttosozialprodukt wie in anderen Industrieländern auch umfaßt. In diesem System bildet Korruption keine Ausnahme, sondern ein konstitutives Element. Aber Italien kann in dieser Hinsicht auf eine über hundertjährige Erfahrung zurückblicken und ist deshalb den anderen Ländern, die erst in der zweiten Hälfte des zwanzigsten Jahrhunderts den Staatsanteil an der Wirtschaft ausgedehnt haben, weit überlegen. Durch die starke politische Frontenbildung zwischen und mehr noch innerhalb der Parteien gehörte aber auch das regelmäßige Aufdecken der Korruption durch Zukurzgekommene und politische Gegner, der Skandal, zum System.[128]

Die Tausende von Lire-Milliarden, die die *enti pubblici* verschlungen haben, sind der Hauptgrund dafür, daß die Staatsverschuldung das Ausmaß des Bruttosozialprodukts Italiens weit überschritt. Alle langfristig angelegten Wirtschaftsprogramme wie der sogenannte Vanoni-Plan 1955, das *Progetto '80* zu Beginn oder der Pandolfi-Plan 1979/81 und die seither obligatorischen mittelfristigen Wirtschafts- und Finanzpläne sind an der Unersättlichkeit der öffentlichen Körperschaften und ihrer politischen Befürworter im Parlament gescheitert.

Der schnelle Wechsel der Regierungen, die Häufigkeit der Krisen hatten im Poker um die Steuermilliarden eine entscheidende Funktion, denn gerade durch und im Verlauf jeder neuen Krise wurden zwischen und innerhalb der Parteien wichtige finanzielle Einzelentscheidungen ausgehandelt.

Die Gelder für die *enti pubblici* hatten wichtige beschäftigungspolitische und nur wenig produktive Wirkungen. Es entstanden in allen Bereichen riesige Verwaltungsapparate und Bürokratien, in denen Tausende von zwar schlecht bezahlten, aber dafür um so sichereren und bequemeren Arbeitsplätzen zu vergeben waren. Bezahlt wurde alles aus Steuergeldern, und das heißt vor allem denen der Lohnabhängigen, denn sie tragen nach wie vor die Hauptlast – drei Viertel – des italienischen Steueraufkommens. So wenig, wie je eines der großangelegten Wirtschaftsprogramme verwirklicht wurde, so wenig wurde das Problem der Steuerhinterziehung gelöst, die für Unternehmen und Selbständige von einem fiskalischen System ermöglicht wird, das vom Normalbürger die Zahlung von 200 verschiedenen Steuern verlangte und aus chronisch gehaltenem Personalmangel keine wirksamen Kontrollen ermöglicht. Weder die Steuerreform 1971/73 mit der Einführung einer deutlichen Progression der Einkommenssteuer noch die sogenannte Visentini-Reform 1985, die Registrierkassen im Einzelhandel und Dienstleistungssektor obligatorisch machte, haben hier eine entscheidende Besserung gebracht. Mit den Nachzahlungen, die durch einen mehrmaligen *condono fiscale* (Steueramnestie) den Sündern herausgelockt wurden, konnten zwar die dringendsten Löcher des Staatshaushaltes gestopft werden, die Steuermoral aber wurde dadurch gewiß nicht gehoben. Das vollkommen veraltete System brachte absurde Blüten hervor. Die Steuererklärung wurde immer komplizierter und unübersichtlicher. 1993 mußte ein mittlerer Angestellter 255 Fragen beantworten und 13 mal seine Steuernummer angeben. Jeder formale Fehler war mit hohen Geldbußen belegt. Sogar der Staatspräsident sah sich deshalb genötigt, die Bürger gegen den Fiskus zu verteidigen und vor dem Verlust des »Vertrauensverhältnisses zwischen Bürger und Staat« zu warnen.[129]

Die weitgehende Steuer-›Freiheit‹ war jedoch eine wesentliche Existenzgrundlage für die Klein- und Kleinstbetriebe. Auf dieser Basis arbeiteten zum großen Teil äußerst vitale Bereiche der italienischen Wirtschaft wie die Textil- und Lederindustrie, weitgehend aber vor allem der Dienstleistungssektor und der Handel. Im Handel betrug der Anteil der Betriebe mit nur einem Beschäftigten über 50% (1980), und dies ist nach wie vor der Bereich der ganz offiziell anerkannten »Schattenwirtschaft« *(economia sommersa)*. Als Teil des Bruttosozialprodukts wird sie, wie erwähnt, seit einigen Jahren mit über 15% veranschlagt, denn der Augenschein einer prosperierenden Wirtschaft und flott konsumierenden Gesellschaft trat in Widerspruch zu einem — nach gewohnten Maßstäben errechneten — sinkenden Sozialprodukt. In dieser Schattenwirtschaft verschwindet auch ein Teil der offiziell registrierten Arbeitslosigkeit. Vor allem für Jugendliche bietet sie wenigstens kurzfristig Verdienstmöglichkeiten — ohne eine Lira Sozialabgaben.[130]

Dieses ›dritte Italien‹ neben Großindustrie und Staat hat geographisch seinen Schwerpunkt zwischen dem großindustriellen Dreieck Mailand, Turin, Genua und dem zweiten, dem landwirtschaftlichen Süden, und war ein wesentlicher Motor für die Überwindung der Krise der siebziger Jahre. Als die Großbetriebe Neueinstellungen stoppten und mit Entlassungen begannen, als sie Teile der Produktion an Fremdfirmen delegierten, um dem Druck der Gewerkschaften zu begegnen, nahm auch außerhalb der traditionellen Bereiche der Textil- und Lederindustrie die Klein- und Kleinstindustrie einen rasanten Aufschwung. Inzwischen haben die Nutzung der Computertechnologie, der Zusammenschluß zu Vertriebsgesellschaften, moderne Formen des Verlagssystems usw. dieses ›dritte Italien‹ zu einem stabilen und einem der regsten Garanten des zweiten italienischen Wirtschaftswunders gemacht.[131] Weltweit bekanntes Beispiel dafür ist die Firma *Benetton* aus Venetien.

Die Nichtexistenz bzw. die Nichtachtung von Naturschutz-, Sicherheits- und Sozialgesetzen und tarifvertraglichen Regelungen waren und sind eine der wesentlichen Grundlagen für die Erfolge und die »flexible Spezialisierung« des dritten Italien.[132] Aber es zog damit nur seinerseits Nutzen aus einer Situation, die, im Interesse der Großindustrie geschaffen, schon längst bestand. Das Fehlen von Naturschutz- und Sicherheitsgesetzen und die überaus nachlässigen Kontrollen haben nichts oder nur wenig mit südländischer Mentalität zu tun, sie entsprangen dem gezielten politischen Willen, Italien als ›erstes Land der dritten Welt‹ als Industriestandort konkurrenzfähig und attraktiv zu machen. Mochte man in Mailand und Turin öffentlich auch noch so laut über die Unfähigkeit von Regierung und Bürokratie jammern, so bestand doch in Wahrheit bestes Einvernehmen darüber, daß man in Rom alles zu vermeiden hatte, was die Herren in Turin, Ivrea und Mailand etwa Geld kosten könnte.[133] Das Dioxin-Unglück 1976 in Seveso wirkte nach der ersten Aufregung nicht als Warnung, sondern wurde ganz schnell vergessen. In den letzten Jahren allerdings häufen sich die von Menschen gemachten Naturkatastrophen in erschreckendem Maße. Erdrutsche, Giftwolken, nicht nur übelriechendes, sondern lebensgefährlich verseuchtes Trinkwasser und die sterbende Adria haben in der Bevölkerung in den Jahren des ›zweiten Wirtschaftswunders‹ allmählich ein Bewußtsein dafür entstehen lassen, daß das ökologische Gleichgewicht Italiens aus klimatischen, geographischen und historischen Gründen noch sehr viel sensibler ist als das seiner Nachbarn nördlich der Alpen.

Zu Beginn der neunziger Jahre trat jedoch ein abrupter Wandel ein. Das Interesse an der Umwelt und das Nachdenken über globale Probleme gerieten wieder ins Hintertreffen, weil die weltweite Wirtschaftskrise Italien besonders heftig erfaßte. Gleichzeitig wurde durch die Bildung des europäischen Binnenmarktes ein enormer Druck auf die Regierung ausgeübt, sich den europäischen Standards anzupassen. Das »Modell Italien« war an einen toten Punkt gelangt und ließ sich nicht mehr aufrechterhalten.

Anfang der neunziger Jahre gab es absolut nichts mehr zu verteilen. Die Staatsverschuldung hatte ein Ausmaß angenommen, das einfach nicht mehr vorstellbar ist, und auch überhaupt nicht mehr annähernd exakt berechenbar. Die »Financial Times« nannte das, was die Regierungen an Zahlenmaterial vorlegen, »a bubble bath of numbers«.[134] Offiziell lag die Staatsverschuldung 1992 bei 105,7% des Bruttosozialprodukts und betrug damit etwa 150 Billiarden Lire (15 Nullen! Zum Vergleich: USA 38%, Bundesrepublik 24,5%, Großbritannien 35,5%, Frankreich 29,7%, Spanien 36%).[135] Wirtschaftsforschungsinstitute nahmen jedoch an, daß es sich mindestens um 200 Millionen Milliarden handelte, das hieße, daß jeder Italiener eine Schuldenlast von 35 Millionen Lire (ca. 55000 DM) trüge.

Dem Druck der Maastricht-Partner von außen wirkte der Druck der Wirtschaft von innen entgegen. Nach den Jahren des Booms in den achtziger Jahren mit Zuwachsraten des BSP zwischen 2,7 und 4,1% ging die Wachstumsrate bis 1993 kontinuierlich gegen Null, und gleichzeitig lag die Arbeitslosenquote bei über 11%. Besonders betroffen war wie immer der Süden mit einer Quote von 20%. Auch eine kosmetische Korrektur der Berechnungsmethoden konnte daran nichts ändern.[136] Die italienische Industrie erlitt einen heftigen Kollaps. Fiat, dessen

Umsatz immerhin 4% des italienischen BSP ausmacht, fiel in der Autoproduktion vom ersten Platz in Europa auf den vierten zurück, und sein Marktanteil fiel sogar in Italien von den noch komfortablen 60% in den achtziger Jahren um über 15% zurück.

Der Glanz der neuen *condottieri* der achtziger Jahre hatte schon durch das größenwahnsinnige Scheitern Gardinis gelitten. Erst nach seinem Selbstmord im Juni 1993 sollte sich herausstellen, daß er durch gigantische Fehlspekulationen an der Terminbörse von Chicago ein finanziell völlig ruiniertes Unternehmen hinterließ, obwohl die Geschäfte mit Futtermitteln und Chemie weltweit boomten. De Benedettis Olivetti schrieb trotz einer kräftigen Kapitalerhöhung und der erfolgreichen Lancierung des Mobilfunksystems »Omnitel« in der ersten Hälfte der neunziger Jahre nur rote Zahlen. Der Versuch, die Probleme durch eine weitere Kapitalerhöhung in den Griff zu bekommen, scheiterte am Widerstand der Banken. Weil diese ein anderes Management bevorzugten, mußte De Benedetti seinen Stuhl als Präsident und Aufsichtratsvorsitzender räumen.[137] Der Medienzar Berlusconi dagegen hatte es geschafft, durch die Bildung einer neuen Holding namens Mediaset potente Partner und damit neues Kapital zu finden. Der Deutsche Leo Kirch, der Südafrikaner Johann Rupert und die arabischen Prinzen Al Waleed und Bin Talal übernahmen 20% der Mediaset und brachten fast zwei Billionen Lire ein, allerdings unter der Bedingung, daß Mediaset spätestens bis 1997 an die Börse ginge. Dieser schon für 1996 geplante Schritt mußte jedoch weiter hinausgezögert werden, weil die Banken sich dagegen sperrten.[138] Immer mehr erschien Berlusconis Eintritt und sein Verbleiben in der Politik als eine Flucht, denn nicht nur seinem Bruder Paolo, sondern auch ihm selbst warf die Staatsanwaltschaft Bestechung, Bilanzfälschung und Verstoß gegen das Mediengesetz vor, schließlich gerieten die Mailänder Staatsanwälte auf die Spur umfangreicher Schwarzgeldkonten und Scheinfirmen im Ausland.

Um aus dem Dilemma – hier die krisengeschüttelte Industrie, die nach Steuer- und Abgabenerleichterungen verlangte, dort der schier unüberwindliche Schuldenberg und die Forderungen der EU-Partner – herauszukommen, genügte nicht mehr die übliche »stangata«, der steuerliche Rundumschlag zu Beginn jedes Finanzjahres, mit denen alle Regierungen stets versucht hatten, die größten Finanzlöcher notdürftig zu stopfen. Die vorletzte Regierung der Ersten Republik unter Giuliano Amato, durch die Teilnahme von parteilosen Experten eigentlich schon eine Übergangsregierung, nutzte die internationale Spekulationskrise im Herbst 1992, um ohne allzu großen Imageverlust eine 7prozentige Lira-Abwertung durchzusetzen. Als der Kurs dann noch weiter fiel, und die Bundesbank schließlich nicht mehr zu weiteren Stützkäufen bereit war, gab man einfach die ganze Schuld den Deutschen, als Italien — wie übrigens auch Großbritannien und Spanien — aus der Europäischen Währungsunion ausscheiden mußte. Erst der »Schock« der fast dreißigprozentigen Abwertung und die »Demütigung« des Rückzugs aus der Währungsunion, schrieb der »European«, konnte ein allgemeines Bewußtsein für den notwendigen Wandel schaffen.[159]

Die Regierungen der »Fachleute« unter Carlo Azeglio Ciampi (1993/94) und rigoroser noch unter Lamberto Dini (1995/96) setzten zur Aufholjagd nach Europa eine restriktive Finanzpolitik und auch Sozialpolitik in Gang, die dem Land schwere Opfer abverlangte, deren Erfolge aber unbestreitbar waren (vgl. S. 163 ff.). Auch die Regierung Prodi, in der ja wieder Dini und Ciampi saßen, setzte diesen Weg konsequent fort, während unter Berlusconi (1994/95) mit einer ins Bodenlose stürzenden Lira alles wieder in Gefahr geraten war. Wie allgemein verbreitet die Einsicht in unumgängliche strukturelle Maßnahmen waren, zeigte sich vor allem darin, daß sich die Gewerkschaften sowohl zur endgültigen Abschaffung der *scala mobile* durch das Arbeitsabkommen vom Juli 1993 als auch zur grundsätzlichen Revision des Rentensystems, wie sie 1992 und 1995 eingeleitet wurde, bereit fanden. Der Spielraum der Regierungen, durch neue Steuern die Einnahmen zu erhöhen, war in Italien denkbar gering. Der Anteil der Steuern und Sozialabgaben am Bruttoinlandsprodukt lag 1993/94 bereits bei 46,3% und damit nach den Berechnungen der OECD in der Gruppe der Hochsteuerländer (50—40%) wie Schweden und Dänemark, weit vor Frankreich (44,2%), Deutschland (39,2%) und Großbritannien (36,9%). Daß in Italien dieser Steuerdruck als besonders verhaßt und unerträglich empfunden wurde, lag u. a. auch daran, daß er sich in den letzten zwanzig Jahren nahezu verdoppelt hatte, während er in den anderen europäischen Ländern nur wesentlich geringer gestiegen war.[140] Bei den Sozialausgaben dagegen lag Italien nicht in der Spitzengruppe — wie beispielsweise Schweden (27,2% des BIP) —, sondern hinter Großbritannien, Deutschland und Frankreich im unteren Bereich (17,5%).[141] Um auf eine strukturelle Sanierung des Staatshaushalts hinzuarbeiten, schnitten die Regierungen seit

Amato schmerzhaft und tief in das ohnehin schlecht und ungleichmäßig gewebte soziale Netz, vor allem bei Staatsbeamten, im Gesundheits- und Rentensystem. Unter diesen schweren Opfern bewegte sich Italien mit atemberaubendem Tempo und wider alle Erwartungen zielstrebig auf die Konvergenzkriterien der Maastricht-Verträge zu. Während noch 1995 das Verhältnis Haushaltsdefizit/BIP bei 6,7% gelegen hatte, lag diese Zahl 1997 mit 3,2% nur noch geringfügig über den zulässigen 3%, die Inflation war von 4 auf 2,7% gefallen (Referenzwert 2,9%) und der Zinssatz von 10,3 auf 6,7% (Referenzwert 8,7%).[142] Ohne den Schuldendienst erzielte Italien seit 1994 sogar einen Haushaltsüberschuß. Die selbsternannten Maastricht-Musterknaben jenseits der Alpen konnten nur mit Neid auf solche positiven Tendenzen blicken, und der deutsche Finanzminister Waigel versuchte mehrmals mit groben öffentlichen Äußerungen Italiens wirtschaftliche Solidität madig zu machen.[143]

Eine gewisse Berechtigung hatte die Kritik insofern, als ein entscheidender Schritt zum Abbau des öffentlichen Schuldenberges noch nicht gelungen war: die Privatisierung der staatlichen Industrie. Um diesen Weg überhaupt beschreiten zu können, hatte die herrschende Nomenklatura erst durch die Operation »Mani pulite« aus Amt und Pfründen gejagt werden müssen.

Die Regierung Amato traf die Vorbereitungen, und die Regierung Ciampi begann dann tatsächlich mit dem Verkauf eines Herzstücks der staatlichen Wirtschaftsmacht, mit zwei der drei italienischen Großbanken, der Banca Commerciale Italiana und dem Credito Italiano. Um diesen und die noch zu erwartenden appetitlichen Happen tobte alsbald ein heftiger Kampf, in dem sich zwei große Parteien herauskristallisierten und der den Hintergrund für die politische Umwälzung der Jahre seit 1992 bildete. Auf Seiten der staatlichen Industrie standen sich Romano Prodi, der anstelle des im Gefängnis gelandeten Franco Nobili wieder das IRI leitete, und der Haushaltsminister der Regierung Ciampi, Luigi Spaventa, gegenüber und bekämpften sich mit angedrohten, verwirklichten und wieder zurückgenommenen Rücktritten. Prodi wollte eine breite Streuung der Aktien und eine Rechtsform nach Art der englischen *public company* zur Verhinderung von Seilschaften und Übernahmen durch große Kapitalgruppen. Seiner Meinung nach sollte der Verkauf der halbstaatlichen Industrie »das Gesicht des Landes verändern«.[144] Spaventa dagegen favorisierte nach französi-

schem Vorbild den Verkauf an einen »harten Kern« von Großaktionären. Das Konzept Spaventas setzte sich schließlich
durch, und als Nutznießer und eigentlicher Drahtzieher der
ganzen Operation erwies sich einmal mehr die graue Eminenz
der italienischen Finanzwelt, der über achtzigjährige Präsident
der Industriekreditbank Mediobanca, Enrico Cuccia, gemeinsam mit einigen auserwählten Freunden wie Agnelli und Pirelli.

In den Regierungen seit Ciampi saßen sich Verfechter der
public company und des »harten Kerns« von Großaktionären
unversöhnlich und etwa gleichstark gegenüber. Als schließlich
Romano Prodi die Regierung übernahm, tat sich ein neues Problem auf. Das Zünglein an der Waage seiner Mehrheit im Parlament, die Altkommunisten von *Rifondazione comunista*,
stemmten sich mit aller Macht gegen die Privatisierungen und
brachten die Abstimmung über die Privatisierung der Stet zu
Fall. Schließlich trotzten sie Prodi eine Regelung ab, die vorsah, daß sich der Staat zumindest auf Zeit eine weitgehende
Kontrolle über die zu privatisierenden Betriebe vorbehalten
sollte.[146]

Neben den Privatisierungen führte die seit der Regierung
Amato eingeleitete und auch danach trotz des politischen Auf
und Ab konsequent durchgehaltene Spar- und Reformpolitik
unter Prodi schließlich zum Erfolg: Italien wurde im Mai 1998
endgültig in den Kreis der Euro-Länder aufgenommen, für die
ab dem 1. Januar 1999 das neue gemeinsame Buchgeld galt.
Prodi scheute auf diesem Weg unpopuläre Maßnahmen nicht.
Gegen den erbitterten Widerstand der Opposition, die wie
einst die Gewerkschaften riesige Protestdemonstrationen organisierte, setzte er die Erhebung einer einmaligen sogenannten
»Eurosteuer« durch. Ein weiterer wesentlicher Schritt zur Er-
reichung der Maastricht-Kriterien war Ende 1997 die dritte
Stufe der Rentenreform, die unter der Regierung Amato 1992
begonnen und unter Dini 1995 weitergeführt worden war. Die
Reform sah einen Zeitplan für die allmähliche Heraufsetzung
des Rentenalters vor, insbesondere aber die Angleichung der
Regelungen von öffentlichem und privatem Sektor – ab dem
Jahr 2004. Auf dieser Basis gelang Italien der Sprung auf den
Euro-Zug, und längst bevor die Europäische Kommission im
Mai 1998 die Teilnahme Italiens an der gemeinsamen Währung
ab dem 1. Januar 1999 verkündete, bestand in Italien Siegesge-
wißheit. Jenseits der Alpen wurde dieses »monetäre Wunder«
zwar angezweifelt, und man mäkelte über Buchungstricks, hielt

aber dann doch still, weil auch die anderen Euro-Teilnehmer in dieser Hinsicht keineswegs eine weiße Weste hatten. Doch die Ernüchterung folgte auf dem Fuße.

Die Warnungen des Gouverneurs der Banca D'Italia, Antonio Fazio, Italien sei trotz der großen Anstrengungen nicht genügend für die gemeinsame europäische Währung und noch weniger für die Globalisierung der Weltwirtschaft gerüstet, wurden allmählich ernstgenommen, und die Verschlechterung der Wachstumntsaussichten für die ersten Euro-Jahre ließen auch schnell die Folgen erkennbar werden. vor allem die Millionen Kleinunternehmer des »dritten Italien« mit weniger als zehn Beschäftigten, konnten nun nicht mehr von möglichen Lira-Abwertungen profitieren. Ebenso wenig durfte unter der strengen Aufsicht der Europäischen Finanzminister die Staatsverschuldung zur Konjunkturförderung wieder in die Höhe getrieben werden. Im Fieber der internationalen Fusionen konnte die große Industrie Italiens nicht mithalten, und auch die Giganten Italiens wie Fiat oder die privatisierte Telecom Italia und ENI waren nicht Jäger, sondern Gejagte im Spiel der »global players«.

Die Probleme der italienischen Großindustrie zeigten sich besonders bei Fiat. Von der »invisible hand« des aus der Führung ausgeschiedenen Patriarchen Giovanni Agnelli gesteuert, gelang trotz des überraschenden Krebstodes seines als Nachfolger für Cesare Romiti vorgesehenen Neffen Giovanni Alberto Agnelli die Übergabe der Leitung an Paolo Fresco erstaunlich gut. Doch Fiat schrieb nicht nur im Jahr 1998 nach vielen Jahren erstmals wieder rote Zahlen und sah seinen Marktanteil im Inland bis auf unter 40 Prozent sinken, es verlor auch im Kampf um die Übernahme von Volvo und wurde selbst Opfer von Übernahmegerüchten.

Wie rasant Italiens Wirtschaft in die Globalisierung hineingerissen wurde, zeigte das »joint venture« zwischen Fiat und General Motors 1999. Als wolle er sich und seinen Nachfolgern in der Leitung des Unternehmens Mut machen, erläuterte Gianni Agnelli die Vereinbarung: »Die beiden Ziele, die wir uns gesetzt hatten, waren: ein möglichst starker Partner und Autonomie. Der Stärkere in diesem Bündnis ist General Motors, da gibt es nichts zu deuten; die Autonomie ist Teil des Vertrags, den wir geschlossen haben, und deshalb leitet jeder sein eigenes Unternehmen.« Daß der Vertrag zwischen dem Giganten, der mit 176 Milliarden Dollar Umsatz etwa viermal so groß wie Fiat war, auch die Option für den Verkauf von Fiat Auto an GM nach fünf Jahren vorsah, erwähnte Agnelli lieber nicht.

In Euroland muß die Freiheit wohl grenzenlos sein

Wie und ob Italien dem Schreckgespenst der »Kolonialisierung«
durch europäische und amerikanische Konzerne würde begegnen können, war nicht leicht erkennbar, wohl aber, daß ein ra-
santer Umbau der Wirtschaft vonstatten ging. Die forcierte Privatisierung hatte dem Staat bis 1999 etwa 100 Milliarden Dollar
in die Kassen gespült. Die Mailänder Börse war vom weltweit
21. auf den 8. Platz aufgestiegen. Die ganz oder teilweise priva-
tisierten Unternehmen machten über die Hälfte des Börsenka-
pitals aus, und unter den zehn größten an der Börse gehandelten
italienischen Unternehmen waren sieben ehemalige Staatsfirmen.
Es war ein Heer von etwa dreizehn Millionen Kleinstkapitali-
sten in Italien entstanden, die bei jedem Börsengang die Ausga-
bebanken geradezu belagerten. Nicht an der Börse zu »spielen«,
wie man auf Italienisch sagt, galt als fast so verschroben, wie
kein Los der Silvesterlotterie zu kaufen. Das wesentliche Ergebnis der Privatisierung »im Verein mit der explosionsartigen
Zunahme von Firmenübernahmen und -zusammenschlüssen«
war jedoch laut OECD »die dominierende Rolle großer Unter-
nehmensgruppen auf dem Börsenmarkt«.[147] Zur Neuformierung
dieser Gruppen trug wesentlich das 1998 von der Öffentlichkeit
fast unbemerkt verabschiedete neue Aktiengesellschaftsgesetz,
die sogenannte *legge Draghi*, bei. Im Vorgriff auf eine europäische Regelung, die allerdings noch Jahre auf sich warten ließ,
wurde die sogenannte Opa, das öffentliche Übernahmeangebot,
erleichtert und die bis dahin bestehenden sogenannten *patti di
sindacato*, die Abkommen zwischen den Hauptaktionären, aus-
gehebelt. Umberto Agnelli trauerte dieser alten Form der Gesell-
schaften, die im »salotto buono« der Finanzwelt unter der laut-
losen Regie von Enrico Cuccia ausgehandelt wurden, fast ein
bißchen nach, denn sie »garantierte die Kontinuität der Aktien-
kontrolle und ermöglichte dem Management, ohne zeitlichen
Druck zu arbeiten.« Cuccias Tod schien das Symbol für das Ende
dieser Entwicklungsphase des italienischen Kapitalismus.

Das eklatanteste Beispiel der Verschiebungen durch die
Privatisierungen und das neue Gesellschaftsrecht war die schier
unendliche Geschichte der Übernahmeschlachten um die italienische Telefongesellschaft Telecom. Die Privatisierung im Oktober
1997 war als »Mutter aller Privatisierungen« bezeichnet worden.
Wegen des allzu ehrgeizigen Unterfangens, über die Tochter
»Stream« ganz Italien mit Glasfasern zu verkabeln, geriet die Telecom jedoch bald wieder in Turbulenzen. Nur zwei Jahre nach

der Privatisierung gab die Olivetti unter Führung von Roberto Colaninno eine Opa gegen die – gemessen am Umsatz – mehr als fünfmal größere Telecom ab. Es kam zu einem erbitterten Ringen zwischen Olivetti und Mediobanca auf der einen, Agnellis Nachfolger Romiti in der Finanzholding Gemina auf der anderen Seite. Die Financial Times schrieb dazu:»Wie es auch ausgeht, nichts wird im italienischen Kapitalismus mehr sein wie zuvor.« Das italienische Festnetz blieb zwar noch Monopol der Telecom, die Konkurrenz auf dem Mobilfunkmarkt wurde aber immer stärker. Zwei weitere Jahre später stand Telecom Italia erneut mit dem Rücken zur Wand, als die spanische Telefongesellschaft Telefonica und Endesa, sowie die deutsche Telekom ihr Übernahmeinteresse deutlich machten. Die Regierung Berlusconi zeigte sich trotz betonter Neutralität erfreut, als es schließlich gelang, die Telecom in Italien zu behalten. Im Juli 2001 legten der Manager von Pirelli, Marco Tronchetti Provera, und die Benetton-Familie sieben Milliarden Euro für die Übernahme der Telecom zusammen. Damit trat eine neue Generation von *Condottieri*, teils als Manager, teils als Vertreter von Familienholdings an die Seite der alten Garde.

Der berühmteste Condottiere des beginnenden 3. Jahrtausends war zweifelsohne Silvio Berlusconi, seit dem Wahlsieg 2001 auch wieder Ministerpräsident. War er bei seinem ersten Regierungsantritt jedoch beinahe bankrott gewesen, so hatte er sich in wenigen Jahren zum reichsten Mann Italiens und sein Unternehmen in eine Gelddruckmaschine gewandelt. Zu den Millenniumsfeiern stand er längst vor dem ehemaligen Fiat-Chef Giovanni Agnelli auf Platz vierzehn der Forbes-Liste mit einem geschätzten Vermögen 12,8 Milliarden Dollar. Die Gewinne von Berlusconis Medienunternehmn Mediaset verdoppelten sich in den fünf Jahren der von ihm als »kommunistisch« geschmähten Mitte-Links-Regierung. Vielleicht war Berlusconis Antwort auf die Frage nach seinen weiteren Plänen mehr als eine witzige Bemerkung: »Jetzt bleibt mir nichts anderes übrig, als der reichste Mann Europas zu werden.« Jedenfalls eröffnete sich im Frühjahr 2002 die Aussicht, außer der Beteiligung bei der spanischen Telecinco (wo ebenfalls gegen ihn ermittelt wurde), wohlfeil am Zusammenbruch des deutschen Medienimperiums von Leo Kirch zu partizipieren, wo er neben Rupert Murdoch bereits eine etwa fünfprozentige Beteiligung besaß. Zu dieser glücklichen Rettung trug der Verkauf der verlustreichen Einzelhandelskette Standa bei. Eine ganz entscheidende Hilfestellung hatte sich Berlusconi jedoch ohne Zweifel als Regierungschef mit der sogenannten *legge Tremonti* geleistet. Nach diesem Gesetz waren zwei Jahre lang Unternehmensgewinne vollkommen steuerfrei, sofern sie reinvestiert wurden.

Neben den *Neocondottieri* zählten auch die alten *Fordisten* wie Pirelli und Fiat zu den Gewinnern des »großen Umbauens« in der italienischen Wirtschaft. Im Juli 2001 unterbreiteten die französische Elektrizitätsgesellschaft EDF und Fiat ein öffentliches Übernahmeangebot für die Montedison-Holding, die neben vielen anderen Bereichen mit Edison das zweitgrößte Stromversorgungsunternehmen hinter der inzwischen teilprivatisierten Enel besaß. Dem damit wieder einmal drohenden Gespenst der Kolonialisierung begegnete die Regierung Amato kurz vor Ende der Legislaturperiode im Eilververfahen mit einem Gesetzesdekret, um das Stimmrecht des Konsortiums im Energiebereich auf zwei Prozent zu beschränken. Nach einer Reihe von Gegenmanövern der drei traditionellen Hauptaktionäre, Banco di Roma, Banco Sanpaolo IMI und Banca Intesa-Credito Italiano akzeptierte Montedison schließlich das Übernahmeangebot durch das von Fiat und EDF gegründete Gemeinschaftsunernehmen Italenergia. Damit war eine – vorläufige – vollkommen neue Struktur der italienischen Wirtschaftslandschaft erreicht. Vom alten real existierenden Staatskapitalismus war nur noch die »golden share« übriggeblieben, Italien besaß nach wie vor mehr Klein- und Kleinstunternehmer als Deutschland und Frankreich zusammengenommen, es gab nach wie vor keinen wirklichen »global player«, doch Italiens Wirtschaft hatte außerordentlich flexibel und innovationsfreudig auf die neue Freiheit in Euro- und Globalland regiert.

Anmerkungen

1 Der eigentliche Nationalfeiertag Italiens ist als Fest der Republik jeder 1. Sonntag im Juni.

2 Giuliano Prosacci, *Geschichte Italiens und der Italiener*, München 1983, S. 380.

3 Giorgio Candeloro, *Storia dell'Italia moderna*, Milano 1978–87, Bd. 10, S. 222.

4 Procacci, a.a.O., S. 382.

5 Candeloro, a.a.O., Bd. 11, S. 75.

6 Pietro Nenni, *Tempo di guerra fredda, Diari 1943–1956*, hg. von G. Nenni und D. Zucàro, Milano 1981, S. 349.

7 Ebd., S. 407.

8 Karl Otmar Frhr. v. Aretin, *Papsttum und moderne Welt*, München 1969, S. 137.

9 Franco Catalano, *Storia dei partiti politici italiani della fine del 700 al fascismo*, Torino 1965, S. 334.

10 Th. Wieser, F. Spotts, *Der Fall Italien*, München 1988.

11 ›Il banchiere di Dio‹, in: *Panorama*, 8. September 1980. Es handelt sich um eine als *giallo verità* (wahrer Krimi) dargestellte Schilderung des Giuffré-Skandals Ende der fünfziger Jahre.

12 Palmiro Togliatti, *Il memoriale die Yalta*, Palermo 1988, S. 31.

13 Wieser, Spotts, a.a.O., S. 81.

14 Giorgio Bocca, *Togliatti*, Roma/Bari 1973, S. 512.

15 Emilio Sereni, *Il mezzogiorno all'opposizione, Dal taccuino di un ministro in congedo*, Torino 1948, S. 21.

16 Vgl. dazu Donald Sassoon, *Contemporary Italy*, London/New York 1986, S. 33 ff.

17 Sophie G. Alf, *Leitfaden Italien*, Berlin 1977, S. 162.

18 Giorgio Bocca, *Storia della repubblica italiana*, Milano 1982, S. 54.

19 Candeloro, a.a.O., Bd. 11, S. 215.

20 Ebd., S. 217, abweichende Zahlenangaben bei: Wieser, Spotts, S. 216.

21 Sassoon, a.a.O., S. 31, auch zum folgenden.

22 *Storia dell'Italia contemporanea*, hg. von Renzo De Felice, Bd. 6, D'Aurelia, ›Verso nuovi equilibri‹, Napoli 1983, S. 23/24.

23 Ebd.

24 Alf, a.a.O., S. 168.

25 Pietro Nenni in der Parteizeitschrift *Avanti*, zit. n.: Bocca, Storia (1982), a.a.O., S. 132.

26 Alf, a.a.O., S. 293.

27 Mario Capanna, *Formidabili quegli anni*, Milano 1988, S. 107.

28 Alf, a.a.O., S. 287.

29 Pasolinis Gedicht erschien zunächst in *L'Espresso*, dann in: *Nuovi argomenti* April/Juni 1968, wieder abgedruckt in: *L'Espresso*, suppl. 25. Januar 1988, S. 69.

30 Giorgio Bocca, *Storia della repubblica italiana*, Milano 1981–1983, Bd. 3, S. 334.

31 Marco Sassano, *Pinelli un suicidio di Stato*, Venezia 1971; *La strage die Stato, Contro-inchiesta*, Roma 1970.

32 Camilla Cederna, *Una finestra sulla strage*, Milano 1970.

33 Pietro Secchia, *La resistenza accusa 1945–1973*, Milano 1973, S. 63.

34 Enrico Berlinguer, in: *Rinascita*, zit. n.: Carlo Pinzani, ›L'Italia repubblicana‹, in: *Storia d'Italia Einaudi*, Bd. IV, 3, S. 2731.

35 Giuseppe Mammarella, *L'Italia contemporanea*, Bologna 1985, S. 427.

36 Giorgio Bocca, *Il terrorismo italiano 1970–1980*, Milano 1978, S. 59.

37 Zit. n. Peter Fritzsche, *Die politische Kultur Italiens*, Frankfurt/New York 1987, S. 188.

38 Giorgio Galli, *L'Italia sotterranea, Storia, politica e scandali*, Roma/Bari 1983, S. 161.

39 *Conversazioni con Berlinguer*, hg. von Antonio Tatò, Roma 1984, S. 57.

40 Fritzsche, a.a.O., S. 197.

41 ›Schweine mit Flügeln‹ war der Titel einer Art Kultbuch der 77er Bewegung: Marco Lombardo Radice, *Schweine mit Flügeln. Sex und Politik. Ein Tagebuch*, Reinbek 1977.

42 Zit. n. Bocca, *Terrorismo*, a.a.O., S. 97.

43 Fritzsche, a.a.O., S. 203.

44 Mammarella, a.a.O., S. 487.

45 Leonardo Sciascia, *Die Affäre Moro*, München 1979.

46 Zit. n. Werner Raith, *In höherem Auftrag. Der kalkulierte Mord an Aldo Moro*, Berlin 1984, S. 42.

47 Giorgio Bocca, *Moro, una tragedia italiana. Le lettere, i documenti, polemiche*, Milano 1978, S. 137 ff.

48 Bocca, *Storia (1981–1983)*, Bd. 5, S. 49.

49 Vgl. Raith, a.a.O., S. 170 ff.

50 Alberto Franceschini, *Moro, Renato e io, Storia dei fondatori delle BR*, Milano 1988.

51 *Il manifesto*, 22. Juni 1988.

52 Bocca, *Storia (1981–1983)*, a.a.O., Bd.6, S. 233.

53 *Il manifesto*, 12. Juni 1988.

54 *L'Espresso*, 29. Mai 1988. Anders: Raith, *Moro*, a.a.O., S. 162.

55 G. Busse, *Aldo Moro, Anatomie eines Verbrechens*, WDR 1994.

56 Das ist z.B. die schon von Raith, a.a.O., angedeutete These.

57 Sergio Flamigni, in: *L'Espresso*, 29. Mai 1988, S. 11. Sein Buch: *La tela dei ragni*, Roma 1988.

58 Hier und zum folgenden: Fritzsche, a.a.O., S. 230 ff.

59 Eugenio Scalfari, ›Da Sindona a Gelli‹, in: AAVV, *L'Italia della P2*, Milano 1981, S. 18.

60 Zit. n. Galli, a.a.O., S. 264 f.

61 Sassoon, a.a.O., S.82.

62 Bocca, *Storia (1981–1983)*, a.a.O., Bd. 6, S. 322 f.

63 Zit. n.: Friederike Hausmann, Hubert Krieger, ›Zentrale Probleme der italienischen Gewerkschaftsbewegung zu Beginn der 80er Jahre, dargestellt am Beispiel des Fiat-Konflikts‹, in: *WSI Mitteilungen 5*, 1981, S. 305.

64 *Die cassa integrazione guadagni* (CIG) wurde 1968 eingerichtet. Sie gewährleistet Lohnausgleichszahlungen an die Beschäftigten bei einer Einschränkung der Zahl der Arbeitsstunden (bis zu Null) in Höhe von 80% des

Nettolohnes. Die Leistungen aus der CIG werden dabei zu über 90% vom Staat finanziert. Seit 1980 wurde die CIG vor allem in Piemont massiv eingesetzt. 1982 waren z. B. allein in Turin 52253 Arbeiter von der CIG bezahlt. Vgl. *L'ombra del lavoro, Profili di operai in cassa integrazione*, hg. von Filippo Barbano, Milano 1987. Vgl. auch Anm. 113.

65 Raith, *Moro*, a. a. O., S. 53.

66 Von den 647 Präsidenten der autonom wirtschaftenden *Unità sanitarie locali* (USL = Gesundheitsbehörde) waren 1983 374 Mitglieder der DC, 125 des PSI, 115 des PCI, 15 des PSDI und 7 des PRL. Vgl. *La Repubblica*, 4. Januar 1988, S. 8.

67 Zit. n.: Mammarella, a. a. O., S. 528.

68 Indro Montanelli, Mario Cervi, *L'Italia degli anni di fango (1978–1993)*, Milano 1993, S. 255.

69 *Corriere della sera*, 21. Oktober 1992.

70 Auch Ungeheuerlichkeiten wie Treffen samt Bruderkuß mit Toto Riina ließen sich für das Gericht nicht verifizieren.

71 Dies war umso mehr ein Desaster für die Anklage, als sich herausstellte, daß einer der wichtigsten *pentiti*, die gegen Andreotti ausgesagt hatten, im Schutze der Kronzeugenregelung weiter als Mafiaboß Mordaufträge erteilt hatte.

72 Der neue Justizminister der Regierung Berlusconi, Roberto Castelli von der Lega Nord, weigerte sich im August 2001 sogar, Bompressis Gnadengesuch an Staatspräsident Ciampi weiterzuleiten.

73 Montanelli/Cervi, a. a. O., S. 217.

74 Ebd., S. 317.

75 *Corriere della sera*, 16. Juli 1993.

76 *Panorama*, 7. Januar 1993.

77 *Panorama*, 7. Januar 1993.

78 *Panorama*, 7. Januar 1993.

79 M. Losano, *Sonne in der Tasche*, München 1995, S. 183, schreibt dazu: »Die in Neapel kursierenden Kommentare kann man sich vorstellen. Auf einer Weltgipfelkonferenz über das organisierte Verbrechen – so wurde allenthalben gekichert – war Italien endlich durch einen aus dem Milieu vertreten.«

80 *L'Espresso*, 19.12.1996, S. 48 ff.

81 Vgl. H. Ullrich, *Reform des italienischen Wahlsystems – Die Fata Morgana des Ein-Mann-Wahlkreises als Regenerationsinstrument der Demokratie*, in: L. V. Graf Ferraris u. a., *Italien auf dem Weg zur »zweiten Republik«?*, Frankfurt/Main, Berlin u. a., 1995, S. 123 ff.

82 DIW-Wochenbericht 48/96, S. 3.

83 *L'Espresso*, 8. April 1994, S. 62.

84 *L'Espresso*, 8. April 1994, S. 67.

85 *L'Espresso*, 7. Januar 1994, S.42.

86 *Die Zeit*, 15. April 1994, S. 53.

87 Vgl. zu Berlusconis Eintritt in die Politik und die generalstabsmäßige Vorbereitung seiner Kampagne: Mario G. Losano, a. a. O., bes. S. 72 ff.

88 *Corriere della sera*, 30. März 1994.

89 *La Repubblica*, 1. April 1994.

90 *L'Unità*, 2. Februar 1994.

91 *Corriere della sera*, 6. Mai 1994.

92 H. Ullrich, a. a. O., S. 143.

93 Vgl. z. B. N. Bobbio, *Verso la Seconda Repubblica*, Torino 1997, Anhang, S. 186.

94 Die ungebremste Fragmentierung der Parteienlandschaft verdeutlicht ein Überblick des Schatzministeriums: 1997 wurden Gelder an 44 »Parteien« vergeben, darunter waren 17 sogenannte »große«, die über eine Millarde Lire erhielten. *Corriere della sera*, 4. April 1997.

95 Das Interesse galt vielmehr dem medialen Aufstieg Berlusconis, der auch im deutschsprachigen Raum wieder das politische Interesse an Italien erwachen ließ. Vgl. z. B. Jens Petersen, *Quo vadis Italia?*, München 1995; *du*, Heft 6, Juni 1995, *Italia Bella. Ein Jahrestagebuch*; M. Braun, *Italiens politische Zukunft*, Frankfurt/Main 1994.

96 Vgl. M. Losano, a. a. O., S. 153.

97 Bobbio, a. a. O., S. 81.

98 Berlusconi sprach von »golpe bianco«. *La Repubblica*, 6. Januar 1995.

99 Vgl. z. B. Paolo Armaroli, *Italiens Regierungen − im Schatten des Quirinal-Palastes*, in: *Ferraris*, a.a.O., S. 102 ff.

100 *La Repubblica*, 26. Januar 1995.

101 Vgl. dazu ISTAT, Rapporto sull' Italia, Bologna 1996, S. 54 ff. In Italien lag das Durchschnittsrentenalter 1991 niedriger als in allen anderen EU Ländern, gleichzeitig aber der Anteil der über 65jährigen an der Gesamtbevölkerung in der Spitzengruppe.

102 *La Repubblica*, 27. Oktober 1995.

103 *La Repubblica*, 26. Januar 1995.

104 zit. n. Losano, a. a. O., S. 198.

105 Vgl. Roland Höhne, *Alleanza Nazionale − eine demokratische Rechtspartei?*, in: *Ferraris*, a. a. O., S. 179 ff.

106 *Panorama*, 17. Februar 1995, S. 8 ff.

107 Romano Prodi, *Governare l'Italia. Manifesto per il cambiamento*, Roma 1994, S. 11, zuerst erschienen in *Micromega* 4, 1994.

108 Vgl. *Il Giornale*, 24. April 1996, der von der Frankfurter Allgemeinen Zeitung bis zur Washington Post alle Überschriften zitierte.

109 In: Francesco Tuccari (Hg.), *Il governo Berlusconi. Le parole, i fatti, i rischi*, Rom/Bari 2002, S. 9

110 In: *Il governo Berlusconi*, a.a.O., S. 84

111 *Class* 1, 1996, S. 76 ff.

112 *Die Zeit*, 13. Januar 1989; *La Repubblica*, 3./4. Januar 1989 und *L'Espresso*, 10. Juli 1988, S. 123.

113 Da es in Italien kein Arbeitslosengeld gibt, die Arbeitsämter also darüber keine genaue Kontrolle der Arbeitslosen haben, sind die italienischen Arbeitslosenstatistiken unzuverlässig. Zahlenangaben nach *La Repubblica*, 6. April 1997.

114 Augusto Graziani (Hg.), *L'economia italiana 1947−1970*, Bologna 1971, S. 53.

115 Vgl. Pinzani, a. a. O., S. 2685; *Il manifesto*, 17. August 1988.

116 Giampiero Carocci, *Storia d'Italia dall'unità ad oggi*, Milano 1976, S. 349.

117 Vgl. H. Drüke, *Italien. Wirtschaft, Gesellschaft, Politik*, Opladen 1986, S. 30 ff.

118 Vgl. F. Gröteke, Eine ehrenwerte Aktiengesellschaft, in: *Die Zeit*, 28. April 1989.

119 Drüke, a. a. O., S.45 und Alf, a. a. O., S. 187.

120 Rodolfo Morandi, *Storia della grande industria in Italia*, Torino 1959, S. 263 ff.

121 Galli, a. a. O., S. 74.

122 A. Salsano, in: *Storia d'Italia Einaudi*, Bd. 5, 1, S. 902.

123 *Il manifesto*, 25. Juni 1988, *L'Espresso*, 24. April und 10. Juli 1988.

124 *La Repubblica*, 30. September 1988.

125 *Corriere della sera*, 30. Juli 1988.

126 *Avvenimenti*, 4. August 1993, S. 10.

127 Ebd., S. 16.

128 Vgl. F. Cazzola, *Della corruzione. Fisiologia e patologia di un sistema politico*, Bologna 1988, S. 80 ff.

129 *Corriere della sera*, 18. Juni 1993.

130 Vgl. Klaus W. Bender, Italiens neue Wohlstandswelle, in: *Frankfurter Allgemeine Zeitung*, 28. Dezember 1988.

131 C. Lay, Alles geändert, damit alles bleibt? Über Stehaufmännchen, kleine Wunder sowie moderne Produktionsstrukturen in Italien, in: *Kommune*, Oktober 1988, S. 22 ff.

132 M. I. Piore, Ch. F. Sabel, *Das Ende der Massenproduktion*, Berlin 1985; A. Bagnasco, *Le tre Italie*, Bologna 1987.

133 Franco Ferrotti, in: Bocca, *Storia* (1981–1983), a. a. O., Bd. 3, S. 180.

134 *Financial Times*, 17. September 1992.

135 *Corriere della sera*, 15. Juni 1993.

136 Vgl. *La Repubblica*, 30. Oktober 1993; *L'Espresso*, 28. Januar 1994, S. 130; Über die Berechnungskosmetik besonders: *taz*, 6. April 1992.

137 *Panorama*, 12. September 1996, S. 124 ff.

138 *L'Espresso*, 22. Oktober 1995, S. 72.

139 *The European*, 24./27. September 1992.

140 Vgl. *Die Welt*, 26./27. August 1995. Zum Vergleich der Steigerungsrate der Steuerquote 1970/1993: Schweden 39,8/53,3%, Italien 26,1/46,3%, Frankreich 35,1/44,2%, Deutschland 32,9/39,2%, Großbritannien 36,9/34,1%.

141 Daten der OECD nach *La Repubblica*, 7. April 1996. Einbezogen wurden die Ausgaben für Gesundheits- und Sozialwesen, Unterricht und öffentlicher Wohnungsbau. Zum Vergleich: Großbritannien 22,2, Deutschland 18,3, Frankreich 17,9, Spanien 15,2.

142 *La Repubblica*, 25. April 1997.

143 Vgl. z. B. *taz*, 10. April 1997, wo sogar davon die Rede ist, daß Waigel und Kohl Italien den Platz in der ersten Reihe streitig machen wollten, um »dem deutschen Volk die Angst vor einem weichen Euro« zu nehmen.

144 *Corriere della sera*, 11. Oktober 1993.

145 DIW-Wochenbericht, a. a. O., S. 5.

146 Vgl. *La Repubblica*, 25. März 1997. Diese sogenannte Regelung des »golden share« sah vor, daß der Staat weiterhin eine Kontrolle besaß über den Eintritt von Großaktionären, über eventuelle Verträge, Verkäufe und Teilungen.

147 Zit. nach: Pierre Musso, Das große Umbauen, in: *Le monde diplomatique*, 12. April 2002

Die Wahlergebnisse 1948 –1992

	DG	PGI PDS[1]	PSIUP[2] PDUP[3]	DP RC[+]	PSI	PSDI	PRI	PLI	MSI/Mon	PR	Verdi	Lega Nord
1948	48,5	— 31,0 —				7,1	2,5	3,8	2,0 / 2,8			
1953	40,1	22,6			12,7	4,5	1,6	3,0	5,8 / 6,9			
1958	42,3	22,7			14,2	4,6	1,4	3,5	4,8 / 4,8			
1963	38,3	25,3			13,8	6,1	1,4	7,0	5,1 / 1,7			
1968	39,1	26,9[1]	4,4[2]		— 14,5 —		2,0	5,8	4,5 / 1,3			
1972	38,7	27,1	1,9[2]		9,6	5,1	2,9	3,9	8,7			
1976	38,9	33,8	1,2[3]	1,5	10,2	5,1	2,7	1,4	6,1	0,8		
1979	38,3	30,4	1,4[3]	0,9	9,8	3,8	3,0	1,9	5,3	3,4		
1983	32,9	29,9		1,5	11,4	4,1	5,1	2,9	6,8	2,2		
1987	34,3	26,6		1,5	14,3	5,0	3,7	2,1	5,9	2,6	2,5	
1992	29,7	16,1[1]		5,6[4]	13,6	2,7	4,4	2,9	5,4	1,2	2,8	8,6

DG (Democrazia cristiana) DP (Democrazia proletaria) Mon. (Monarchisten) MSI (Movimento sociale italiano) PCI (Partito comunista italiano)
PDS (Partito democratico della sinistra) PDUP (Partito di unità proletaria) PLI (Partito liberale italiano) PR (Partito radicale) PRI (Partito repubblicano italiano) PDSI (Partito socialista democratico italiano) PSIUP (Partito socialista di unità) RC (Rifondazione comunista) Verdi (Die Grünen)

Die Wahlergebnisse für die Abgeordnetenkammer nach dem neuen Wahlgesetz von 1993 (Mattarellum)

1994

Koalition/Partei	Parteien	%	Sitze
Progressisti			215
	PDS[1]	20,3	
	RC	6,0	
	Verdi	2,7	
	PSI	2,2	
	Rete	1,9	
	AD[8]	1,2	
Patto per l'Italia			46
	PPI	11,1	
	Patto Segni	4,7	
Pannella		3,5	–
Polo delle libertà			366
	FI[10]–CCD[11]	21,0	
	AN[12]	15,5	
	Lega Nord	8,4	

1996

Koalition/Partei	Parteien	%	Sitze
Ulivo			325
	PDS	21,1	
	RC	8,6	
	PPI[4], PRI, UD[5], Prodi	6,8	
	Lista Dini	4,3	
	Verdi	2,5	
Pannella-Sgarbi		1,9	
Lega Nord		10,1	59
Polo delle libertà			246
	FI	20,6	
	AN	15,7	
	CCD	5,7	

2001

Koalition/Partei	Parteien	%	Sitze
Ulivo			250
	DS[2]	16,6	
	Margherita[3]	14,5	
	Girasole[6]	2,2	
	PdCI[7]	0,5	
RC		5,0	11
Lista di Pietro		3,9	–
Dem. Europea[9]		2,4	
Casa delle libertà			568
	FI	29,4	
	AN	12,0	
	Lega Nord	3,9	
	CCD, CDU[13], PDC[14]	3,2	
	Nuovo PSI	1,0	

1 PDS (Partito democratico di sinistra [Ex-PCI]) 2 DS (Democratici di sinistra [Ex-PDS]) 3 PPI, Democratici [Prodi], Udeur [Ex-DC], RI Rinovamento Italiano [Lista Dini] 4 PPI (Partito Popolare Italiano [Ex-DC-Linke]) 5 UD (Unione Democratica) 6 SDI, Verdi 7 PdCI (Partito dei Comunisti Italiani [Cossutta]) 8 AD (Azione democratica) 9 Dem.Europea (Parte des Ex-Gewerkschaftsführers D'Antoni [CISL]) 10 FI (Forza Italia) 11 CCD (Centro cristiano-democratico [Ex-DC-Rechte] 12 AN (Alleanza nazionale [Ex-MSI]) 13 CDU (Cristianodemocratici Uniti [Ex-DC]) 14 PDC (Partito Democristiano [Ex-DC-Mitte])

Die Regierungen (1945–2002)

7. Legislaturperiode (1976–1979)

3. Kabinett Andreotti	DC	31. 7. 76−16. 1. 78
4. Kabinett Andreotti	DC	11. 3. 78−31. 1. 79
5. Kabinett Andreotti	DC-PSDI-PRI	21. 3. 79−31. 3. 79

8. Legislaturperiode (1979–1983)

1. Kabinett Cossiga	DC-PSDI-PLI	5. 8. 79−19. 3. 80
2. Kabinett Cossiga	DC-PSI-PRI	5. 4. 80−27. 9. 80
Kabinett Forlani	DC-PSI-PSDI-PRI	18. 10. 80−26. 5. 81
1. Kabinett Spadolini	DC-PSI-PSDI-PRI-PLI	28. 6. 81−7. 8. 82
2. Kabinett Spadolini	DC-PSI-PSDI-PRI-PLI	23. 8. 82−13. 11. 82
5. Kabinett Fanfani	DC-PSI-PSDI-PLI	1. 12. 82−29. 4. 83

9. Legislaturperiode (1983–1987)

1. Kabinett Craxi	DC-PSI-PSDI-PRI-PLI	4. 8. 83−27. 6. 86
2. Kabinett Craxi	DC-PSI-PSDI-PRI-PLI	1. 8. 86−3. 3. 87
6. Kabinett Fanfani	DC	18. 4. 87−28. 4. 87

10. Legislaturperiode (1987–1992)

Kabinett Goria	DC-PSI-PSDI-PRI-PLI	29. 7. 87−11. 3. 88
Kabinett De Mita	DC-PSI-PSDI-PRI-PLI	13. 4. 88−19. 5. 89
6. Kabinett Andreotti	DC-PSI-PSDI-PRI-PLI	23. 7. 89−27. 3. 91
7. Kabinett Andreotti	DC-PSI-PSDI-PLI	17. 4. 91−24. 4. 92

11. Legislaturperiode (1992–1994)

| 1. Kabinett Amato | DC-PSI-PSDI-PLI | 4. 7. 92−21. 4. 93 |
| Kabinett Ciampi | − | 28. 4. 93−13. 1. 94 |

12. Legislaturperiode (1994–1996)

| 1. Kabinett Berlusconi | FI-Lega-AN-CCD | 11. 5. 94−22. 12. 94 |
| Kabinett Dini | − | 17. 1. 95−30. 12. 95 |

13. Legislaturperiode (1996–2001)

Kabinett Prodi	Ulivo	17. 5. 96−9. 10. 98
1. Kabinett D'Alema	DS-PPI-RI-Verdi-SDI-UDR-PdCI	21. 10. 98−18. 12. 99
2. Kabinett D'Alema	DS-PPI-RI-Verdi-PdCI-Udeur-Dem.	22. 12. 99−19. 4. 00
2. Kabinett Amato	DS-PPI-RI-Verdi-PdCI-Udeur-Dem.-SDI	3. 5. 00 − 13. 5. 01

14. Legislaturperiode (2002–)

| 2. Kabinett Berlusconi | Casa delle libertà (FI-AN-Lega Nord-CCD-CDU-PDC-Nuovo PSI | 11. 6. 01− |

Namen- und Sachregister

Lesen Sie weiter! Geschichte und Politik bei Wagenbach

Friederike Hausmann   Die deutschen Anarchisten von Chicago oder
Warum Amerika den 1. Mai nicht kennt
Eine vergessene Geschichte: Wie Amerika, das Land der Wirt-
schaftsflüchtlinge, die ersten Arbeiter-Organisationen nieder-
schlug. Mit den ergreifenden Selbstbiographien der Arbeiterfüh-
rer, zu deren Erinnerung der 1. Mai als Gedenktag überall gefeiert
wird – nur nicht in Amerika.
WAT 320. Originalausgabe. 208 Seiten mit Abbildungen

Norberto Bobbio   Das Zeitalter der Menschenrechte
Ist Toleranz durchsetzbar?
Das Hauptwerk eines kühnen und autonomen Denkers jetzt als Ta-
schenbuch: Über die Grundlagen des menschlichen Zusammenle-
bens. Ein Basisbuch für alle politisch und juristisch Interessierten,
zugleich ein höchst aktuelles Buch, denn »die Menschenrechtsver-
letzungen von heute sind die Massaker von morgen« (Kofi Annan)
Aus dem Italienischen von Ulrich Hausmann
Mit einem Nachwort von Otto Kallscheuer
WAT 358. 128 Seiten.

Pier Paolo Pasolini   Freibeuterschriften
Die Zerstörung der Kultur des Einzelnen durch die Konsumgesellschaft
Pasolinis berühmte Polemiken gegen die Konsumgesellschaft, erst-
mals in einer vollständig revidierten und erweiterten Neuausgabe.
»Dieser Band ist ein Musterbeispiel für die politische Kultur in Ita-
lien, deren Debatten heftig, aber nie konformistisch ausgefochten
werden.«   (Karsten Witte, Hessischer Rundfunk)
Neu herausgegeben von Peter Kammerer
Aus dem Italienischen von Thomas Eisenhardt
WAT 317. 176 Seiten

Wenn Sie mehr über den Verlag und seine Bücher wissen möchten,
schreiben Sie uns eine Postkarte (mit Anschrift und ggf. e-mail).
Wir schicken Ihnen gern die »Zwiebel«, unseren jährlichen Westen-
taschenalmanach mit Lesetexten aus den Büchern, Photos und
Nachrichten aus dem Verlagskontor.
Kostenlos, auf Lebenszeit!

Verlag Klaus Wagenbach, Emser Straße 40/41, 10719 Berlin